El aprendiz de brujo

Grimorio

Pedro Palao Pons
Olga Roig

El aprendiz de brujo

Grimorio

CIENCIA OCULTA
hermética

Si usted desea que le mantengamos informado de nuestras publicaciones, sólo tiene que remitirnos su nombre y dirección, indicando qué temas le interesan, y gustosamente complaceremos su petición

Ediciones Robinbook
información bibliográfica
Indústria 11 (Pol. Ind. Buvisa)
08329 - Teià (Barcelona)
e-mail: info@robinbook.com

Visite nuestra WEB

www.robinbook.com

Diseño de cubierta: Regina Richling
Producción y compaginación: MC producció editorial
ISBN: 978-84-7927-837-3
Depósito legal: B-2.673-2007
Impreso por Promotion Digital Talk, S.L.

Impreso en España - *Printed in Spain*

Introducción

La palabra «grimorio» habla por sí misma. Alude a un tratado que contiene todo el conocimiento mágico para comprender y practicar las disciplinas de las artes ocultas, esotéricas, mágicas e iniciáticas. Un grimorio es algo más que un recetario, y mucho más que un conjunto de conceptos, fórmulas, invocaciones y metodologías. Cuando la voluntad y el interés son los adecuados, el grimorio es la puerta que se abre a una nueva existencia. Planteado como un tratado iniciatico, distribuido en senderos, con sus correspondientes esferas o temas, este grimorio es todo lo que necesitas, desde el prisma teórico, para comenzar tu transformación como iniciado en las artes mágicas. Ahora bien, todos los grandes maestros nos recuerdan que el estudio es eterno, y la formación, continua e infinita. Serán tu interés, buena disposición, capacidad de sacrificio, amor por la labor y deseo de experimentación los que hagan de ti un mago que se conforme con leer sólo este tratado o, por el contrario, hacer de él el primer pasaporte más allá de tu realidad ordinaria.

Advertencia

Todos los contenidos de este libro, fórmulas, ejercicios, prácticas sugeridas, etc., son reales. Forman parte de la tradición, perpetuada por los siglos, de las artes mágicas y esotéricas. No tienen relación alguna con la ficción cinematográfica o literaria.

Los autores, bajo ningún concepto, nos hacemos responsables del mal uso que haga el lector de los conocimientos vertidos en esta obra.

Sendero 1.
Conceptos básicos de las artes mágicas

Esfera 1. ¿Qué es la magia?

Esfera 2. No basta con pretender ser mago

Esfera 3. Los siete cánones herméticos

Esfera 4. Las reglas de oro de la magia

Esfera 5. Todo lo que debes preguntarte antes de traspasar el umbral

Esfera 1.
¿Qué es la magia?

Es el arte de la transformación. Una habilidad, en ocasiones innata y casi siempre estudiada, que te permite cambiar aquello que te rodea, esté o no a tu alcance.

La magia es un acercamiento a los poderes de lo sobrenatural, ya que para su correcto desarrollo entra en contacto con entidades invisibles como dioses, espíritus, duendes, difuntos, etc.

¿Arte o ciencia?

La eterna pregunta sigue sin tener una respuesta clara. Cuando no existía el concepto «cuántico», la ciencia se medía por valores absolutos. A partir de la expansión de la filosofía cuántica, lo absoluto se convierte en «absolutamente relativo».

Antiguamente se negaba que la magia fuera una ciencia porque un proceso mágico no se podía repetir metódicamente en un laboratorio, ni tampoco conseguir siempre un idéntico resultado. Esto mismo ya está ocurriendo con los experimentos cuánticos.

La magia, a día de hoy, sigue sin ser una ciencia porque sus valores no son siempre empíricos ni tampoco se pueden demostrar.

Y es un arte porque actúa más allá de los códigos, normas y preceptos de la realización global.

La magia es única, personal e intransferible, y sus resultados, cuando se obtienen, no siempre son una repetición de aquellos que se lograron en una ocasión anterior.

¿Cuándo haces magia?

Al margen del procedimiento mágico más ortodoxo que contempla el establecimiento de templos, doctrinas, ceremoniales, invocaciones, etc., la mayoría de las acciones de nuestra vida pueden tener un componente mágico que adolezca de todos los aspectos anteriores; por tanto, estás haciendo magia:

- Cada vez que tienes un deseo o idea que pretendes convertir en realidad.
- Siempre que argumentas una intención, ya sea a través de la escritura, el verbo o el pensamiento.
- Cuando se es capaz de alterar una situación como, por ejemplo, un estado de ánimo propio o ajeno.
- Al hablar, caminar, tocar, comer, respirar, etc., siempre y cuando cualquiera de esas acciones las lleves a cabo con una finalidad concreta y proyectada distinta a aquélla para la que ha sido programada.

¿Cuándo nace la magia?

Los orígenes de la magia nacen con el ser humano, si bien los términos mago, mágico y magia tienen una raíz común en el vocablo persa «magi». Pese a esta antigüedad, desde un prisma oficial se considera que el padre de las artes mágicas fue Zoroastro (630 a. C.-550 a. C.), profeta persa que desde su tierna infancia tuvo contacto directo, a través de procesos sobrenaturales, con Ahura Mazda, el Señor del Conocimiento.

Los consejos y enseñanzas que Zoroastro recibió de esa deidad fueron considerados como sagrados, y escritos en los textos denominados Avesta, el libro de oraciones del zoroastrismo, religión creada por Zoroastro en torno al año 500 a. C.

La visión antropológica

Situémonos en la prehistoria. Mucho antes del establecimiento de las grandes culturas, el ser humano se encuentra a merced de los caprichos de la naturaleza, de la que depende para poder subsistir. La vinculación entre los humanos y las estaciones, el sol, los fenómenos meteorológicos, así como todo aquello que le rodea, tanto del reino animal como vegetal o mineral, es íntima y estrecha.

Llega un momento en que el hombre se revela contra aquello que se le está imponiendo. Sin embargo, su capacidad de lucha es mínima.

Por tanto, la única opción que le queda es intentar pactar con sus dioses.

Según la antropóloga Carmen Bonilla, «los primitivos humanos saben que "algo" les habla por las noches a través de los sueños.

»Las visiones oníricas serían, pues, la primera revelación que reciben los hombres por parte de los dioses.

»Según esto, la religión y la creencia en un más allá se producen en el interior de nuestro cerebro».

El origen de los Magi

La palabra magia procede del nombre que recibían los sumos sacerdotes de la antigua Persia, a quienes sus discípulos llamaban «magi». A partir del siglo VI a. C., los «magi» adquirieron un gran poder, ya que eran personas muy cultas que dedicaban su vida al estudio en profundidad de la ciencia y de todo lo que les rodeaba.

Eran capaces de dar consejos, tanto religiosos como filosóficos, a quienes acudían a ellos. Interpretaban sueños, desvelaban señales en el entorno, estudiaban los cielos y emitían profecías. Además, tenían la capacidad, gracias a sus conocimientos, entre otros, de botánica y geología, de realizar preparados mágicos, como amuletos, talismanes, encantamientos y pócimas que suministraban a quienes requerían de sus servicios.

El diálogo con los dioses

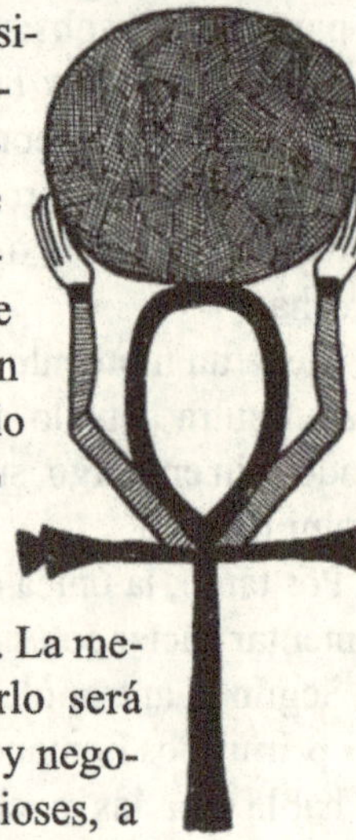

Si las entidades invisibles son las responsables de lo que sucede, y además se le manifiestan al humano en sueños, éste llega a la conclusión de que es necesario entablar un diálogo a fin de que la subsistencia y la vida sean más llevaderas. La mejor forma de hacerlo será efectuando tratados y negociaciones con los dioses, a los que será preciso llamar e invocar mediante ceremonias rituales.

Cuando las divinidades se personen deberán tener un lugar apropiado a su condición, de manera que será preciso levantar un templo o bien establecer una zona en el entorno debidamente protegida. Una vez que el dios acceda a manifestarse en su templo, como entidad superior que es, tendrá que ser agasajada mediante ofrendas consideradas como sagradas y que se materialización en plantas, animales, abalorios, etc.

Llega por fin el momento de efectuar la petición a la divinidad. No puede improvisarse ni tampoco es factible un diálogo de igual a igual, de manera que nuevamente se pone en marcha un ceremonial que cuidará al máximo las palabras, los gestos y el atuendo de los interlocutores con los dioses.

Por último, acontecerá el tiempo del tributo, dado que la presencia y el don que puede generar la divinidad no son gratuitos. De nuevo la ofrenda entra en escena. Finalmente, es conveniente que la entidad sobrenatural abandone el recinto de una forma correcta y respetuosa, de manera que se le conminará a hacerlo luego de haberle agradecido su presencia, ya sea a través de cánticos, palabras, gestos, etc.

La religión primigenia

La magia está considerada como la cuna de las religiones. Tanto es así que muchas veces magia y religión llegan a confundirse.

Ambas buscan lo mismo: la intervención, en la vida del ser humano, de una o varias entidades sobrenaturales para que éste pueda cambiar aquello que le rodea, mejorando los aspectos que le son adversos y propiciando el cumplimiento de sus deseos.

En todas las sociedades antiguas, la magia y la religión han caminado de la mano, dominando o controlando la forma de acceder a comunicarnos con la divinidad. Magia y religión han creído también en la existencia de naturalezas antagónicas, puesto que de igual forma que existen dioses o espíritus benévolos, los hay de naturaleza totalmente negativa que no sólo se niegan a ayudar al hombre sino que, además, entorpecen su camino e incluso lo castigan.

Magos y sacerdotes

La diferencia entre los magos y los religiosos es que, mientras que los primeros pretenden controlar a los seres sobrenaturales y obtener de ellos sus favores, los segundos tienen la responsabilidad de contentarlos y adorarlos sin esperar nada a cambio.

A lo largo de la historia vemos que, a medida que se formen los conceptos mágicos, se establecerá un trabajo conjunto entre religiosos y magos. Los sacerdotes llamarán y honrarán a los dioses dejando que después entren en escena los magos, que les exigirán sus favores. Actitudes como éstas se sucederán en la antigua Babilonia, entre los persas, egipcios, hebreos, griegos y romanos. Será con la desaparición paulatina de los llamados cultos paganos, y con la expansión del cristianismo, que la convivencia entre sacerdotes y magos tenderá a diluirse cada vez más, llegando incluso a convertirse en personajes antagónicos.

¿Cuántos tipos de magia hay?

Siempre se ha dicho que magia solamente hay una. De hecho, los principales esoteristas e investigadores defienden que la magia no se puede parcelar. Paradójicamente, encontramos que estos mismos investigadores han creado distintas subcategorías y formas mágicas, las han practicado y las han establecido como formas independientes de la gran magia.

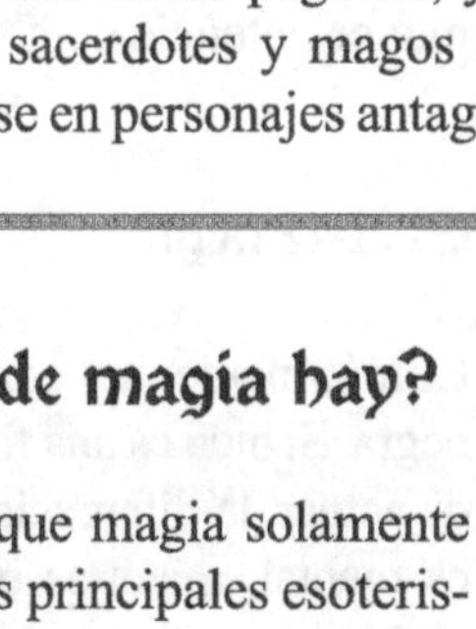

La Magia natural

Invoca las potencias ocultas de la naturaza y las fuerzas meteorológicas. Está vinculada con la astrología y la alquimia, y se basa en lograr, mediante el uso combinado de plantas y signos zodiacales, la atracción de los poderes de la naturaleza para controlarlos y dirigirlos a voluntad.

En este tipo de magia también se usan elementos del reino mineral y animal.

La Magia blanca

Está basada en la negociación con los elementales de la naturaleza. Se sustenta en las invocaciones de aquellos seres invisibles que pueblan los cuatro elementos, esto es, tierra, aire, fuego y agua.

- Este tipo de magia recurrirá a los gnomos vinculados al carbono y a la tierra; a los silfos o sílfides relacionados con el nitrógeno y el aire; a las ondinas que simbolizan el hidrógeno y moran en el agua, y las salamandras que representan el elemento fuego al habitar en lo ígneo. Al ser invocadas, estas entidades se manifestarán usando las fuerzas de los elementos a los que están asociados.

La Goecia

Es una variante antagónica de la magia blanca, aunque no por ello es magia negra. La práctica de la goecia es idéntica de aquella que se hace en magia blanca, es decir, se invoca a los seres invisibles que gobiernan los cuatro elementos.

La diferencia está en que el mago blanco no tiene por objeto causar daño alguno, mientras que el mago goécico sabe que puede llegar a realizar actos nefastos, impuros o adversos utilizando el mal y la fuerza destructora de gnomos, sílfides, hadas y salamandras.

La Magia mental

Si bien todas las formulaciones mágicas dependen de la intervención del poder de la mente, la magia mental está reservada única y exclusivamente a aquellos magos dotados de mentes poderosas y positivas capaces de proyectar imágenes mentales tan fuertes que pueden llegar a alterar el plano de lo tangible.

- El mago mental cultiva el poder del pensamiento, dando forma a sus sortilegios y rituales en su interior. No precisa de templo físico alguno ni de escenario en el que dramatizar sus rituales.
- Dentro de esta tipología mágica destacan los chamanes, que utilizan sus «viajes del alma» o estados alterados de la conciencia, para luchar con los espíritus nefastos y los enemigos de sus pacientes.

La Magia negra

Como sucede con la magia blanca y la goecia, la magia negra —que no nigromancia u arte oscuro— es el lado antagónico de la magia mental, usa de sus mismos recursos, pero en este caso con fines negativos y destructores.

El mago negro utiliza su mente para afectar a los demás y obtener, a través de las desgracias o flaquezas del prójimo, una mayor potencia personal.

El Arte negro

Comúnmente se confunde con la magia negra. Si bien es una forma oscura y malévola de actuar, la diferencia es que la magia negra es mental, mientras que en el arte negro la maldad toma forma física.

Lo hace mediante la creación de íncubos y súcubos, entidades creadas por el mago experto en artes negras para su propio provecho, y que trabajarán para él en temas asociados al erotismo, la sexualidad, la moral, la lujuria, etc.

- El propósito del arte negro es única y exclusivamente crear entidades imposibles de vencer que tendrán la misión de debilitar a la víctima escogida para que ésta cumpla con los deseos y metas que el mago negro se ha propuesto.

Seres mágicos: íncubos y súcubos

- **Ángeles caídos.** Según la Iglesia, son entidades celestes repudiadas a los que, dado su desordenado apetito sexual, se les ha retirado la condición celestial.

- **A imagen y semejanza.** Según el médico, filósofo, hermetista y alquimista Paracelso (ver apéndice de biografías mágicas imprescindibles), el íncubo es un elemental artificial que el mago negro crea con forma masculina, mediante un ritual de magia sexual, con la única finalidad de enviarlo a seducir y yacer lascivamente con hombres o mujeres, según sea la preferencia de la víctima. El súcubo es exactamente lo mismo, pero la entidad tiene forma femenina.

- **De aspecto cambiante.** El fraile demonólogo italiano Francesco Maria Guazzo publicó en 1608, a petición del obispado de Milán, un tratado de hechicería de carácter enciclopédico denominado *Compendium Maleficarum*. En él se puede leer: «El íncubo, siendo una misma entidad, puede adoptar forma masculina o femenina según convenga. A veces aparece como un hombre adulto, otras como un sátiro; y si se trata de una mujer, se muestra voluptuosa y de gráciles formas, aunque cuando se ha consagrado como bruja, por lo general, asume la forma de una cabra maloliente».

La hechicería

Basa su actuación en la búsqueda del doble etérico del ser. Dicho de otro modo, el hechicero cree que, a partir de la manipulación de ciertas partes del cuerpo humano, puede afectar el alma y el organismo del sujeto a quien pertenecen los restos.

- La hechicería busca el uso de la «momia» o sustancia etérica vinculada al cuerpo. Para ello, en sus formulaciones mágicas recurre a cabellos, recortes de las uñas de los dedos de manos o pies, trozos de piel, pedazos de carne, así como excrementos, orines, sudor, saliva, semen, flujo vaginal, etc.
- El hechizo persigue que la persona pueda enfermar o sanar, enamorarse o aborrecer, tener suerte o desgracia, siempre a través de la manipulación del testigo físico, que será quien afectará de forma mental o emocional a su poseedor. Por ejemplo, para que dos personas sientan atracción o se enamoren, el hechicero, al margen de su ritual, deberá contar con materia orgánica de ambas, que unirá en una comunión virtual.

La nigromancia

Disciplina basada en la hechicería, ya que para su ejecución precisa de un testigo físico o resto de cuerpo humano. La diferencia estriba en que la hechicería trabaja única y exclusivamente con restos de personas vivas, mientras que en el caso de la nigromancia, el nigromante, además de recurrir a los despojos de los difuntos, en muchas ceremonias debe apelar también al uso de la sangre de los vivos para regar los cuerpos fallecidos y darles fuerza y vida astral.

La brujería

Es el arte de influir, atacar o dañar el doble etérico o espíritu de una persona. Quien practica la brujería se proyecta más allá de su conciencia y de su espíritu, vía astral.

Es su «otro yo» invisible quien actúa mágicamente, a partir de las instrucciones o acciones generadas en el plano físico.

La magia ceremonial

Se basa en la invocación de espíritus muy elevados, a los que podemos denominar semidioses, y que reciben el nombre de Devas, que significa brillante o esplendoroso. Se supone que habitan en el plano mental y astral, gobernando pensamientos e ideas. Aparecen en muchos folclores, como por ejemplo el escandinavo, bajo la forma de hadas. Para la tradición cabalística son genios, y en las creencias agrarias se convierten en las ninfas de los bosques.

La teurgia

Consiste en la invocación de los antiguos dioses paganos, por tanto, es una disciplina de compleja realización ya que se desconoce con exactitud quiénes fueron, qué naturaleza tuvieron y de qué manera se les podía invocar. No basta con saber que existieron Belenos, Afrodita, Eros, etc. Es preciso conocer qué

Los Devas malignos

Reciben también el nombre de Asuras, y están considerados como diablos, es decir, seres corruptos que se deleitan con el mal y que tienen la misión de provocar maldades por divertimento o entretenimiento.

En su versión más nefasta se convierten en Asuras demoníacos, en cuyo caso hacen el mal, pero éste no es más que un pasatiempo para lograr un fin. La diferencia básica entre el diablo y el demonio mágico —que no religioso o cristiano— es que mientras el primero puede relacionarse con un duendecillo travieso, el segundo es una entidad de peso con la que es posible pactar.

naturaleza tuvo cada una de estas entidades, cuáles fueron los frutos o tributos con los que fueron honrados y de qué manera se ejecutaron los rituales en su honor. Se cree que algunas sociedades secretas han logrado perpetuar este antiguo culto, pero no ha podido ser demostrada la autenticidad del mismo.

Magia superior e inferior

Las culturas clásicas consideraban que la magia tenía dos categorías: la superior y la inferior. La magia superior era la más parecida a la religión y, de hecho, los grandes magos asociados a esta disciplina estaban considerados como notables sabios, grandes filósofos e inmejorables astrónomos.

- Los magos superiores invocaban a sus dioses o espíritus esperando recibir de ellos visiones proféticas o adquirir el conocimiento.
- Creían que gracias a la intervención divina se podrían producir fenómenos sobrenaturales.

La magia inferior se asocia con lo vulgar y mundano, y con el sentido más práctico de las cosas. Dicho de otra forma, si bien requiere del estudio, no precisa de la erudición.

- Aunque exige esfuerzo y tributo, no es necesario practicarla como si ésta fuera un sacerdocio.
- A la magia inferior, antiguamente recurría el vulgo, que buscaba en ella fórmulas de suerte, riqueza, fama, amor, etc.
- No se pretende que la magia inferior otorgue la sabiduría ni tampoco la conexión con los dioses, se le pide practicidad y resultados.
- En magia inferior se recurre al uso de encantamientos, amuletos, talismanes y formulaciones mágicas.

Esfera 2.
No basta con pretender ser mago

Si la magia es el arte de la transformación, el mago es quien hace posible el cambio. Es el transformador por excelencia. Ahora bien, ser mago no es tan simple como vestir un hábito o disponer de objetos mágicos, como puedan ser espadas, varitas, calderos, etc., y, desde luego, no basta con pronunciar extrañas palabras con la finalidad de invocar a las entidades invisibles.

El mago es, le guste o no, un sacerdote. Una persona que dirige su interés hacia los seres sobrenaturales para provocar o evitar aquello que se desea o se teme. El mago precisa de un esfuerzo continuo basado en adecuar su vida a la filosofía que profesa, y para todo ello precisa de un gran conocimiento interior.

Entre lo mágico y lo mundano

La magia nunca es mundana. Puede ser sencilla, casera, familiar, pero siempre es una lucha, diplomática si se quiere, entre el género humano y el de las energías. «La magia es un regreso hacia el dominio cósmico anterior a las religiones. Un plano donde se navega en lo eterno y donde todo sigue las leyes de la transmutación. Es una búsqueda perpetua que persigue el hallazgo de la primera materia negra y, por tanto, de la quinta esencia de la creación eterna. No cabe en la magia aquello que es trivial, porque en nuestro intercambio de energías realizamos una copulación que nos llevará a sentir la transformación interior, haciéndonos pasar de lo invisible a lo visible», asegura el investigador Jean Markale.

Sentir la magia

El historiador, filósofo e investigador de las tradiciones mágicas Lucien Lévy-Bruhl, que ha analizado profundamente uno de los libros sagrados de la magia, como es *La clavícula de Salomón*, asegura que el poder mágico se cimienta en siete pilares básicos:

1. La magia se enfrenta cara a cara a los dioses y habla familiarmente con las divinidades.

2. El arte mágico no teme a nada ni a nadie, ni humano ni invisible.
3. El culto mágico gobierna los cielos y la tierra, pero también los infiernos.
4. El poder mágico puede tener el don sobre la vida y la muerte.
5. La auténtica magia no se deja sorprender ni por la desgracia, ni por los enemigos, ni mucho menos por aquello que es fútil.
6. En la magia no existe el tiempo, pues ella se expande en el pasado, el presente y el provenir.
7. La magia posee el auténtico secreto de la inmortalidad y, por extensión, la llave oculta capaz de generar la resurrección de los muertos.

Si deseas ser mago debes asumir que los siete puntos mencionados te afectarán continuamente en tu vida, y que todo cuanto hagas estará vinculado a ellos. Ello no quiere decir que como mago puedas alcanzar la posibilidad de hablar con los dioses ni de adquirir la vida eterna, ni necesariamente tampoco reinar sobre todos tus enemigos. Ten presente que sólo los grandes magos tienen estas facultades. Sin embargo, aquellos que, como tú, desean entrar en el camino de la magia, sí que están sujetos a esas leyes.

La clavícula de Salomón

Se trata de un libro esotérico basado en consejos y preceptos que derivan de la sabiduría del rey Salomón. En el Antiguo Testamento, Salomón aparece mencionado como Jedidías. Fue el tercer y último rey de Israel, y a él se le debe la construcción del templo de Jerusalén, también conocido como templo de Salomón. A este magnífico rey, célebre por sus grandes riquezas, poder y sabiduría, se le atribuye la autoría del *Cantar de los Cantares*, y está considerado como uno de los sabios más sabios de la historia de la humanidad y, al tiempo, como el padre absoluto de la tradición cabalística.

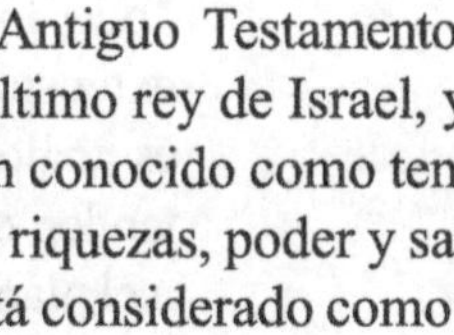

Esfera 3.
Los siete cánones herméticos

Todas las disciplinas están sujetas a una normativa. La magia, teniendo en cuenta que se encarga de movilizar energías y que interactúa entre lo humano y lo divino, no puede estar exenta de formas y principios.

Como futuro mago debes entender que la sabiduría arcana se fracciona en dos grandes bloques, el terrenal y el espiritual. No podemos determinar dónde empieza uno y finaliza el otro, ya que ambos están interconectados. Veamos en primer lugar los principios herméticos fundamentales vinculados a la magia espiritual.

Las reglas herméticas

Hermes Trimegistro (ver apéndice de biografías mágicas imprescindibles) estableció, a través de su obra *Kybalión*, que los principios de la verdad son siete, y que quien los comprende y asume como propios adquiere la clave mágica que abre todas las puertas.

Lee con atención los siguientes principios herméticos y haz de ellos una guía perpetua en tu actividad mágica. Ten presente que, a cada nueva lectura de estos principios, hallarás nuevos y sorprendentes significados, por lo tanto, como mago, una de tus primeras obligaciones es consultarlos periódicamente y meditar sobre ellos.

I. El principio del mentalismo

Absolutamente todo está en la mente, y todo el universo es mental. De manera que todos tus pensamientos, sueños, recuerdos e ideas están en continuo contacto con el universo. Vigila tus deseos y modera tus pensamientos.

II. El principio de correspondencia

Todo lo que está arriba, está abajo y, por extensión, como afirma el *Kybalión,* lo que es abajo es arriba. Sólo si eres capaz de entender que aquello que provocas o sucede n el plano de lo tangible y material puede llegar a afectar, y de hecho afecta, a lo insustancial e invisible, comprenderás tus limitaciones y, al tiempo, sabrás deducir el porqué de las cosas que te vienen impuestas.

III. El principio de vibración

Aunque no seas capaz de percibirlo, nada está inmóvil, todo se mueve y todo vibra. No cometas el error de pensar que las cosas están en reposo luego de haber efectuado una invocación o un ritual. Todo cuanto llevas a cabo en un determinado momento genera movimiento visible e invisible.

Principios herméticos

Principio del mentalismo

Principio de correspondencia

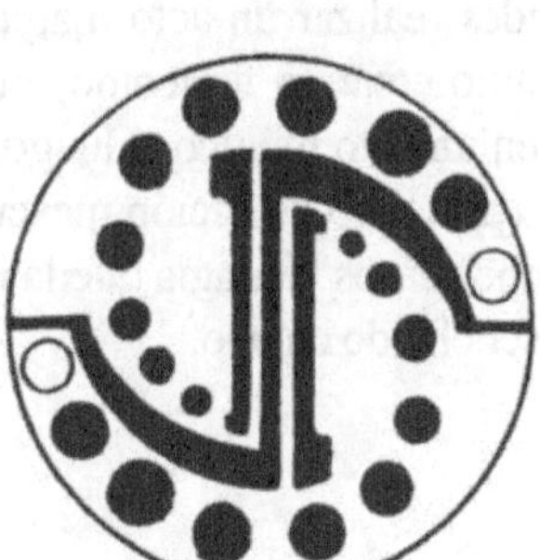
Principio de vibración

Principio de polaridad

Principio del ritmo

Principio de causa y efecto

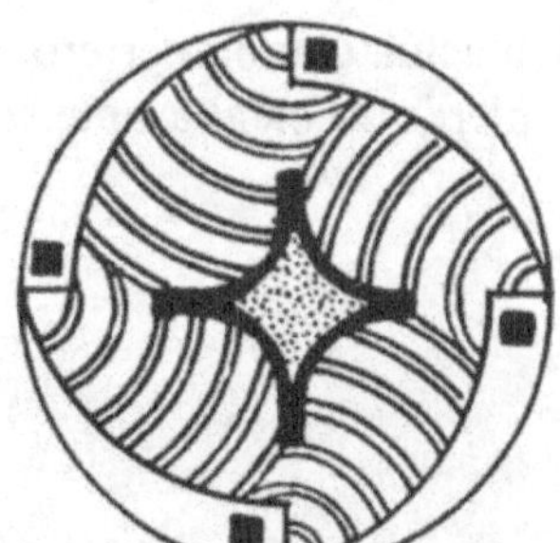
Principio de generación

IV. El principio de polaridad

Todo es doble y tiene dos polos, por lo tanto, aquello que ves como opuesto y divergente, en realidad forma parte de la misma cosa. Calor y frío, agua y fuego, viento y calma, son seis manifestaciones de tres cosas idénticas en esencia.

Dado que en magia nunca podemos determinar dónde empieza la oscuridad y en qué punto empieza la luz, ni cuál es la diferencia entre lo grande y lo pequeño, entre lo blanco y lo negro, lo alto y lo bajo y lo positivo y negativo, siempre debemos caminar en el filo de la existencia. Si no eres capaz de andar en él, no te plantees vivir en el mundo de la magia, porque en ella lo absoluto no existe.

V. El principio del ritmo

Todo fluye y refluye, avanza y retrocede, asciende y desciende. La existencia sigue las leyes del péndulo, y jamás una dirección única y exclusiva. El tiempo te dirá cuándo se te concede el don de actuar y en qué momento se te obliga a esperar. Tú no tienes poder para romper esta ley. Sólo si asumes que la vida está impulsada por el principio del ritmo podrás entender cuándo debes ser un guerrero y en qué momento la víctima.

Quien actúa como guerrero cuando es víctima pierde la batalla ante los dioses. Quien sabe ser víctima, durmiendo a su guerrero, puede lograr la victoria.

VI. El principio de causa y efecto

Toda causa tiene su efecto, porque todo efecto tiene también su causa. Si crees que las cosas suceden por casualidad, te estás equivocando. No es casualidad que desees conocer el mundo de la magia, tampoco lo es que ansíes penetrar en ella y convertirte en mago.

Ahora bien, no será casualidad que abandones, duermas o fracases. Antes de pensar en la mala suerte que has tenido o en que el mundo te es adverso, pregúntate qué causas hay para que ello sea así.

VII. El principio de generación

Todo tiene dos principios, uno masculino y otro femenino. La magia es femeninamente intuitiva y masculinamente activa. Los arquetipos masculino y femenino están presentes en todos los seres de la creación, en todas las ideas y en todas las acciones, puesto que todo ello está unido a la fertilización y a la generación. No puedes realizar un acto mágico sin pensar (principio creativo femenino) ni tampoco pensar en un acto mágico si luego no lo llevas a cabo (principio de acción masculino) porque en ambos casos la magia queda inacabada. Debes ser el todo en uno.

El *Kybalión*

Es un tratado filosófico que supuestamente escribió el dios egipcio Thoth, al que los griegos llamaron Hermes, «el tres veces grande», es decir, Trimegistro. Dado que para los egipcios Thoth era la fuente de toda la sabiduría así como el creador de la cultura, se le atribuyen a Thoth-Hermes los 42 libros que contienen el conocimiento egipcio más relevante.

El *Kybalión* es uno de estos grandes tratados míticos que podría haber sido escrito no por Thoth, sino por un desconocido rey egipcio del siglo XX a. C., que habría recibido las revelaciones de esta deidad. Como tratado místico y de enseñanzas, el *Kybalión* no se presenta como un libro claro y contundente, ni fácil de leer.

Pues, como ya indica en su prefacio, «los labios de la sabiduría permanecen cerrados excepto para el oído capaz de comprender. Cuando el oído es capaz de oír, entonces vienen los labios que han de llenarlo con sabiduría».

El *Kybalión* lanza una llamada a aquel que se topó con él, puesto que su autor parte de la base de que es un libro revelador, y que el mago sólo lo encuentra cuando está verdaderamente preparado. En este sentido, nos dice: «Dondequiera que estén las huellas del maestro, allí los oídos del que está pronto para recibir sus enseñanzas se abrirán de par en par». No es Thoth ni tampoco Hermes Trimegistro quien supuestamente firma la obra del *Kybalión,* sino «los tres iniciados». Investigaciones al respecto afirman que en realidad se trata de un juego o guiño iniciático: los tres iniciados serían tres formas o manifestaciones de una misma entidad, esto es, cuerpo, mente y espíritu. Las tres materias que todo mago y auténtico sabio debe saber conjugar en una sola.

Esfera 4. Las reglas de oro de la magia

Además de los conceptos herméticos que sirven como base de soporte para la actuación mágica y, por supuesto, como camino a seguir en el terreno más puramente espiritual, las artes mágicas están gobernadas por diez reglas de oro que como mago debes conocer, comprender e integrar en tu persona.

I. La realidad

Aunque en la práctica de las artes mágicas en más de una ocasión tendrás la sensación de que quien gobierna tu vida es el mundo de la fantasía y lo intangible, no te confundas. La magia es real. El mago debe aceptar, como hecho empírico, que todo cuanto piensa, hace o dice se transforma en algo verídico y, en ocasiones, tangible. Tus invocaciones, encantamientos, hechizos o rituales, pueden nacer en el interior de tu mente como un simple hecho imaginario, pero en el momento en que piensas en ellos, ya les estás dando vida. La vida se consuma cuando pasas a la acción.

II. El autoconocimiento

El frontispicio del santuario de Apolo situado en el oráculo de Delfos estaba presidido por la frase «Conócete a ti mismo».

Tienes un cuerpo físico, una mente que lo gobierna, un carácter y, como dijo Jung, una sombra. Como aspirante a mago, debes aspirar cada uno de los centímetros de tu piel y descubrir cómo eres en realidad, puesto que sólo quien conoce sus limitaciones físicas gobierna su ser.

Debes entender cómo funciona tu mente, cuáles son sus carencias y en qué te puede fallar. Por supuesto, tienes que hacer un esfuerzo por valorar, de forma positiva, todo lo bueno que tu mente te aporta. Como mago te enfrentarás continuamente a tu carácter y, en más de una ocasión, deberás decidir entre lo que te nace hacer y lo que debes hacer. En cuanto a la sombra que mora en tu interior, no le temas. Forma parte de ti y, según Jung, es necesaria para la evolución. La sombra es algo así como un «saco»: en él todos encerramos nuestros miedos, vergüenzas y temores más ocultos. En definitiva, todo aquello que no queremos reconocer, o tememos enfrentarnos, mora en la sombra. Sólo el mago que se atreve a encender la luz de sus sombras llegará a ser un gran mago.

III. La temporalidad

La magia no contempla la existencia del tiempo de forma tradicional. Conceptos como pasado, presente y futuro forman parte de un todo eterno e infinito. Así, el mago a veces debe invocar su pasado, desde el ritual que hace en el presente, para lograr cambios en el futuro. Por eso, uno de los grandes esoteristas como fue Tritemius (ver apéndice de biografías mágicas imprescindibles) dijo que «la mejor forma de predecir el futuro es creándolo desde el presente». La frase no es de Perogrullo, sino que intenta decirnos que lo realizado en el presente afecta al futuro.

Otro aspecto que debes considerar respecto del futuro es la relatividad del tiempo. Lo que tú desees para mañana no necesariamente se cumplirá en las próximas 24 horas. Las leyes mágicas actuarán, pero determinarán los tiempos y gobernarán sobre ellos.

IV. La autoridad

Si de verdad quieres ser mago, tienes que estar dispuesto a aceptar que, pese a todos tus conocimientos y sabiduría oculta, eres, sencillamente, el último eslabón de la cadena mágica.

La autoridad corresponde a los dioses, con quienes puedes pactar, pero a los que jamás podrás gobernar. La autoridad es ejercida por los genios, ángeles y arcángeles, espíritus, seres elementales y otras criaturas invisibles que están gobernadas por los dioses supremos, no por los magos. Los magos pueden negociar, convencer, intermediar, dialogar e incluso luchar con esos seres de segundo orden, pero salvo casos puntuales, difícilmente tendrán una total autoridad sobre ellos.

El principio de autoridad terrenal del mago reside en su mentor y, por extensión, en los superiores de su orden si es que pertenece a alguna. Después, el mago se rige a sí mismo, teniendo autoridad, o al menos intentando conseguirla, sobre su cuerpo y su mente, pero jamás sobre su espíritu, que se halla libre de las ataduras mundanas y está relegado al gobierno de los dioses.

V. La experimentación

Como arte, la magia precisa de innovación, creatividad y experimento. La reiteración sólo sirve para defender la existencia del método, pero, al tiempo, provoca el anquilosamiento de las iniciativas. Un buen mago debe regirse por los protocolos, con el máximo de respeto hacia ellos, y, de forma paralela, tiene la obligación de experimentar en nuevos campos, nuevas formas y novedosas metodologías que, sin desautorizar lo establecido, le permitan llegar al mismo fin.

Si quieres ser un buen mago, no te limites, atrévete a ir más allá, siempre y cuando estés dispuesto a ponerte unos correctos límites éticos y morales.

VI. La responsabilidad

Si bien los dioses gobiernan el mundo de la magia, ellos no son los responsables de tus actos. Tus aciertos y tus fallos dependen única y exclusivamente de ti, y sobre ti caerá la responsabilidad y el juicio del destino para premiar tus aciertos y castigar tus errores.

Tu responsabilidad se extiende también hacia todo lo que te rodea. Hacia los tres reinos —animal, vegetal y mineral— y, por supuesto, hacia los otros seres humanos. Por eso, antes de actuar debes valorar a qué, a quién o de qué manera pueden afectar tus acciones mágicas.

VII. La intención

Aquello que se realiza sin intención lleva al fracaso. La acción que no es sometida a juicio, ni a control ni tampoco a seguimiento, es una pésima acción. Antes de programar una actuación, como mago estás obligado a valorar la necesidad de ejecutarla. A establecer un juicio sobre el merecimiento de llevarla a cabo y a ser capaz de determinar si podrás responsabilizarte de ella.

VIII. La prudencia

La osadía es una de las cuatro reglas básicas de todo mago, pero cuando carece de la prudencia, no tiene ningún sentido.

El ocultista Paracelso dejó escrito «No invoques lo que luego no puedas desterrar», en clara alusión a la extrema soberbia con que algunas personas actúan, sin conocimiento, modestia ni prudencia, al llevar a cabo las artes mágicas.

Sé prudente con tus deseos. Sé prudente con tus pensamientos. Sé prudente con tus invocaciones. Sé prudente con tus objetivos. Sólo si eres capaz de tener el absoluto control sobre todo aquello que realizas, estás autorizado a ponerlo en marcha.

IX. El protocolo

Pensar, preparar, invitar, presenciar, honrar, dialogar, ofrendar, agradecer y despedir. Esos son los nueve pasos básicos que siempre debes realizar en todas tus acciones. Podrás variar la forma de llevarlos a cabo innovando incluso sobre alguno de ellos, pero este orden es sagrado. El mago que no sigue el protocolo no sólo no logra sus objetivos, sino que puede ser maldecido por los dioses.

X. La conclusión

El mago que deja inacabado su trabajo, fracasa. Sólo quien es consciente de que la fuerza mágica comienza a manifestarse cuando se cierran las puertas del templo es un buen mago. Ahora bien, como mago tienes que saber cuántas son las puertas que contienen tu santuario, dónde han sido ubicadas y de qué manera podrás precintarlas.

Esfera 5.
Todo lo que debes preguntarte antes de traspasar el umbral

La magia no entiende del transcurrir del tiempo. Si de verdad quieres ser mago, tendrás que aprender a ser paciente y deberás establecer, como norma, no sólo la continua reflexión sobre tu persona sino también sobre aquello que haces, piensas, dices e incluso callas.

El camino mágico no tiene vuelta atrás

Si traspasas el umbral de la magia, sólo tendrás dos opciones: seguir caminando o permanecer quieto, pero jamás podrás retornar al origen. Si decides avanzar, tal vez te conviertas en mago. Si tu opción es esperar, pasarás a formar parte de los llamados «magos dormidos», es decir, de aquellas personas que un día se adentraron en el sendero mágico, pero que por cualquier motivo han decidido no seguir recorriéndolo.

Una de las grandes ventajas de la magia es que posee numerosos niveles de conocimiento, de poder y de sabiduría. Puedes dedicarte a buscar la elevación continua en la adquisición de poderes, o bien detenerte en aquellas etapas que consideres que resultan más interesantes. En ambos casos, serás un mago. Sólo cuando, más allá del conocimiento obtenido, decidas abandonar temporal o totalmente la magia, te convertirás en «un mago dormido».

Glosario. Los expertos en artes mágicas

Amdaur. Hombre o mujer que ha ingresado en la escuela de culto druídico (druidería) con la finalidad de, tras veinte años de estudio y prácticas, convertirse en druida.

Bardo. Druida masculino especializado en la enseñanza de los conocimientos místicos, mitológicos y religiosos de los druidas, que transmitía a través de canciones y de la narración de cuentos, poesías, leyendas, etc.

Si bien es factible la existencia de poetisas o narradoras en la tradición céltica, no se contempla su denominación en las órdenes bárdicas. Se cree que recibían el nombre de druidesas-narradoras.

Brujo-Bruja. En la actualidad recibe este nombre todo especialista en la práctica oscura de la magia que proyecta sus fuerzas o poder vía astral, mediante encantamientos, sortilegios, pócimas o rituales. Durante siglos, el brujo recibió el nombre de mago (por sabio) o nigromante (por invocar a los espíritus), y había entre ellos incluso sacerdotes y grandes sabios. En el caso de las mujeres, el lenguaje popular las denominaba curanderas, magas o sacerdotisas. Sin embargo, a partir del siglo XIV comenzará a realizarse una persecución, que se intensificará durante los siglos XV y XVI, de aquellas personas, hombres o mujeres, que habían optado por mantener la sabiduría mágica de sus ancestros, así como las tradiciones del paganismo, en lugar de abandonarlas para abrazar la religión imperante. Esas personas serán tildadas de diabólicas, y los estamentos oficiales, políticos y religiosos se ensañarán con ellas, utilizando los términos «brujo» o «bruja» para aludir con él a quienes supuestamente habían firmado un pacto con el diablo. En el tratado de simbología de William West, publicado en Londres en 1594, se establecen distintas clases de brujos, como son magos, hechiceros, adivinadores, encantadores, etc. Destaca, en ese tratado, la denominación que se hace de la bruja. «Es la mujer que, engañada por un pacto firmado con el Diablo y persuadida por éste, cree que puede obrar cualquier acto de maldad, con el pensamiento o mediante la imprecación, como agitar los aires con rayos o centellas, provocar tempestades, trasladar árboles e incluso ser transportada por su demonio familiar que para este menester adopta momentáneamente la engañosa forma de cabra, ternero, cerdo o serpiente».

Cibermago-Cibermaga. Especialista en artes mágicas que realiza su trabajo a través de los medios tecnológicos de comunicación. teléfono, radio, televisión e Internet.

Cibermante. Hombre o mujer que ofrece sus servicios adivinatorios mediante el uso de tecnologías, ya sean informáticas —que es la especialidad que da la raíz *(ciber)* al nombre de esta denominación—, o bien utilizando cualquier otro de los medios de comunicación derivados de la tecnología. El «cibermante» se transforma en «radiomante» cuando realiza su trabajo a través de una emisión de radio, «audiomante» cuando ofrece sus servicios vía telefónica o «telemante» cuando lo hace desde la televisión. En la actualidad también está comenzando a usarse el término «tecnomante» para aludir a aquellas especialidades audiovisuales ya citadas, a excepción de las derivadas de Internet.

Chamán-Mujer chamán. Se trata de personas iniciadas en el que se considera el culto primigenio a las antiguas deidades y a las fuerzas invisibles del planeta. El chamanismo no está catalogado como religión, dado que cada uno de sus magos, videntes, sacerdotes, etc. recibe una formación (generalmente hereditaria) de manos de un maestro, carece de un libro sagrado que haya sido revelado por profetas o dioses y, generalmente, actúa de forma individualizada.

Las personas que trabajan el chamanismo pueden hacerlo con fines mágicos, curativos, iniciáticos, espirituales, etc. Para todos los casos, entran en contacto, luego de un estado modificado de conciencia, con entidades invisibles y del más allá. Pese a que en numerosas ocasiones podemos encontrar el término «chamana» para aludir a las mujeres que se dedican al chamanismo, la definición más correcta es «mujer-medicina» o bien «mujer-chamán».

Druida-Druidesa. Especialista en misticismo, culto mágico y espiritualidad de las naciones celtas, encargado de mediar entre las relaciones entre dioses, héroes y antepasados con los seres humanos. Ejercían la práctica de la curación, las artes adivinatorias, la magia y la política. Ocasionalmente, las druidesas pueden recibir también el nombre de Ban-Drui.

Hechicero-Hechicera. Persona especializada en el arte mágico centrado en la hechicería, trabajando el doble etérico o alma de los seres animados, ya sea para hacer el bien o el mal.

Mago-Maga. Practicante de las artes mágicas en general. Carece de una especialización, ya que al adquirirla pasa a ser mago-nigromante, mago-hechicero, etc. Su trabajo consiste en invocar las fuerzas invisibles y preparar amuletos, talismanes y pentáculos. Conoce los secretos ceremoniales e invocatorios de la magia, que pone en práctica a través de sus rituales.

Nigromante. Hombre o mujer cuya actividad mágica se centra en el desarrollo de la nigromancia.

Profeta-Sibila. Especialista en augurios proféticos, es decir, que están por llegar y que le son revelados a través del sueño (visión onírica), mediante señales en el entorno o también con visiones cuya producción no ha sido provocada por causas químicas (alucinógenos), ni mediante ceremoniales mágicos como pueden ser danzas extáticas, meditaciones, estados de trance inducido, etc. Si bien el término «profetisa» es correcto para designar a las mujeres que practican el arte de la profecía, se prefiere el uso de «sibila» como denominación culta.

Vate. Druida o druidesa (también denominadas curanderas) que se encuentran en el mismo nivel jerárquico que los bardos, y cuyas especialidades son la curación y los sacrificios rituales. Dominan también la emisión de augurios a través de las visiones que les proporciona el contacto con los espíritus de los animales y plantas que utilizan cuando aplican la medicina o trabajan la farmacopea.

Vidente. Hombre o mujer que tiene capacidades adivinatorias, tanto de pasado, presente o futuro, y que para obtenerlas no utiliza soporte alguno, como podrían ser las cartas del tarot, los posos de té, la bola de cristal, etc. La principal diferencia entre los videntes y los profetas es que estos últimos tan sólo vislumbran el futuro lejano.

Wiccano. Si bien el término se puede utilizar por igual tanto para hombres como para mujeres, éstas suelen preferir la denominación de «sacerdotisa wiccana». En los dos casos se trata de magos especialistas en el trabajo dentro del entorno de la naturaleza.

Son, en parte, herederos de las tradiciones druídicas y de los antiguos cultos en honor a la madre tierra.

Practicum. Códex ¿Realmente te conoces?

Por algún motivo, que sólo tú sabes, has entrado en contacto con este libro. Sólo tú tienes constancia de qué quieres y cuáles son tus pretensiones mágicas, pero... ¿de verdad las tienes?

Busca un lugar tranquilo en el que puedas aislarte de lo que te rodea. Lee las siguientes preguntas y atrévete a responderlas en voz alta:

- ¿Para qué quieres ser mago?
- ¿Te acercas a la magia para realizar un trabajo o sólo para entretenerte?
- ¿Tienes claros cuáles son tus objetivos?
- ¿Quieres ser mago para desarrollar un poder personal o para ser distinto ante los ojos de los demás?
- ¿Estás dispuesto a realizar un trabajo particular que implicará esfuerzo o abandonarás tras el primer fracaso?
- ¿Serás capaz de vivir en silencio, guardando discreción respecto de lo que haces?
- ¿Podrás crear un entorno mágico en tu interior?
- ¿Aceptarás que la magia no sólo afecte a tu vida, sino también a la de aquellos que te rodean?
- ¿Sabes que quizá te estás autoengañando y que la magia no cubrirá tus carencias?
- ¿Crees que tus condicionantes, valores, ética e influencias externas pueden dificultar tu trabajo mágico?
- ¿Qué podrá más en ti cuando debas realizar un esfuerzo: la comodidad o tus deseos?
- ¿Serás capaz de ritualizar a altas horas de la madrugada, dejando de dormir, o padeciendo las inclemencias de los elementos?
- ¿Preferirás adquirir un objeto mágico en una tienda a construirlo con tu esfuerzo?
- ¿Serás capaz de la renuncia y de pagar el alto precio personal que te puede suponer convertirte en un simple aprendiz de mago?
- ¿Estás preparado para vivir en soledad?

Por el momento, conténtate con contestar verbalmente a las cuestiones anteriores. No temas a hablar solo ante el juicio de los dioses y los seres invisibles. Si ello te da reparo, tal vez debas preguntarte si el miedo procede de la poca sinceridad que puedan tener tus respuestas. Si no es así, nada tienes que temer. Ten presente que en magia el engaño siempre es hacia uno mismo, y la sentencia de los dioses es irreversible.

Sendero 2.
La metamorfosis mágica

Esfera 1. ¿Qué necesitas para ser mago?

Esfera 2. El diario secreto

Esfera 3. Tu nombre secreto

Esfera 4. Aproximación a los lugares sagrados

Esfera 1.
¿Qué necesitas para ser mago?

Sin ninguna duda, tus primeras necesidades son aceptar los cambios que vienen. No se trata de renunciar a ti, ni tampoco a lo que has sido o vivido hasta el momento. Se trata de entender que nunca más volverás a ser la misma persona. Los cambios afectarán a tu entorno más cercano, a tus familiares, pareja, amigos y, cómo no, también a tu vida cotidiana. Sin embargo, no temas. Todo puede ser compatible con la magia.

Prohibido olvidar

Vamos a empezar a trabajar. Pero antes debes tener bien frescos en tu mente todos los conceptos contemplados en el Sendero 1. En magia, la práctica jamás debe pasar por alto las normas, leyes y teorías. Pero, además, tampoco debes olvidar tu vida anterior. Como afirmó el ocultista Papus, «el mago que no se reconoce como ser humano primigenio, no es jamás mago, sino un alma que ha perdido el horizonte de su existencia».

Las cuatro herencias

En todos los rituales de paso, el novicio, luego de someterse a la ceremonia de iniciación, muere, dejando de ser el humano primigenio al que aludía Papus, para renacer bajo una nueva identidad. Abundando en este tema, Cornelius Agripa consideraba que el iniciado en artes mágicas ciertamente era un nuevo ser, aunque llegaba a su estrenado mundo con cuatro herencias simbólicas que lo acompañarían durante toda su existencia: origen, vínculo, temor e ignorancia.

Tu legado

Estará conformado por los cuatro valores que, luego de tu iniciación como mago, heredarás del humano que fuiste y que simbólicamente morirá luego de tu transformación. Estudiarlo, analizarlo y conocerlo te será de suma utilidad. Primero, porque te servirá para no perder la conciencia de ti mismo. Segundo, porque a través de él aprenderás de los errores cometidos. Tercero, porque mitigará tus ímpetus cuando éstos sean desmedidos.

1. Origen

Nadie nace mago, pero sí puedes llegar al mundo con ciertas capacidades que tal vez conseguirás desarrollar en un futuro. El mago no puede pensar que nació como un ser elegido, sino aceptar que lo hizo de la misma forma que el resto de los mortales: desnudo y llorando. Todos estamos obligados a saber de dónde venimos y las carencias por las que hemos tenido que pasar. El mago que olvida su cuna pierde la conciencia de sí mismo.

2. Vínculo

Desde tu nacimiento estás asociado y vinculado a personas. A medida que creces, el abanico de relaciones se amplía o reduce según sea tu forma de comportarte y de ver la vida. El mago no puede olvidar la sabiduría, los consejos y las advertencias que recibió siendo un simple humano mortal.

Aunque en tu nuevo estado puedes disponer de recursos distintos a los del pasado, tanto las vivencias que tuviste en la otra existencia como todo aquello que viste o escuchaste, son también fuente de aprendizaje.

3. Temor

Las dudas del alma, el miedo al fracaso y todo aquello que tenga una relación directa con lo que no deseas reconocer, forman parte de tus temores. El verdadero iniciado, además de ser temerario, debe valorar los viejos temores, ya que en ellos puede encontrar la herramienta que le ayude a superar los nuevos.

4. Ignorancia

Ni el conocimiento ni la sabiduría han estado siempre con el mago, que, además, tiene la obligación de aprender de todo y de todos. El mago está obligado, sobre todo en sus grandes momentos de esplendor, a recordar aquellos días en los que era ignorante y desconocía el sendero por el que había de caminar.

Tu identidad

Vas a cambiar, no te quepa ninguna duda. Pero tienes que estar preparado. Sólo tu fe y voluntad te ayudarán a conseguirlo. «El varón o hembra que quiera dedicar su espíritu a las artes mágicas debe poseer una auténtica vocación para ello. Debe saber que renunciará a lo que ha sido hasta el momento.» La afirmación es de Cipriano el Mago, una de las figuras más relevantes en las artes esotéricas, que con el tiempo optaría por abandonar el camino de la magia para abrazar el cristianismo, lo que le llevó a alcanzar la santidad.

Revelarse ante los espíritus

Fue el monje alemán Jonás Sufurino quien, habiendo hallado en las artes mágicas la gran revelación, dejó escrito que ser mago era una metamorfosis de cuerpo, alma y mente. «No hay duda de que existen espíritus dotados de inteligencia soberana. Al mismo Hijo de Dios se le apareció el diablo en algunos momentos, antes de su muerte. No hay duda de que los invisibles tienen el poder de tentarnos, sorprendernos, inducirnos al bien o al mal. Luego llegamos a la conclusión de que si estos espíritus o seres se le revelan al hombre, es posible que el hombre se revele ante ellos mediante formulaciones mágicas. Para ello, el hombre debe cambiar su ser, adecuar su espíritu, preparar su mente y guardar silencio ante lo que desconoce.»

Una metamorfosis personal

Los textos del monje Sufurino, redactados en el monasterio de Broken en el año 1000 de nuestra era, siguen siendo válidos hoy. Recogen preceptos apuntados por la gran mayoría de los magos.

Como novicio estás obligado a emprender una nueva vida que te capacitará para entrar en contacto con lo sublime, permitiéndote percibir aquello que hasta el momento te estaba vedado. No se trata sólo de que adquieras un nuevo nombre. La forma de ver y entender la vida, la metodología que emplearás para tus nuevos trabajos, el continuo análisis de tu vida, tus sueños y tus temores, así como de tus logros, crearán en ti una persona distinta. Deberás aprender a convivir con ella. Puede que haya cosas que no te gusten, pero sólo el tiempo y tu trabajo personal te ayudarán a pulirlas.

Tu entorno familiar

Tanto si vives solo como si lo haces en compañía, tu incursión en la magia afectará a los que te rodean. Muchos magos deciden abandonarlo todo, optando por una existencia independiente y solitaria, sin embargo, no es una condición indispensable. Como dijo Cipriano el Mago: «Es muy importante que el mago no se olvide de que antes tuvo una existencia familiar. Todo mago o maga tienen padre y madre. Pueden tener mujer o marido. Su familia seguirá siéndolo aunque él cambie de identidad».

El mentor

El mentor es la guía para el mago. Te anima, te aconseja, te ayuda... e incluso puede facilitarte información o decirte dónde encontrarla. Dicen que todos los grandes magos siempre tuvieron a su disposición a un mentor, pero no es del todo cierto. A veces el aspirante a mago debe aprender a trabajar aislado en la soledad de sus pensamientos y con sus propios recursos. Todo mago puede tener su mentor, pero no debes cometer el error de buscarlo a cualquier precio. La vida es uno de los mejores mentores que puedes encontrar. Desconfía de aquellos supuestos profesionales que se erigirán ante ti como maestros, y en especial de los que adoptan rasgos de gurú.

Maestros y gurús

La diferencia básica entre el maestro y el gurú reside en la dependencia y el servilismo. Como apunta el monje Jonás Sufurino, «el gurú es como la serpiente del Evangelio. Al igual que ella, nos tienta diciéndonos: "Te daré todos los reinos de la Tierra". Lo malo es que para conseguirlos deberemos postrarnos ante él y adorarlo de por vida».

Como neófito en artes mágicas, desearás encontrar la clave al misterio que buscas. El gurú no solamente te dará la llave que abre las puertas, sino que te dirá cómo, cuándo y de qué manera debes utilizarla. Por el contrario, el maestro te ayudará a encontrar la llave, pero dejará que seas tú quien busque las puertas y, en el caso de hallarlas, decidas si vale la pena o no abrirlas.

El mal adepto

Al igual que existen pésimos maestros, también hay nefastos aprendices o aspirantes incapaces. Son aquellas personas a las que ni se les pasa por la cabeza un mínimo de esfuerzo. Pretenden que se les dé todo hecho y esperan que sean los demás quienes piensen por ellos. Cuando estas personas entran en el terreno de lo oculto o esotérico, se convierten, en el mejor de los casos, en carne de secta, y en el peor, en vejados adoradores de falsos ídolos.

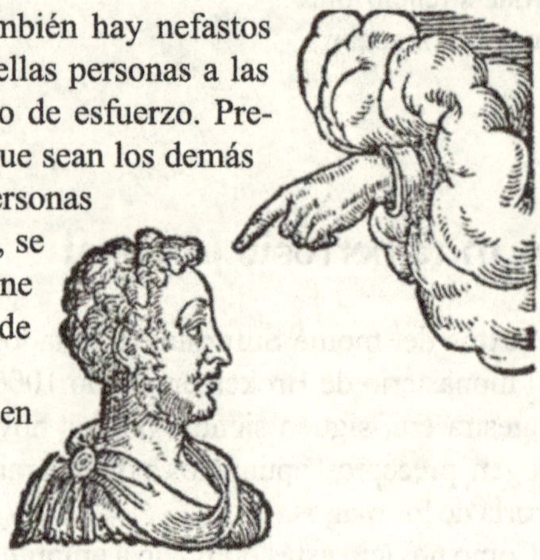

A este respecto, el esoterista Kremmerz, en una de sus cartas habituales dirigida a sus iniciados, afirmaba: «No es difícil en nuestro mundo encontrar una persona sensible que se ponga a nuestra disposición y que haga exactamente todo lo que se le sugiera. Éstos no son ni elegidos ni futuros iniciados, sino meros adeptos que, apasionándose por los misterios ocultos, sólo buscan la dependencia, el servilismo y, por tanto, abandonarán su camino iniciático en el momento en que les hagamos pensar por sí mismos».

Esfera 2. El diario secreto

Todos los grandes magos han legado a la humanidad sus conocimientos a través de distintas obras. En ocasiones sus libros son meras libretas de apuntes en las que detallaban intenciones, sensaciones o progresos mágicos. Otras veces convertían sus palabras en magistrales tratados de artes mágicas. Por el momento no hace falta que llegues tan lejos, será suficiente con que te dispongas, ya desde este momento, a trabajar en el que será tu futuro libro mágico, es decir, tu diario.

¿Qué debe contener un diario secreto?

En el caso del futuro iniciado en artes mágicas, dado que todavía tiene la condición de adepto o novicio, es difícil que en su diario aparezcan grandes principios filosóficos y, por supuesto, determinados procesos mágicos de su creación. Todo llegará. Algún día tendrás la ocasión de convertir tu diario, o uno de ellos, en un vademécum, tratado o, si lo prefieres, clavícula, es decir, un compendio de normas, reglas, impresiones, conocimientos y enseñanzas. Por ahora debes conformarte con elaborar tu diario secreto incluyendo en él los siguientes contenidos.

1. Dietario

Debe incluir anotaciones sobre los días y las horas en las que debes efectuar ciertos trabajos o en las que has vivido determinadas experiencias. Recuerda que a veces tendrás que invertir varias semanas o meses en realizar un preparado, y que para hacerlo deberás tener en consideración las fases lunares, horas solares, etc.

2. Estudios

Debes reservar un apartado de tu diario para anotar en él resúmenes de todo lo que lees o aprendes, así como aquellos apuntes respecto a otros temas que quizás debas consultar más adelante. La formación en magia es continua, de manera que cada vez que venga a tu mente una palabra que no entiendes, un término en argot que desees ampliar o complementar, así como el nombre de cualquier personaje, toma nota de ello para posteriormente poder consultarlo en una biblioteca especializada o en un tratado de magia.

3. Progresos

Reservarás un apartado de tu diario para incluir con detalle todos los estudios y enseñanzas adquiridas. Anota, siempre al lado de la fecha y haciendo constar tu estado emocional y el esfuerzo que te ha supuesto, cada uno de los progresos que crees estás realizando.Cada vez que lees, estudias, meditas o practicas estás generando, por pequeño que te parezca, un progreso en tu formación.

4. Experiencias

Desde los sentimientos que nacen tras la lectura de un texto hasta lo que sientes cuando tallas o pules la madera de tu varita mágica, pasando por tus vivencias oníricas, todo forma parte de tu bagaje de experiencias mágicas.

Es importante que el mago deje constancia, no para los demás sino para sí mismo, de cuantas experiencias viva, en especial de aquellas que se producen cuando realiza prácticas mágicas.

No estará de más que incluyas, a modo de diario de sueños, un apartado en tu diario mágico. En este caso, sigue los preceptos que se dictaminan a tal fin en la clase destinada a la oniromancia.

5. Recetario

Si bien en tus inicios deberás limitarte a seguir al pie de la letra las indicaciones de los distintos preparados ajenos, llegará un momento en que los personalizarás. Como sucede en el arte gastronómico, no hay nada peor que ser capaz de confeccionar un suculento plato y no recordar la vez siguiente los ingredientes que se utilizaron para él.

6. Inventario

Cuando comiences a adquirir o construir los instrumentos esenciales de la magia, deberás seguir un orden. Arribará el día en que dispondrás de muchos elementos, por eso es conveniente que realices un inventario, a fin de controlar tus existencias.

7. Bibliografía

Debes tener una lista completa de los libros que has consultado, así como de aquellas obras que creas que deberás leer en un futuro. Ambas relaciones pueden enriquecerse con tres apartados alfabéticos: uno temático, otro por autor, y un tercero con anotaciones personales.

Esfera 3.
Tu nombre secreto

Dos magos invocan al sol y la luna para que el tercero, en el centro de la imagen, reciba su nombre secreto.

Magos, ocultistas, chamanes y, cómo no, druidas, por citar algunas disciplinas, tenían en gran consideración la identidad mágica. El iniciado, al entrar en el camino de la magia y transformarse, se convierte en otro ser.

De igual manera que nace en el mundo desnudo y sin nombre, así lo hace en la magia. De hecho, en la gran mayoría de las ceremonias o ritos de paso iniciático, el novicio es despojado de sus ropas, es sometido a un ritual mostrando su desnudez al mundo y luego, tras su nacimiento en la orden que le corresponda, es ataviado con las nuevas prendas vinculadas a su condición. También en ese momento, su maestro, mentor o sacerdote que le ha dado la iniciación le impone un nuevo nombre.

Tus tres nombres

Todo experto en artes mágicas debe poseer al menos tres nombres, y hay quien escoge para este menester variantes y denominaciones de uno solo. El nombre del mago no necesariamente es para siempre, ya que se puede ir alterando a medida que se va evolucionando en el escalafón del conocimiento. Pero en cualquier caso, insistimos en la existencia de tres nombres.

Tu nombre familiar

Es parte de tu identidad, y es por el que se te conoce en el ámbito mundano. Es el nombre que te dieron tus padres al nacer y forma parte de tu herencia como ser humano. Recuerda que al venir al mundo sólo dispusiste de dos elementos, tu nombre y tu fecha de nacimiento.

Este nombre, importante en lo profano, no deberás utilizarlo en las prácticas esotéricas, ya que para ejercerlas deberás renacer con nuevo nombre reservado sólo para tus menesteres herméticos.

Tu nombre mágico

Es el que escogerás en el ámbito de las artes ocultas. Será tu nombre público dentro de estas disciplinas. En el caso de que ingreses en una orden, puede que te venga impuesto, sus miembros se dirigirán a ti con él.

Tu nombre secreto

Hay dos formas de obtenerlo: la individual, es decir, generándolo tú, en cuyo caso sólo será conocido por ti y nunca deberás revelarlo dado que es tu nombre de poder, o bien habrá sido escogido por tu maestro, quien en el momento del bautizo ceremonial te lo impondrá. En las ceremonias de bautizo el maestro pronuncia en voz alta el nombre mágico del iniciado, al tiempo que mentalmente menciona el nombre secreto que le está dando, denominación que posteriormente susurrará al oído del nuevo adepto.

Protege tu nombre

Tu nombre secreto es lo más sagrado que posees como mago. Lo usarás para dirigirte a las entidades invisibles y sobrenaturales. Firmarás con él tus documentos mágicos e incluso, si llegas a convertirlo en un anagrama, lo incorporarás como sello en los amuletos, talismanes y demás objetos personales de poder. El nombre secreto es tan relevante que todas las tradiciones mágicas aseguran que aquel que posea su conocimiento se convertirá en amo y señor del portador del nombre. La única forma de subyugar el poder del mago e incluso destruirle es saber cuál es su nombre secreto.

Nombre e identidad

Asumir un nuevo nombre ya es el primer paso hacia tu nueva identidad, un nuevo ser que irás configurando día a día. Un personaje que, según las tradiciones más arcanas, nunca llegarás a conocer en su totalidad, ya que para ello deberías ser plenamente consciente de tu ser y de las personalidades que lo conforman. En este sentido, George I. Gurdief, uno de los grandes maestros místicos contemporáneos, indicaba que los seres humanos estamos compuestos por distintas naturalezas o «yoes». Cada uno de éstos sería un personaje o máscara teatral que se iría manifestando a lo largo del día basándose en las emociones que estuviéramos experimentando. Gurdief indicó que en cada per-

Nombres y dominios

En las crónicas del rey Arturo leemos que la malvada Morgana seduce al mago Merlín para lograr su poder.

El mago de Camelot tenía distintos nombres: Myrddin, Merlinus» y Merdhinad entre otros. Morgana descubrió el auténtico y, mediante su invocación, logró encerrar a Merlín en una cueva de cristal.

La famosa escritora Hursula Leguin (1921), en su obra *El mago de Terramar*, nos revela la forma de acabar con un poderoso dragón engañándolo para que le diga al protagonista del libro su nombre secreto. Tras obtenerlo, el mago logra tener bajo su poder al monstruo.

sona existe su «yo alegre», «yo triste», «yo imaginativo», «yo metafísico», etc.

Pese a la relevancia de Gurdief en el terreno de lo iniciático, no descubrió nada nuevo. Los sacerdotes y magos de los celtas, denominados druidas, a fin de no embrutecer su relación con los dioses o espíritus a los que invocaban, se mostraban ante ellos sin cara y sin nombre, norma que también aplicaban en las druiderías. En las escuelas de druidismo, los amdaurs, durante su proceso de formación, estaban obligados a dirigirse y presentarse ante los demás «sin cara y sin nombre», es decir, con la cabeza gacha y sin aludir a su nombre privado.

Crea tu nombre secreto

Lo primero que debes hacer es escoger un alfabeto. Te sugerimos que comiences por el que dominas y en un futuro podrás experimentar con grafías ajenas. La lengua castellana utiliza el grafismo que griegos y romanos, alrededor del año 1000 a. C., adoptaron, y que se trata de una variante fenicia del alfabeto semítico.

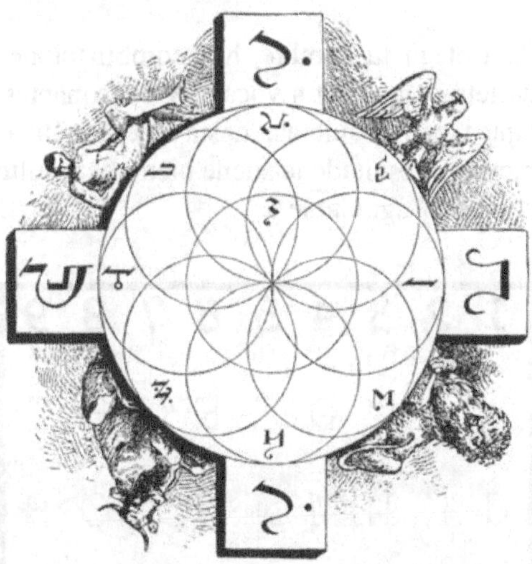

Representación de un antiguo talismán cabalístico que contiene las letras que componen un nombre mágico.

Taliesín y la identidad

Taliesín el Bardo, sacerdote de la Orden Druídica, respecto del uso del nombre y de la necesidad de no tener en cuenta la identidad personal en las prácticas mágicas, escribió:

«Si el rostro embrutece, la expresión confunde, la mirada engaña y la sonrisa perturba, ¿cómo es posible que escuches lo que muestra una faz? Habla a los dioses no con tu cara, no con tu rostro, sino desde tu persona.

Si el nombre sólo sirve para saber de dónde vienes pero no para conocer los motivos de encontrarte aquí, ¿para qué lo quieres?

Si tu nombre rememora lo que otros, mas no tú, hicieron en el pasado, ¿para qué te sirve?

Si tu nombre sólo es una esperanza, un presagio, una advertencia ante los demás, ¿crees que cuando ya lo hayan aprendido no esperarán de ti algo más que tu nombre?»

1. Aleatorio

Para elegir tu nombre, haz combinaciones de letras, juega con vocales y consonantes, tantas como quieras, hasta que fonéticamente el resultado te suene bien y te resulte cómodo y agradable.

1	2	3	4	5	6	7	8	9
A	B	C	D	E	F	G	H	I
J	K	L	M	N	O	P	Q	R
S	T	U	V	W	X	Y	Z	

Un complemento a este juego es elegir el uso de las letras en función de tus números favoritos (ver recuadro de combinaciones alfanuméricas) ya que, según Pitágoras, considerado como el padre de la numerología, cada letra está vinculada a un número y éste a una vibración.

2. Mimético

Deberás escoger una palabra que personifique aquellos valores con los que te identificas, como la fuerza, la serenidad, la imaginación, la constancia, etc., y que estén presentes en cualquiera de los tres reinos o que puedas asociar a fenómenos naturales, colores o adjetivos.

En la disciplina mágica chamánica, el nombre suele ser sustituido por la denominación de un animal, mineral o planta al que, como sufijo, se le incorpora un atributo. De esta forma encontramos nombres como «Águila danzante», «Búfalo veloz», «Lobo gris», etc. Una variante de esta modalidad consiste en jugar con atributos y colores, por ejemplo, «Fuerza azul», «Poder rojo», etc. Una tercera variante mezcla palabras comunes con atributos y colores. Por ejemplo, «Océano azul danzante», «Lluvia blanca serena» o «Prado amarillo y fresco».

La evolución de los alfabetos

Los primeros alfabetos de la historia de la humanidad fueron ideogramas. Símbolos y dibujos pintados en las paredes de las cuevas rupestres con el objeto de registrar expresiones, sensaciones o vínculos. La evolución llevará a que estos símbolos, cada vez más complejos, además de representar una idea, se vayan estilizando hasta generar un sonido. De esta manera nace el alfabeto.

El primer alfabeto conocido nació en Siria en torno al año 1700 a. C. y recibe el nombre de «semítico septentrional». Era una combinación de símbolos cuneiformes y jeroglíficos. Este alfabeto constaba de 22 consonantes y carecía de los sonidos de las vocales. Una evolución del alfabeto semítico son los alfabetos fenicio, hebreo y árabe.

Los alfabetos romano y griego surgirán como evoluciones de los alfabetos fenicios, mientras que el árabe, que tiene su origen en torno al siglo IV de nuestra era, se vincula directamente con el semítico.

El alfabeto árabe tiene dos modalidades, la «cúfica», con tipografía rígida, que es originaria del siglo VII, y la «násquica», que tiene apariencia cursiva. El alfabeto árabe carece prácticamente de vocales.

Otros alfabetos, en este caso considerados como mágicos, son el «rúnico» de los vikingos y el «ogámico» de los celtas.

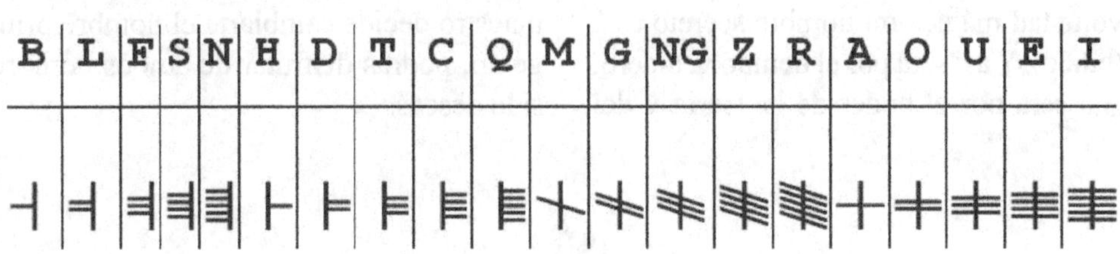

Tu bautizo

Llega el momento de realizar tu ceremonia particular, en la que vas a asumir el poder que te confiere tu nombre. Evidentemente podrás cambiarlo o modificarlo en el futuro, pero hoy por hoy será el nombre que emplearás en las artes mágicas.

1. Escribe tu nombre secreto en un papel.
2. Enróllalo sobre sí mismo y anúdalo con una cinta de tela de tu color favorito.
3. Coloca el rollo de papel bajo la almohada de tu cama. Deberá permanecer ahí durante siete días.
4. Cada día, al acostarte y al levantarte, deberás decir en voz alta: «Mi nombre familiar es... (cítalo), mi nombre secreto es... (cítalo)».
5. Al séptimo día te presentarás frente a un espejo con el papel en la mano.
6. Mirando a los ojos de tu reflejo, dirás en voz alta: «Voy a realizar mi bautizo de nombre secreto».
7. Despliega el papel, fija tu vista en el nombre secreto y luego, mirando a los ojos de tu reflejo en el espejo, di en voz alta: «Hasta el día de hoy mi nombre familiar era... (cítalo), y sólo me llamaré así en mi vida mundana. Para cualquier acto o voluntad mágica mi nombre secreto es... (cítalo). Y así será por el tiempo venidero. Así será por el poder de la Tierra y del agua; así será por el poder de la Luna y del Sol. Yo lo decreto porque es mi voluntad y así será a partir de ahora».
8. Para terminar la ceremonia, quema el papel que contiene tu nuevo nombre. Recoge las cenizas y sitúate de nuevo frente al espejo. Emulando las prácticas caligráficas de Leonardo da Vinci, escribe al revés, sobre tu frente, tu nombre secreto, de manera que lo puedas leer al derecho cuando lo veas reflejado en el espejo.
9. Las cenizas restantes las guardarás en una bolsa, la cual pondrás en un lugar de privilegio.

Cuando tu mentor te bautiza

Si perteneces a una orden mágica o ingresas en una sociedad hermética o esotérica, tal y como ya hemos indicado con anterioridad, será tu maestro quien te otorgue tu nombre de poder. La ceremonia de bautismo será distinta según la tradición mágica a la que te hayas adscrito. De todas maneras, el bautizo dispensado por tu mentor no es incompatible con el que hayas ejercido individualmente.

Es decir, si antes de este acto colectivo tú te has bautizado personalmente, y tu maestro decide cambiarte el nombre primigenio, podrás disfrutar de ambos nombres, si lo deseas.

Esfera 4. Aproximación a los lugares sagrados

El mundo en el que vive el mago posee dos naturalezas, una sagrada y otra profana. La primera es aquella que el mago utiliza para realizar sus actividades mágicas. La segunda es el resto del mundo.

Paracelso afirmaba que «todo recinto que haya sido pisado por un mago, aun siendo profano, puede convertirse en sagrado. Si se trata de un bosque, los árboles son dioses y las plantas, herramientas. Si es montaña, los vientos que la rodean y la cúspide en sí misma ya es un templo. Si es una cueva, al ser ésta el útero de la madre tierra, se tornaría en sacro recinto de recogimiento».

Tú transformas el mundo

Si, como dijo Paracelso, allí donde está el mago se produce la mutación de lo profano a lo sagrado, podemos entender que cualquier

Representación de la maga Morgana dominando a los animales al entrar en su bosque sagrado.

lugar en el que nos encontremos con una finalidad mágica puede ser un espacio sacro. Desde una perspectiva más empírica, en realidad, el espacio sagrado es el que ha sido delimitado con un fin: el de ejecutar actividades mágicas, ceremoniales o religiosas en su interior.

La delimitación no pasa por erigir edificios ni acotar terrenos. A veces es más que suficiente trazar un círculo en el suelo, delimitar un espacio mediante el uso de una varita mágica creando una frontera invisible en torno al mago o, como hacían los godar y también los druidas, sacralizar un espacio insertando en él determinadas piedras o elementos de culto.

Como persona, pisas el mundo profano; como mago, lo transformas en algo sublime, místico y espiritual.

Tres templos para la magia

Como practicante de las artes mágicas, tus actuaciones se llevarán a cabo en tres templos distintos pero complementarios entre ellos. Dos deberás crearlos tú, y el tercero, aunque podrás adecuar-lo, será el que te dé el entorno natural en el que operes.

¿Qué es el templo interior?

Es intangible, particular y secreto. Se encuentra en el interior de tu mente, tú deberás imaginarlo y construirlo en ella. Es el reducto más sagrado y privado, además de secreto, al que acudirás en todas tus prácticas mágicas.

- Puede ser cualquier entorno natural que imagines: montaña, pradera, cueva, océano, estancia o construcción. Debe albergar tu nombre mágico, que visualizarás cada vez que entres en tu templo mental.
- Contendrá una réplica de tus anagramas, firmas o sellos mágicos, así como una copia virtual de todos y cada uno de tus objetos de poder o herramientas.
- Podrás decorarlo como desees, pero con una cierta lógica que te permita ser capaz de visualizarlo rápidamente y en cualquier momento.
- Como templo secreto, se convierte en tu «cofre de los tesoros», el lugar donde podrás guardar tus más preciados sueños, deseos o temores.

Los cuatro preceptos básicos del mago

El culto mágico está apoyado en cuatro pilares esenciales: ver, oír, osar y callar. Estos cuatro preceptos son independientes, pero complementarios, de los llamados cánones herméticos y reglas de oro de la magia, y se tienen en consideración en todas las doctrinas y especialidades mágicas y esotéricas. Para los ocultistas, forman parte de la fuente del conocimiento y, más que cuatro simples palabras, son cuatro sistemas de vida o actuación que, como mago, deberás seguir escrupulosamente si quieres estar en el camino de la evolución.

1. Ver

Aunque parezca una obviedad, ver no es mirar. Como mago tendrás distintas formas de mirar las cosas. A veces las verás a través de tu tercer ojo, en ocasiones visualizándolas en el interior de tu mente y, por supuesto, de

Preceptos básicos del mago

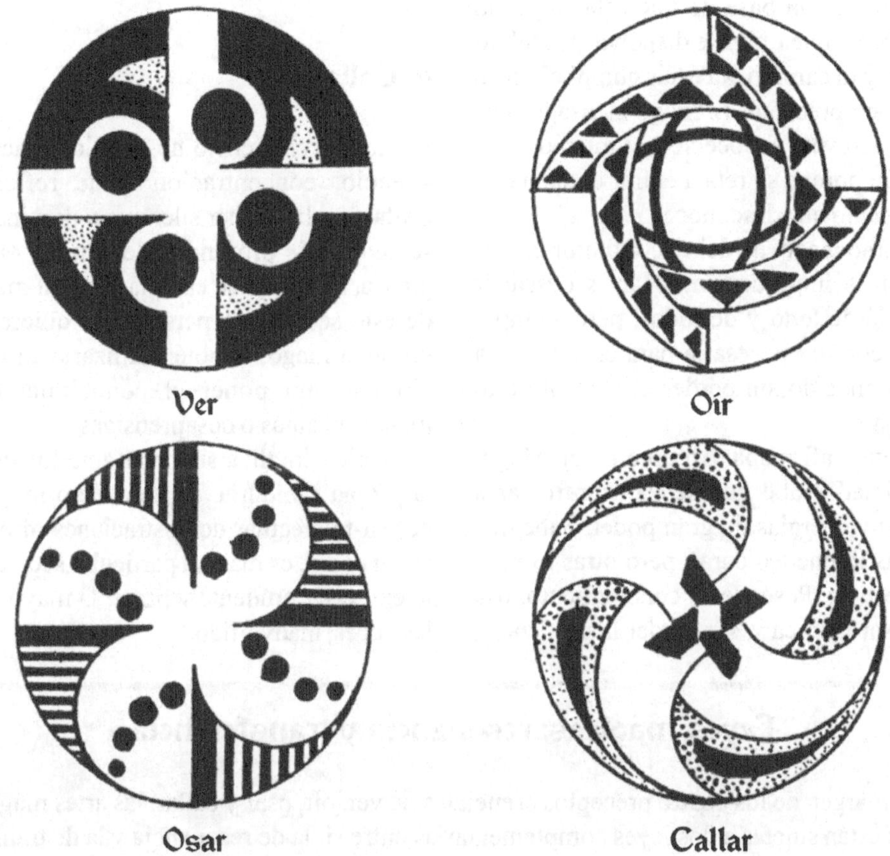

la forma tradicional, esto es, a través de tus ojos. Para un mago, ver significa ser capaz de mirar las cosas desde todas las perspectivas posibles, obteniendo así el máximo de información sobre lo observado. La vista te sirve para analizar todo lo que te rodea, en la conciencia de que estás aprendiendo de todas y cada una de las cosas observadas.

2. Oír

El precepto «escuchar» indica que debes prestar atención a los sonidos que te envuelven, a las palabras que te llegan y, cómo no, al significado de los silencios, teniendo en cuenta, en todas esas ocasiones, que quien escucha u oye, según sea el caso, no habla.

Si tu sensibilidad es la adecuada y eres capaz de desarrollar mágicamente tu sentido del oído, aprenderás a escuchar lo que teóricamente no se oye, fenómeno que, por cierto, recibe el nombre de «clariaudiencia».

No todos los magos poseen este don, pero todos saben escuchar las claves secretas de lo que oyen.

3. Osar

Partiendo de la base de que estás leyendo este libro y que quizá te dispones a cambiar tu vida y tu camino, ya estás cumpliendo en parte este precepto. El mago es osado porque se atreve a conocerse a sí mismo, pero también porque se reta a entrar en contacto con aquello que desconoce.

Como mago, no debes confundir la osadía con la imprudencia. Osar es desear ir más allá de todo y de todos, pero siempre con la cordura necesaria para enfrentarte a lo desconocido sin perder el control de tu persona.

Como afirmaba Abramelín el Mago, «el iniciado sabe que se va a enfrentar a fuerzas y energías de gran poder. Sabe que algunas lo pueden curar, pero otras lo pueden destruir. Pese a este conocimiento, osa traspasar la línea y, sin perder la prudencia, es capaz de penetrar en universos en los que moran seres y entidades muy superiores».

4. Callar

En magia, el silencio no es sólo un acto de silencio, concentración o de reflexión. Callar implica saber silenciar y dominar los secretos más profundos de aquello que se piensa, se hace o se estudia. Pero al margen de este secretismo personal, si quieres ser un buen mago, también utilizarás tu silencio para no poner el conocimiento en manos incautas o desaprensivas.

Callar implica silenciar ante los demás la propia sabiduría. El verdadero mago no necesi-ta efectuar demostraciones ni ostentar su poder, es más, su particular sacerdocio le exige ser prudente y pasar, la mayoría de las veces, inadvertido.

Leyes mágicas: resonancia y transferencia

Al margen de los cuatro preceptos esenciales de ver, oír, osar y callar, las artes mágicas están sujetas a dos leyes complementarias entre sí: la de resonancia y la de transferencia.

Ley de resonancia

Todas las acciones ejecutadas o sufridas por una o varias partes del cuerpo son transmitidas, bajo distintos efectos, a la totalidad del organismo. Todo lo que hables, calles, ocultes, hagas u omitas, tanto física como mentalmente, siempre y aunque no seas consciente de ello, te está afectando.

Ley de transferencia

Determinadas posturas, gestos, figuras geométricas y símbolos son capaces de propagar las vibraciones del pensamiento y de la acción. Aquello que veas, estático o en movimiento, contiene una información que interactúa con tu ser. Esa información se transmite hacia ti en forma vibracional, y puede serte benéfica o maléfica, pero siempre te afectará.

Practicum 2. Construye tu templo mental

En esta primera fase vas a comenzar a darle forma a tu templo. Te limitarás, por el momento, a escoger el paraje o diseño adecuado e incorporar en él tu nombre secreto. Más adelante irás volviendo a tu templo cada vez que construyas en el mundo físico un nuevo elemento o que adquieras un objeto esencial de poder.

1. Como todavía no dispones de un templo físico en el que refugiarte, acude a un espacio en el que te sientas cómodo. Igual puede ser un bosque que una estancia de tu casa, lo importante es que tengas privacidad, sin incomodidad ni interrupciones.
2. Cierra los ojos y túmbate en el suelo. No tienes que hacer nada. Respira con normalidad y escucha los sonidos del entorno. Si este ejercicio lo llevas a cabo en tu casa, puedes ambientar la sesión con una música sugerente. Si lo haces en un paraje natural, déjate llevar por los sonidos que le pertenecen. No embrutezcas con música un espacio abierto, ni recurras a efectos naturales en un espacio cerrado.
3. Centra tu atención en el entrecejo. Imagina en él un punto de luz blanca que se expande inundando toda tu mente.
4. Cuando puedas ver perfectamente la luz blanca, imagina el espacio donde albergarás el templo. No te extiendas en detalles, perderías la concentración.
5. Visualiza una montaña, el interior de una gruta, una playa, el interior de un castillo, el lecho de un mar o de un río... o simplemente una habitación con sus cuatro paredes.
6. Debes ser capaz de recordar en cualquier momento el paraje escogido, por tanto, no te compliques elaborando muchas imágenes, debes recurrir a una nítida, clara, y mejor si es conocida.
7. Pasados unos minutos abre los ojos. Observa lo que te rodea. Vuelve a cerrarlos y lleva a tu imaginación la imagen del templo mental. Si eres capaz de reproducirlo estás en el buen camino; si no es así, vuelve a comenzar el ejercicio.
8. Visualizando tu templo mental, escribe en el aire y en el centro de él las letras que conforman tu nombre secreto. Cuando lo veas nítidamente, podrás dar por concluido el ejercicio.

Sendero 3.
Tus sentidos mágicos

Esfera 1. El cerebro

Esfera 2. ¿Qué es el tercer ojo?

Esfera 3. ¿Qué es la intuición?

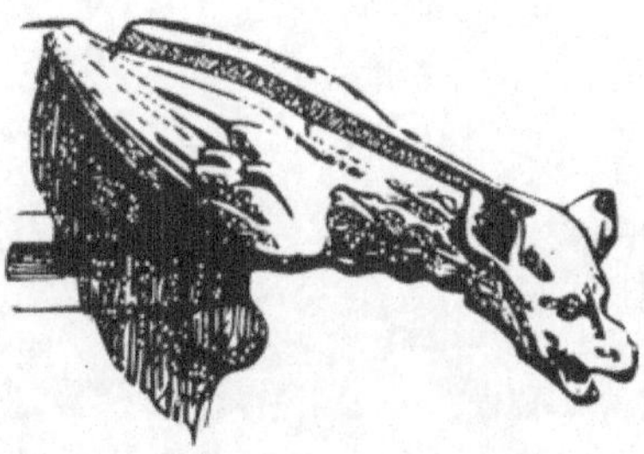

Esfera 1. El cerebro

Representación simbólica de la existencia de los diferentes niveles cerebrales del mago.

Todo cuanto le sucede al mago termina siendo decodificado e interpretado en su cerebro. Pero para ello es preciso que se produzca un estímulo, ya sea visual, olfativo, auditivo o de origen desconocido.

Trabajar en tu cerebro, aprender a utilizarlo a conciencia y saber controlar sus funciones no automáticas te permitirá ejercer no solamente las artes mágicas, sino también aumentar tus capacidades psíquicas.

Tres cerebros en uno

El cerebro es un gran centro bioeléctrico. La materia cerebral es un receptor de los estímulos que llegan tanto a través de los sentidos clásicos y conocidos, como por medio de otros canales que la ciencia no ha conseguido determinar. A grandes rasgos podemos decir que tenemos tres tipos distintos de cerebro.

Cerebro reptiliano

Se remonta a más de 200 millones de años de evolución. Es evidente que su origen es muy anterior al *Homo sapiens sapiens*, pero contiene un poso de nuestros ancestros más lejanos. Se ocupa de controlar los mecanismos más primarios: galanteo, apareamiento, alimentación y alerta. Las sensaciones de hambre, sueño, control del entorno o deseo sexual están coordinadas por esta área cerebral. Se encarga de la secreción de las hormonas, regula la actividad visceral y está localizado en el hipotálamo.

Cerebro paleomamífero

Tiene su origen en el cerebro reptiliano. Es el que tienen los mamíferos inferiores y que, en el caso del ser humano, está localizado en el hipotálamo, glándula pituitaria y tálamo. Es un cerebro que genera emociones a partir de las sensaciones percibidas y de aquello que capta a través de los sentidos. Por ejemplo, puede provocarnos tristeza ante una visión desagradable, o desarrollar en nosotros un estado de euforia luego de la percepción de un aroma.

Cerebro neomamífero

También recibe el nombre de neocórtex. Ha sido desarrollado por los mamíferos superiores, entre ellos los primates y el ser humano. La diferencia entre nosotros y los primates, pese a un 98% de similitudes, es que todo parece indicar que existen interconexiones entre los tres tipos de cerebro que albergamos en nuestro interior.

El cerebro neomamífero controla la creatividad, imaginación, previsión y, por tanto, la capacidad de proyectarnos hacia el futuro.

La evolución del cerebro

Los biólogos aseguran que la evolución es lo natural en todo ser vivo, y que aquello que no se utiliza tiende a desaparecer. Evidentemente esto no va a ocurrir con tu cerebro, aunque seguramente muchas de tus capacidades, tanto las tangibles como las que no lo son, pueden obstruirse en caso de no ejercitarlas.

El mago es un evolucionador nato del cerebro en tanto le obliga al trabajo continuo, no sólo a través de la experimentación con los sentidos, sino también mediante el uso de los recursos mentales y psíquicos.

Cada vez que meditamos, visualizamos, efectuamos un ejercicio de relajación o proyectamos nuestra energía a través de la fuerza de un ritual, estamos obligando a

Emoción y sensación

Todo aquello que hacemos, decimos o pensamos, tanto si es de forma instantánea como reflexiva, viene provocado por una interactividad entre el cerebro y aquello que ha captado. Cuando la vivencia cerebral es de carácter primario, el impulso es inmediato y no necesariamente genera una emoción. Por ejemplo, ante una quemadura apartamos la mano de inmediato.

Hemos percibido una sensación de calor que el cerebro ha traducido, en milésimas de segundo, como un posible peligro. Ha entrado en alerta y ha ordenado, a través de las conexiones neuronales, el movimiento de la zona afectada. Hemos experimentado una sensación.

Ahora supongamos que encendemos una hoguera para cocinar. De pronto, fijamos la mirada en las llamas, nos evadimos, y experimentamos confort, alegría, fuerza, etc. En ese caso, el cerebro ha vivido una emoción. Ha sido capaz de elaborar una trama a partir de la visión del fuego. Y la trama puede ser traumática o no en función de la experiencia que el observador haya tenido con el fuego.

nuestro cerebro en su evolución. Afianzamos y cultivamos su poder, mejoramos su funcionamiento y lo encaminamos hacia nuevas fuerzas.

Los hemisferios cerebrales

Nuestro cerebro está dividido en dos zonas que reciben el nombre de hemisferios. Cada uno de ellos gobierna principalmente las funciones situadas en el lado opuesto del cuerpo, aunque algunos órganos, como por ejemplo el hígado, el corazón, los ojos y los oídos, comparten el control hemisferial.

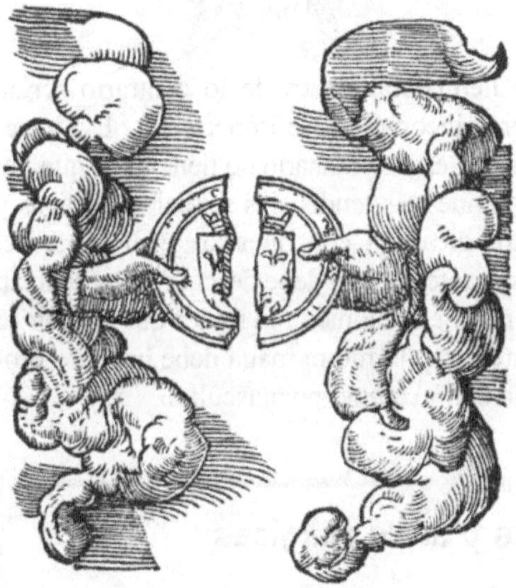

En la mayoría de los humanos el hemisferio izquierdo, gobernante de las funciones lógicas, analíticas, verbales e históricas, suele ser el dominante. Se produce una excepción en el caso de las personas zurdas, cuyo dominio cerebral está producido por el hemisferio derecho, que es el que rige la imaginación, los conceptos espaciales y abstractos, la sensibilidad, las emociones y la información no verbal.

La conexión hemisferial

Los grandes iniciados siempre han buscado la conexión entre los dos hemisferios. Ello no quiere decir que en el resto de los mortales esta conexión sea imposible. De hecho, ambos hemisferios están operativos en nuestra cotidianidad las 24 horas del día, pero la mayoría de las veces actúan por separado y cada uno gobierna las situaciones que le son propias. En las personas muy sensibles, o que han alcanzado un alto nivel de interconexión hemisferial, la resolución de los problemas, la proyección de los problemas o el día a día se ejecutan desde la perspectiva de los dos hemisferios.

El poder está en tu mente

Tu hemisferio izquierdo es capaz de memorizar el texto de una invocación. Puede efectuar un control absoluto a fin de que seas capaz de emitir las palabras que el ritual exige. Pero no hace nada más. Es tu hemisferio derecho el que «traduce» en imágenes aquello que dices, y el que proyecta la energía de tus intenciones al universo. Por eso, debes ser capaz de mantener en perfecta sintonía ambos hemisferios cada vez que realices un trabajo mágico, psíquico o adivinatorio.

Los hemisferios y el esoterismo

Las artes mágicas no entienden de neurología. Los neurólogos determinan cómo y de qué manera actúa cada uno de los hemisferios. Los esoteristas vinculan con arquetipos, naturalezas y elementos los conceptos que rigen los hemisferios.

Los neurólogos aseguran que el izquierdo es pragmático, cartesiano, matemático y activo. Los esoteristas ven en estos valores el arquetipo de lo masculino, el Sol, y también el elemento fuego y el elemento tierra. Para los neurólogos, el hemisferio derecho es intuitivo, mutable, abstracto e imaginativo. Desde la concepción esotérica, el hemisferio derecho es el arquetipo de la mujer, la Luna. Manifiesta el sexto sentido femenino y está asociado a los elementos aire y agua.

Dos sexos y una persona

Con independencia de nuestro género, todos los humanos albergamos en nuestro interior un hombre y una mujer. El dominio de uno u otro hemisferio será el que determine, más allá de nuestra sexualidad, qué naturaleza tenemos. Puede ocurrir que una mujer, por muy femenina que sea, esté influida por la naturaleza del arquetipo masculino. En ese caso, aunque esté dotada de una intuición femenina, ésta le valdrá de poco porque su esencia hemisferial es objetiva, práctica, activa, ígnea y, por tanto, masculina. Este mismo ejemplo es aplicable al varón, pero al contrario.

La bisexualidad mágica

Las personas que practican las artes de lo sensible deben hacer un gran esfuerzo por tener una doble condición sexual en el ámbito hemisferial, pues de lo contrario serían seres incompletos e imperfectos. Evidentemente, este comentario no tiene nada que ver con nuestras tendencias sexuales, eróticas y biológicas, ni con nuestro género, pero el aspirante a mago debe descubrir y potenciar, a nivel emocional, a la mujer que hay en su interior, y la futura maga debe hacer lo propio con su arquetipo masculino.

Funciones hemisferiales y artes mágicas

Izquierdo	Derecho
Sexo: masculino	Sexo: femenino
Planeta astrológico: Sol	Planeta astrológico: Luna
Elemento: fuego y tierra	Elemento: agua y aire
Estación: primavera, verano	Estación: otoño, invierno
Objeto: espada, daga, vara	Objeto: caldero, copa
Naturaleza: histórica, matemática, objetiva, intuitiva, lógica, lineal, analítica, racional, temporal	Naturaleza: artística, mutable, subjetiva, holística, perspectiva, abstracta, atemporal

Practicum 3. Desarrollo hemisferial

Aunque la práctica de las artes mágicas facilitará el desarrollo y comunicación entre los hemisferios, la realización del siguiente ejercicio te permitirá tomar conciencia, de una forma simbólica, de tus hemisferios.

1. En un lugar en el que tengas privacidad, siéntate o túmbate. Cierra los ojos.
2. Respira con normalidad, sintiendo cómo el aire entra y sale por tu nariz.
3. Sitúa la mano izquierda sobre la parte izquierda de tu cabeza. Sigue respirando al tiempo que notas la presión manual.
4. Imagina que el aire que penetra por tus fosas nasales va directamente a tu hemisferio izquierdo, oxigenándolo.
5. Siente la «expansión y contracción» virtual del hemisferio, a medida que entra y sale el aire de tu cuerpo.
6. Permanece centrando la atención en él, al menos durante dos o tres minutos. Si aparecen imágenes, recuerdos o sensaciones, no les des importancia. Limítate a visualizar la oxigenación del hemisferio.
7. Realizado el punto anterior, efectúa el mismo ejercicio con la otra mano en el otro hemisferio. Concentra toda tu atención en el hemisferio izquierdo.

Nota: Realiza este ejercicio al menos un par de veces por semana; fortalecerá, oxigenará y vinculará tus hemisferios.

Esfera 2.

¿Qué es el tercer ojo?

Fue el filósofo e intelectual René Descartes (Francia, 31.3.1596-Suecia, 11.2.1650) quien dijo que el ser humano guardaba en un lugar secreto su conciencia, que esta conciencia estaba compuesta de distintos compartimientos, y que todo ello se albergaba en la denominada glándula pineal.

Los investigadores de la llamada «cartografía cerebral» aseguran que, efectivamente, poseemos diferentes niveles de conciencia, y que es la glándula pineal el elemento que se encarga de recoger absolutamente toda la información que el cerebro recibe en forma de impulsos.

La existencia de un supuesto tercer ojo no es algo nuevo. Sabemos que en las grandes culturas clásicas se ha contemplado la existencia de un tercer ojo en el ser humano. Estaría albergado por encima del entrecejo y sería una especie de glándula capaz de captar lo sensible, intuitivo e invisible.

Existen dudas respecto de si tercer ojo y glándula pineal son dos denominaciones de una misma cosa. Lo cierto es podemos localizar la glándula y ubicarla perfectamente, pero no tenemos la capacidad de hacer lo mismo con el tercer ojo.

Neurológicamente, sabemos que la pineal recibe los impulsos de los nervios visuales, controla las variantes de nuestros biorritmos, gestiona todos los sentidos derivados de la audición, el tacto y el olor. Por último, se ocupa también de regular desde la pigmentación de la piel hasta las funciones sexuales no primarias.

El tercer ojo animal

Algunos reptiles, como por ejemplo el tuátara de Nueva Zelanda, presentan leves hendiduras en la frente que, como si fueran un ojo, permiten el paso de la luz para que ésta incida directamente en la glándula pineal.

Numerosos científicos piensan que si bien esta hendidura, en el pasado, no actuó directamente como un ojo, sí que les permitió a los reptiles percibir la luz y el calor solar para regular su temperatura interior.

¿Qué hay de nuestro tercer ojo?

En la obra de Hermes Trimegisto *Kybalión* se nos indica que todo es mutable, que todo pasa de uno a otro plano, que todo es susceptible de ser percibido, y que todo se traduce a través de la vibración. Precisamente es el concepto de vibración lo que nos conduce al tercer ojo.

Todas las culturas que creen en la existencia del tercer ojo suelen representarlo como un punto de luz, y no como un ojo con párpado, iris, pestañas, etc.

Es una referencia arquetípica a la luz de los dioses. Remite al rayo solar que, al penetrar en la frente del individuo, hace que éste sintonice con la energía cósmica y esté en condiciones de percibir otro plano de realidad.

Oriente

Tibetanos, tántricos, hinduistas y budistas contemplan la existencia del tercer ojo. Consideran que es preciso estimularlo para obtener una mayor conciencia de uno mismo, y que es necesario remarcarlo en la frente para que la energía fluya libremente de uno a otro lado, es decir, desde lo humano a lo divino, y viceversa. Una forma de lograr su estimulación consiste en ungir el entrecejo con aceites esenciales, así como efectuar meditaciones en las que el adepto presiona ligeramente el ceño con la yema de los dedos.

África

En algunas tribus de África, a los futuros iniciados se les realizan cortes o escarificaciones en la frente, un par de dedos por encima del entrecejo, como acto favorecedor de la apertura del tercer ojo.

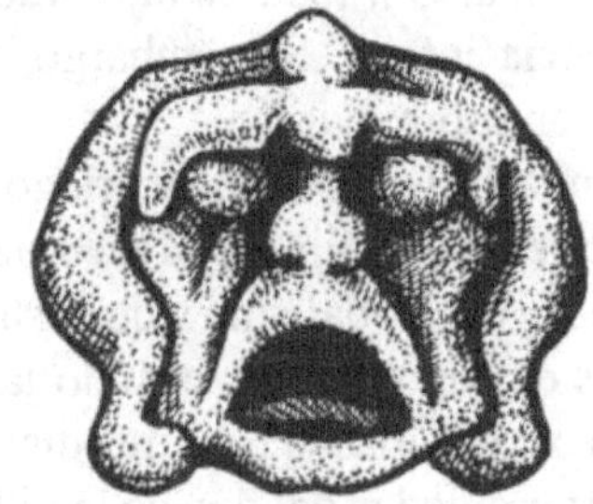

Occidente

Otro ejemplo de la búsqueda del llamado tercer ojo lo encontramos en el druidismo. Los druidas, mediante ligeros martillos de plata, efectuaban suaves golpecitos en la frente de los amdaur para darles discernimiento.

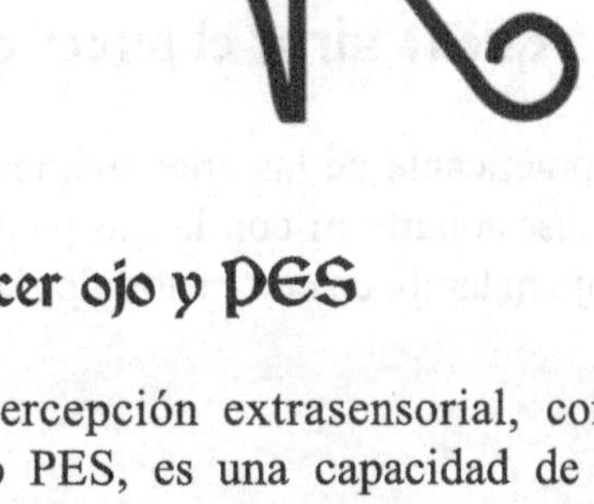

Tercer ojo y PES

La percepción extrasensorial, conocida como PES, es una capacidad de índole parapsicológica que capacita al individuo para percibir olores, imágenes, sonidos y

El ojo del cíclope

En la mitología griega se contempla la existencia de un ser de grandes dimensiones que solamente tiene un gran ojo situado en el centro de la frente. Según los mitos, los dioses Urano, deidad del cielo, y Gea, divinidad de la tierra, tuvieron tres hijos, Arges, Brontes y Esterotes. Como nos cuenta la teogonía del poeta griego Hesíago (siglo VIII a. C.), los tres hijos fueron arrojados a los infiernos, donde tuvieron una existencia infeliz. Sin embargo, gracias a su visión especial, la de su único ojo, pudieron sobrevivir.

En la *Odisea* del poeta griego Homero (siglo VIII a.C.), los cíclopes son pastores que viven en Sicilia. Aparecen descritos como hombres de fuerza descomunal que practican el canibalismo y que están dotados de una particular visión.

Es de suponer que, cuando las narraciones mitológicas aluden a visiones especiales o capacidades oculares distinguidas, se pretende indicar que los cíclopes pueden estar dotados del don de la videncia o de la percepción sutil de aquello que teóricamente es invisible.

sensaciones sin que haya una fuente cercana que los produzca. La P.ES engloba todo lo que captamos a través de nuestros sentidos comunes pero sin utilizarlos con la finalidad con la que han sido concebidos.

Los investigadores creen que el tercer ojo es el responsable de esta capacidad de índole psíquica que no sólo afectaría a la clarividencia sino también a otros poderes como la clariaudiencia, la psicometría, la clarividencia o la hipersensibilidad olfativa.

¿Para qué te sirve el tercer ojo?

Como practicante de las artes mágicas, no debes obsesionarte ni con la búsqueda del tercer ojo ni tampoco con metodologías que te lleven a acentuar sus capacidades. De hecho, el desarrollo de esta glándula u órgano invisible se incrementará a medida que profundices en tus actividades mágicas, esotéricas o adivinatorias.

El tercer ojo es una herramienta más que te sirve para desarrollar tu conciencia, aumentar tu percepción sobre la realidad, ir más allá en tus proyecciones energéticas y, por supuesto, potenciar tus capacidades intuitivas.

En caso de que te decantases por la especialidad de «magia mental», es evidente que llevarías a cabo un gran desarrollo del tercer ojo.

Para todos los otros casos, debes considerarlo como una herramienta más de las muchas que están a tu alcance.

Practicum 4. Técnicas para abrir el tercer ojo

Uno de los mejores métodos para abrir y fortalecer el tercer ojo es la meditación tibetana. Deberás llevar a cabo su práctica por la noche o en un lugar que esté completamente a oscuras.

Realizarás este ejercicio sentado, y situarás ante la silla un pequeño foco o linterna que emite una luz rojiza. Lo ideal es disponer de un puntero láser portátil que deberá apuntar dos dedos por encima de nuestro entrecejo. En el caso de que utilices el puntero láser, evitarás que su luz incida directamente sobre tus ojos porque evidentemente podría resultarte perjudicial.

Una vez sentado y con la luz roja proyectada hacia tu frente, cerrarás los ojos y ralentizarás tu respiración. Disponte a realizar el ejercicio:

1. Concéntrate poniendo toda la atención en tu respiración. Siente cómo el aire sale y entra en tu cuerpo mientras dejas que los pensamientos pasen por tu mente. Evita recrearte en ellos, y no intentes que desaparezcan.
2. Pasados unos minutos, centra tu atención en la frente, más o menos en el punto en que está iluminada. Imagina un punto de luz roja en ella.
3. Efectúa tres respiraciones muy profundas inhalando el máximo aire posible. A cada inhalación imagina que el punto rojo se expande y adquiere un tono más intenso.
4. Sigue respirando con normalidad durante 5 minutos, recreándote en la luminosa esfera roja que crece en el interior de tu mente. Experimentarás una creciente sensación de paz.

La duración óptima de este ejercicio meditativo es de 30 minutos para meditadores experimentados. Para empezar, te sugerimos que efectúes sesiones diarias de 10 minutos. A partir de la segunda semana, podrás ir prolongando el ejercicio. Pasado un mes de práctica diaria, podrás restringir la duración del ejercicio a voluntad.

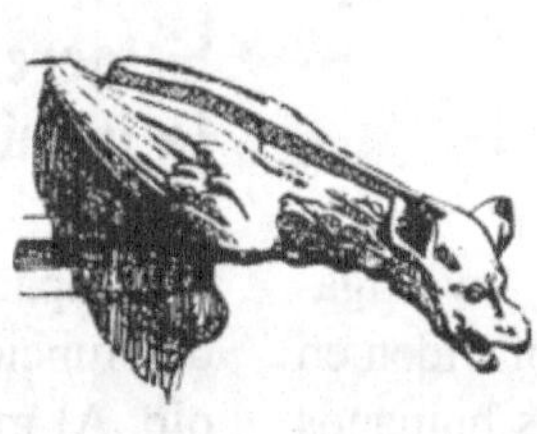

Esfera 3. ¿Qué es la intuición?

La intuición es un poder de orden psíquico al alcance de todas las personas. Pertenece a la categoría de los llamados fenómenos de percepción extrasensorial. Es una capacidad innata en el ser humano que habitualmente está mucho más desarrollada en aquellas personas dotadas de sensibilidad, con ocupaciones artísticas o que desarrollan su vida cotidiana en ambientes no urbanizados.

El poder más antiguo

Antropólogos, parapsicólogos e investigadores de los poderes psíquicos coinciden en afirmar que los primigenios seres humanos eran mucho más intuitivos que nosotros. Una existencia imprevisible, la vida no mecanizada y la carencia absoluta de tecnología favorecieron que el primitivo humano se viese obligado a utilizar sus propios recursos imaginativos e intuitivos para sobrevivir. La intuición es, pues, el gran poder arcano que en la actualidad está atrofiado.

Vivimos en sistemas sociales donde no necesitamos traducir el olor del aire, ni interpretar los sonidos que hay a nuestro alrededor. El hombre primitivo, en su fase de cazador, era mucho más intuitivo que en su fase de agricultor. El cazador debía leer los mensajes ocultos de su entorno, ser creativo, imaginativo y estar preparado para enfrentarse a la sorpresa en cualquier momento. Estas circunstancias lo invistieron de una gran fuerza intuitiva que fue perdiéndose poco a poco por las actividades programadas derivadas de la agricultura. La revolución industrial y la llamada sociedad tecnificada y del ocio están terminando por anquilosar definitivamente este poder psíquico ancestral.

Sugerencias para potenciar la intuición

Las capacidades intuitivas son una muestra del funcionamiento y actividad del tercer ojo. Al margen del ejercicio que te proponemos más adelante, te sugerimos que siempre que te sea posible intentes desarrollar la intuición, ya que te servirá para refor-

Intuitivos con historia

Los chispazos de la intuición pueden llegar en cualquier momento y manifestarse mediante un sueño, un recuerdo, un encuentro o el hallazgo de un objeto. Los mensajes están en todas partes.

- El matemático irlandés William Hamilton (1805-1865) paseaba cansado y somnoliento por un puente de Dublín cuando, de pronto, recibió un mensaje matemático. La combinación de las fórmulas intuidas lo llevaron a descubrir el álgebra vectorial.
- El químico alemán Friedrich Kekule von Stradonitz (1829-1896) dormitaba frente a las brasas de su chimenea. Mirando fijamente al fuego, tuvo la sensación de que éste formaba letras y números. Su intuición hizo que las plasmara sobre el papel. Descubrió la fórmula estructural del benceno, que es la base de la química orgánica.
- El químico ruso Dimitri Mendeléiev (1834-1907) estaba tumbado en la cama, agotado tras días de intentar clasificar los elementos según su peso atómico. De pronto, tuvo una intuición que le propició la visión de lo que posteriormente sería la tabla periódica de los elementos.
- El inventor croata Nicola Tesla (1857-1943), considerado por muchos como un loco extravagante, construyó el primer generador de corriente alterna después de haber tenido una extraña visión: se le apareció el esquema para fabricarlo.

zar tu psiquismo y el que hemos venido denominando «tercer ojo». Toma nota de algunas acciones a realizar:

- Cada vez que te asalte un pensamiento fugaz, idea o recuerdo que consideres absurdo, anótalo. Podría tratarse de un destello de iluminación.
- Presta atención a los hechos sincrónicos o casuales, tanto propios como ajenos, puede que sean chispazos de intuición.
- Cada vez que tengas la sensación de que, como por casualidad, un número o color se manifiesta ante ti de forma reiterada, pregúntate cuál puede ser su significado. Podría tratarse de una señal del destino.
- Escribe en tu diario las sensaciones que te produzca un encuentro casual, soñar con una persona que hace tiempo que no ves o pensar en alguien conocido sin tener motivo para ello.
- Cada vez que tengas una intuición o la sensación de que algo pasará, sin obsesionarte por ello, intenta desarrollar los sentimientos que te produce y busca información.

La intuición según los expertos

Psicólogos, psiquiatras, parapsicólogos y terapeutas han intentado explicar el fenómeno de la intuición. La mayoría de ellos opinan que es una especie de sintonía con la energía del cosmos.

Para el escritor e investigador Ervin Laszlo, vivimos «en un plano universal que está en perpetuo contacto e interconexión con una universo Psi al que denominamos intuición». Por su parte, el psicólogo S. Grof, desarrollador de antiguas técnicas para la expansión de la conciencia e investigador del efecto de los alucinógenos en la psiquis, la intuición está relacionada con la conciencia cósmica. «Cuando nos identificamos con ella sentimos que somos capaces de albergar en nuestro interior la totalidad de la existencia, comprendiendo la realidad que hay en todas las realidades», explica.

Los investigadores creen que vivimos en un mundo virtual, un plano que hemos limitado basándonos en nuestros sentidos tradicionales. La intuición sería algo así como otro sentido que nos permitiría romper las barreras creadas por la conciencia y penetrar en el universo de la gran realidad total. Esta es una creencia común en muchas tradiciones religiosas, en especial en las que son de carácter iniciático y que nos dicen que hay dos realidades: la de los dioses y la de los humanos. En este sentido, Marilin Ferguson nos indica que hemos acostumbrado al cerebro a vivenciar lo que es tangible, menguando su poder para descifrar hechos holísticos, creativos, abstractos o creativos.

Por último, la experta en intuición Laura Day, profesora que habitualmente dicta cursos en Nueva York, asegura que «la intuición es un proceso normal a través del cual podemos obtener información que no depende ni de los sentidos, ni de la memoria, ni de la experiencia, así como tampoco de los sentimientos o de las ideas». Para Day, la intuición es un proceso global con el que sintonizamos o no en función de nuestra sensibilidad, predisposición y ausencia de tabúes.

Claves básicas de la intuición

1. Se puede manifestar en lenguajes no tradicionales. Suele ser simbólica, arquetípica y fragmentaria.
2. A primera vista, la información intuitiva parece carecer de sentido. Cuando la percibimos, no debemos buscárselo, el análisis debe ser posterior.
3. La lógica destruye la intuición. Debemos dejar a un lado los sentimientos y los valores cartesianos para entenderla.
4. La intuición no se basa en el sentido común ni en la razón.
5. Los destellos intuitivos no se adscriben a las limitaciones de espacio y tiempo.

Glosario. Los dones que van a descubrir

Aura. Vibración lumínica o emanación energética de distintos colores que los psíquicos dotados de sensibilidad, médiums y paragnostas captan alrededor del cuerpo de un ser vivo.

Por lo general, y hasta la invención de las cámaras Kirlian, se contemplaba solamente la existencia de tres colores, que se vinculaban al psiquismo, cuerpo etérico o físico, y grado de espiritualidad. Con la invención de la cámara Kirlian se logró la apreciación de muchos colores más.

Auradiagnosis. Estudio y análisis del cuerpo lumínico vibracional llamado aura, que tiene por objeto determinar la evolución del portador del aura, tanto en el plano físico como en el psíquico o espiritual. Las personas capacitadas para ver el aura suelen ser los paragnostas, que perciben hasta tres colores distintos del llamado cuerpo bioplasmático o emanación áurica.

Biopsiquismo. Capacidad psíquica por la que el sensitivo capta y libera energía que puede utilizar con fines curativos. Una manifestación de esta disciplina es el magnetismo curativo.

Cartas Zener. También denominadas cartas de PES, están compuestas por 25 láminas agrupadas en 5 palos: estrella, círculo, líneas onduladas, cuadrado y cruz. Por lo común, los símbolos se dibujan en negro sobre cartulinas blancas. Este juego de cartas se emplea en los test de percepción extrasensorial y en los ejercicios de telepatía.

Clariaudiencia. Facultad psíquica de oír a cualquier distancia. Los psíquicos dotados de este don escuchan en el interior de su mente, como si se estuvieran produciendo en su entorno, músicas, sonidos, palabras y todo tipo de mensajes auditivos. En casos de gran elevación espiritual, cuando se produce este fenómeno recibe el nombre de hiperacusia, término ya en desuso que significa captación de mensajes de origen espiritual o de contenido trascendental. Cuando el clariaudiente escucha voces, éstas pueden ser tanto divinas o espirituales como de orden demoníaco o diabólico. Evidentemente, las voces también pueden ser de naturaleza humana.

Clarividencia. Don psíquico, natural o adquirido, que da el poder de tener visiones, a través de la materia densa, sin percibir obstáculos ni valores espacio-temporales. El clarividente puede ver el contenido de una caja opaca y cerrada. Puede leer o conocer el contenido de una página de un libro cerrado. En algunos casos es capaz de percibir a través de las paredes e incluso leer el pensamiento.

El clarividente tiene lo que científicamente se denomina PES o percepción extrasensorial. No necesariamente es un vidente, ya que éste ve imágenes en el interior de su mente, sin soporte alguno, pero carece de la capacidad de traspasar elementos físicos.

Dermovisión. Fenómeno según el cual el sensitivo tiene la capacidad de ver a través del tacto. Es una facultad muy poco recurrente entre los psíquicos. Quien domina la técnica de la dermovisión, también llamada dermoóptica, puede percibir dibujos, símbolos, colores, letras, etc., simplemente pasando sus dedos, con los ojos cerrados, por encima del documento.

Este fenómeno no tiene relación alguna con la psicometría.

Electrofotografía. Es el nombre popular con el que se denomina el kirliograma o fotografía de los efluvios áuricos obtenidos mediante la cámara Kirlian.

Hiperosmia. Facultad paranormal según la cual el individuo es capaz de percibir aromas o fragancias que los demás no huelen. A través de esos olores, tiene la capacidad de recibir visiones reveladoras.

Paragnosta. También recibe el nombre de paranogmo y, en sí, es aquel sensitivo que está dotado de capacidades propias del tipo PES. Un paragnosta podría ser un clarividente, un psicómetra, un telépata, etc.

Psicometría. Facultad relacionada con la videncia, llamada también sexto sentido, en la que el psíquico, al tocar un objeto, entra en catarsis y es capaz de narrar hechos vinculados con la historia del objeto o de su entorno.

Psicoquinesis. Capacidad de orden PES que permite al psíquico tener el don de mover objetos sin tocarlos y a distancia, es decir, con el poder de su mente. Esta fenomenología no debe confundirse con la telequinesia, o telesinesia, ni con la teleportación, dado que en ninguno de estos casos hay intervención de un psíquico.

Telepatía. Fenómeno basado en la transmisión del pensamiento a distancia, así como en la captación voluntaria de los pensamientos emitidos por los demás. Es también un sistema de comunicación del pensamiento entre dos personas, en el que no se emplean los sentidos habituales.

Teleportación. Fenómeno habitualmente confundido con la telequinesia y la psicoquinesis. En este caso el fenómeno consiste en que un objeto material rompe las barreras espaciotemporales y físicas, y se materializa como por arte de magia, o bien desaparece ante los ojos del observador sin causa física ni intervención humana.

Telequinesis. Fenómeno de orden paranormal consistente en el desplazamiento de objetos sin que haya causa física o psíquica observable. En algunos casos se considera que la telequinesis puede ser provocada por la fuerza psíquica de un paragnosta, sensitivo o médium, pero de forma inconsciente, ya que de ser consciente hablaríamos del fenómeno de psicoquinesis.

Visualización. Consiste en generar, de forma consciente, imágenes fabricadas a voluntad que tienen por objeto facilitar el trabajo mental del mago. No es un poder mágico ni tampoco psíquico, sino puramente creativo, y no debe confundirse con la clarividencia ni con el don de la visión.

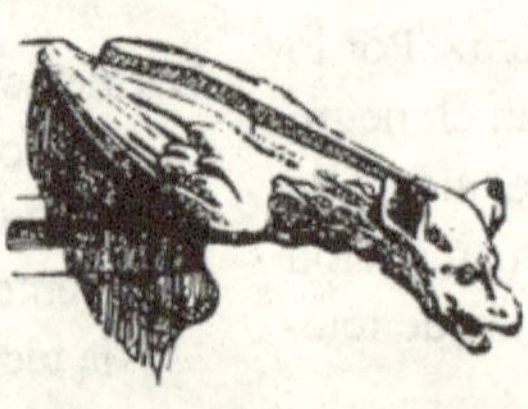

Sendero 4.
El lado oscuro

Esfera 1. La brujería

Esfera 2. Inquisición y caza de brujas

Esfera I.
La brujería

Es imposible pretender ser mago y no querer conocer el lado antagónico de la magia. El mago está obligado —otra cosa es que no haga uso de ello— a tener constancia de la existencia de las artes negras, como la práctica de la brujería, la nigromancia o la demonología.

Más allá de las concepciones filosóficas o religiosas que la historia ha ido configurando en torno a la brujería, ésta es una realidad, sigue vigente en nuestros días y está siendo practicada en la actualidad.

El origen

Así como el término «mago» aparece por primera vez en el año 506, durante la celebración del Concilio de Agde, la palabra brujo» surge algo más adelante, en el año 589. Los teólogos y religiosos de la época definen la palabra «brujo» —y su femenino «bruja»— como «una persona con las siguientes características: está vinculada al paganismo y a la práctica de cultos y religiones no oficiales que suelen ser tildadas de oscuras, contrarias a lo establecido y de baja especie. Se define a las personas que practican la brujería como ignorantes, con tendencia a lo diabólico y de marcada hostilidad a todo aquello que está establecido por ley, sea humana o divina».

La práctica de la brujería, y, por tanto, la existencia de sus seguidores, es previa a la fecha citada. Los francos, a mediados del siglo V, ya intentaron reprimir las prácticas de brujería imponiendo leyes que castigaban el culto y la ejecución de esta disciplina. El motivo era la creencia de que todo lo negativo, como enfermedades, fenómenos atmosféricos e incluso traiciones, podían haber sido urdidos por brujos. Más tarde, en el siglo VI y a través de dos concilios —el de Tours en 567 y el de Berghampstead en 697—, la Iglesia decidió no actuar de forma severa contra la práctica de la brujería, pero pasó a considerarla como paganismo y, por tanto, como una intromisión en las relaciones que deben mantener los seres humanos con Dios.

En aquellos años, en España se dictaminaron sentencias que aludían a la necesidad de castigar con azotes, torturas e incluso esclavitud a los que denominaron «seres maléficos lanzadores de tempestades, capaces de invocar a los demonios y trastornar los espíritus de los hombres».

El desprecio a los brujos

Durante más de tres siglos, la Iglesia consideró a la brujería como un mal menor. La creencia se apoyaba en la tesis del rey y emperador de los francos Carlomagno (742 o 747-814), que pensaba que era preciso prohibir la consulta de los brujos porque tenían la capacidad de idiotizar al pueblo mediante engaños y tretas que, sin ser muy peligrosas, podían afectar a la convivencia.

Ministros de la Iglesia, políticos y militares de la época creían que, si bien determinados aspectos negativos podían haber sido provocados por los brujos, en realidad éstos no eran un enemigo contra el que luchar. De hecho, muchos de ellos tenían notables conexiones con los estamentos de poder. Se les tomaba más como «contadores de cuentos» y «cultivadores de extrañas leyendas» que como seguidores de una religión antigua.

Es a partir del año 829 que el miedo a la brujería comienza a establecerse a nivel social y religioso. El tiempo de la represión está un poco lejano, pero ya en esta fecha, en el Concilio de París, se determina la necesidad de castigar a los brujos y a todos aquellos que practican las artes oscuras para que dejen de ser un peligro social, político y religioso. Este tratamiento generará un creciente odio hacia las personas que todavía defienden el arte de lo pagano, y la represión tomará forma oficial, trescientos años después, mediante el nacimiento de la Inquisición, de la que nos ocuparemos en la esfera siguiente.

Carlomagno, el mago

No deja de ser curioso que quien por una parte desprestigia la brujería, practique encantamientos, hechizos y artes mágicas. Jamás ha podido probarse pero, según cuentan las leyendas, tanto Carlomagno como alguno de sus más valerosos paladines disponían de la ayuda de los magos que efectuaban encantamientos y rituales para que sus luchas fueran triunfales. Se cuenta que Roldán, el más valiente de sus caballeros, tenía una espada mágica, con la cual hablaba. Era un arma que acataba sus órdenes fielmente y que incluso podía manejar sin tocar. Como se relata en la *Canción de Roldán,* el guerrero tenía un cuerno de marfil que era mágico. Cuando Roldán lo soplaba, emitía un terrible sonido que hacía temblar las montañas y se escuchaba a leguas de distancia. Lo cierto es que, como cuenta el relato medieval, Carlomagno escuchó el sonido del cuerno durante la batalla de Roncesvalles (Pirineo occidental, entre Francia y Pamplona), y acudió en ayuda de Roldán, que estaba siendo vencido.

Si bien la Inquisición, el brazo armado de la Iglesia, se ocupará durante siglos de luchar contra los brujos y, por extensión, contra distintas herejías, el estudio de la brujería, de su culto, ritual y peligrosidad, contará con la presencia y dedicación de numerosos eruditos. Los especialistas, sin ser necesariamente religiosos, analizarán los mejores sistemas para acabar con lo que consideran es una plaga.

En ese sentido, la brujomanía, que se asentará con fuerza en la vida religiosa y cultural de las cortes europeas, comenzará cuando las mentes ilustradas se reúnan para establecer una definición clara de quién es el enemigo. Se llegará a la conclusión de que el gran mal reside en la práctica de la brujería, y que los soldados de estas hordas, sumamente peligrosos, son principalmente mujeres, esto es, brujas. A los hombres se les concederá el beneficio de la duda. La mayoría, pese a ser practicantes de disciplinas paganas, recibirán el nombre de magos, y sólo aquellos que estén manifiestamente en contra de lo establecido, serán tildados de brujos.

Buscando la definición perfecta

De las muchas explicaciones que se hicieron para determinar exactamente qué era una bruja, las siguientes son las que alcanzaron mayor popularidad:

- **1597.** George Gifford dijo que una bruja es «toda aquella persona que obra con la colaboración del diablo y que hace daño o cura, revela secretos o predice el porvenir, cosas éstas que el diablo ha inventado para ensuciar las almas de los hombres y llevarlos a la condenación».
- **1599.** Martín del Río afirma que «la brujería es un arte gracias al cual, y mediante el poder de un contrato firmado con el diablo, se realizan prodigios que no puede comprender el hombre medio».

- **1608.** William Perkins asegura que un brujo es «un mago que, mediante un pacto abierto o secreto, consiente voluntariamente en valerse de la ayuda y la colaboración del diablo para obrar prodigios». En esta misma fecha, Francesco Guaso indica que «la brujería es una forma de magia mediante la cual, y con la ayuda del diablo, un hombre hace daño a otro».
- **1671.** Edward Phillips, gran cazador de brujas, piensa que la brujería es «un arte maléfico mediante el cual, con la ayuda del diablo o de los espíritus del mal, pueden obrarse prodigios que el entendimiento no comprende».

La omnipresencia demoniaca

Teólogos, jueces, abogados e intelectuales de los siglos XVI a XVIII tenían claro que la

Representación de un aquelarre en un grabado medieval. De izquierda a derecha y de arriba a abajo, se nos describen los procesos principales. Inicialmente las brujas acuden al encuentro con Satán a lomos de un macho cabrío. Reunidas en el prado, para mostrar la subyugación ante el señor de las tinieblas, pisan la cruz. Satán, luego de hacerles renegar de sus creencias, bautiza a sus adeptos con un nuevo nombre. Los congregados al aquelarre entregan sus ropas y bienes al señor de las tinieblas. Comulgan con el diablo besándole sus nalgas, como señal de acatamiento de sus designios. El encuentro orgiástico culmina con danzas en honor al diablo.

brujería formaba parte del llamado arte diabólico. Si bien hasta el siglo XIV el concepto brujería se relacionaba con el arte de la hechicería y los cultos paganos que se remontan a antes del cristianismo, el avance de los siglos personificó esta práctica en el diablo.

En realidad, gracias al celo y la interpretación que hicieron el clero y el sector intelectual de la sociedad sobre la brujería, la demonología tomó fuerza, creó conceptos y terminó por adquirir identidad propia dentro de la disciplina de la brujería.

En los primeros siglos de persecución de las brujas se buscaba demostrar que éstas mantenían prácticas prohibidas por la Iglesia. En los sucesivos, este concepto quedó en un segundo plano. Los cazadores de brujas comenzaron a analizar conceptos relacionados con el sexo, las aberraciones y todo lo que tuviera un carácter morboso. Desde entonces se representará al diablo como aquel que es capaz de violar a las monjas en los conventos antes de poseerlas; de organizar orgías, que recibirán el nombre de aquelarres; o de manifestarse, totalmente desnudo y bajo sinuosas formas, a través de lo que se llamarán íncubos y súcubos.

De la bruja fea a la erótica belleza

La tradición nos dice que en una primera fase las brujas eran poco agraciadas. El juez de paz inglés Reginald Scott (1538-1599) afirmó que la bruja era una mujer «vieja, coja, de ojos nublados, pálida, sucia y llena de arrugas». Scott llegó a decir que el hecho de que hubiera más mujeres que hombres entre los practicantes de la brujería se debía a que «las mujeres, en su naturaleza, tienen la lengua muy larga y le cuentan a otras lo

que han aprendido. Además, son más crédulas e impresionables que los hombres y, por supuesto, más proclives a las alucinaciones».

El criterio de la fealdad, que recordemos ha llegado hasta nuestros días, fue ampliado en 1599 por el que sería arzobispo de York, Samuel Harsnett, quien dijo: «La bruja es una vieja consumida. Tan encorvada por la edad, que la barbilla y las rodillas se tocan. Camina apoyada en un bastón; de ojos hundidos, sin dientes, con el rostro cubierto de vello, los miembros temblorosos por la parálisis. Es una persona que va murmurando por las calles, que ha olvidado el padrenuestro pero que tiene la lengua bien afilada».

Llega un momento en que la bruja, ataviada con sombrero negro picudo y montada en una escoba, se convierte en un estándar. Sin embargo, a partir del momento en que la brujería requiere de la intervención demoníaca y se torna erótica y sexual, los investigadores, sin desdeñar a las horripilantes viejas brujas, generan un nuevo arquetipo. Hans Baldung, artista y pintor del siglo XVI, creía que las brujas habían de ser jóvenes, bonitas y bien torneadas para así poder presentarse desnudas en los aquelarres. El artista comenzó a pintar a mujeres que, en actitudes eróticas, ungían su sexo sobre el que luego colocarían una escoba —que para él representaba el falo—, necesaria para acudir volando a sus encuentros con el señor de las tinieblas.

Los investigadores creen que, si bien coexistieron las brujas feas con las insinuantes y hermosas, el hecho de que las que se perpetuasen en la tradición fueran las de naturaleza o físico repugnante se debe al miedo de católicos y protestantes a unir conceptos como belleza y brujería, ya que pensaban que ello podría impulsar más a la herejía.

Esfera 2.
Inquisición y caza de brujas

El organismo encargado de la caza y captura de las brujas recogió decretos originales del siglo v para practicar sus sentencias. En el año 430, el Derecho Civil establecía la pena de muerte para los herejes.

Sin embargo, las leyes no se aplicaron a rajatabla hasta siglos después.

Los cimientos de la Inquisición los pone el papa Lucio II en 1144. Él duda sobre la forma en que debe castigarse la herejía, de manera que organiza numerosas sesiones de consejo con el objetivo de encontrar el mejor modo de hacerlo. Pero será un sucesor suyo, Lucio III, quien, convertido ya en papa en 1184, cree la primera Inquisición episcopal.

Para perseguir a la herejía ordena a los obispos que realicen *«inquisitio sistematicum»* o, lo que es lo mismo, que dediquen todo tipo de esfuerzos a averiguar si existen desviaciones a las enseñanzas oficiales de la Iglesia.

El prelado indica a sus obispos que cualquier persona que esté marcada por la sospecha deberá demostrar su inocencia o someterse al castigo de las autoridades civiles.

Inocencio III, el precursor

Si bien los dos papas anteriores se ocuparon de comenzar a perseguir las herejías, el que de verdad tomó cartas en el asunto fue Inocencio III, papa desde 1198 a 1216.

El prelado, además de ser cabeza de la Iglesia, se concedió el derecho de intervenir en cuantos asuntos políticos consideró necesarios. Nombró numerosos inquisidores vaticanos, a los que les dio poder absoluto, por encima del que tenían las autoridades locales.

Y, para que no hubiera duda sobre la fuerza legislativa, jurídica y ejecutiva que tendrían los inquisidores, el 25 de marzo de 1199, Inocencio III emitió una bula refrendando su poder.

Bula-decreto de Inocencio III

El siguiente texto, que pertenece a la bula papal *Vergentis in Senium*, no solamente determinaba cuál era el poder que alcanzarían los inquisidores, sino que, además, fue un decreto que acabó por incorporarse al Derecho Canónico:

«Si las leyes condenan a muerte a los hombres por alta traición, confiscan sus bienes y permiten el sustento de sus hijos solamente por piedad, aquellos que, apartándose de la fe, ofendan a Jesucristo, Dios e hijo de Dios, merecerán con mucha mayor razón ser arrancados por el rigor eclesiástico de nuestra cabeza, que es Cristo, y ser despojados de sus bienes terrenales, pues es mucho más grave pecar contra el Rey de los Cielos, que contra un soberano terrenal».

El decreto *Excommunicamus*

Pese a la bula de Inocencio III, y dado que su sucesor Honorio II apenas tuvo tiempo de prolongar la persecución contra la herejía, fue Gregorio IX (1227–1241) quien observó que sus obispos no realizaban el trabajo que él esperaba. El papa Gregorio sintió la necesidad de dar mayor peso a las órdenes inquisitoriales ya existentes para que se luchara con todas las fuerzas posibles contra los herejes y, por extensión, las brujas. Con este fin, en el año 1231 el Papa publica el texto *Excommunicamus,* que es un compendio de estatutos y normas inquisitoriales:

- Quedan prohibidos los coloquios en materia de fe.
- Se endurecen las penas contra los herejes.
- Se prohíbe la apelación del encausado y se le priva de la defensa mediante abogado.
- Se potencia y premia la delación con recompensas económicas.

Los primeros inquisidores, que estarán sujetos a la jurisdicción del pontificado, serán franciscanos y dominicos, ya que el Papa considera que tienen mayor preparación teológica y un notable rechazo de las ambiciones mundanas. Sin embargo, el Papa se sentirá frustrado viendo que el celo inquisitorial no es el que él espera. De manera que decide establecer, en firme, mediante la bula *Ille Humani Generis*, la obligación de dominicos y franciscanos de acudir a las diócesis, en calidad de jueces plenipotenciarios, para realizar las investigaciones sobre herejías.

Los torturadores de Inocencio IV

Salvo excepciones, los primeros inquisidores se limitaban a acudir a las diócesis, efectuar preguntas y realizar informes, que luego analizaban, buscando una posible herejía. Pero en 1243 un nuevo papa, Inocencio IV, llega al poder. El prelado, pese a la insistencia de la Inquisición, percibe que las herejías —y la brujería era una de ellas— no se están tratando ni atacando con suficiente fuerza. En el año 1252 redacta la bula *Ad Extirpanda* mediante la cual dicta-

mina que los interrogatorios deben acompañarse de torturas, y que serán éstas las auténticas herramientas capaces de extraer la verdad de los acusados de herejía.

200 años de serenidad

Pese a la autorización de la tortura como método de castigo y obtención de declaraciones, lo cierto es que, dentro de lo malo, las torturas eran meras vejaciones o leves malos tratos. Pero en el año 1486 se publica el *Malleus Maleficarum*, conocido también como *Martillo de las Brujas*. Era una auténtica biblia de los cazadores de brujas y un cuidado manual de tortura cargado de preceptos, pasos y técnicas para humillar al reo y perpetuarlo en una larga agonía en la que el objetivo final era lograr su confesión cuando estuviera a punto de morir. Hasta que no se publicó el manual del cazador de brujas, el proceso inquisitorial podía resumirse en 15 pasos básicos:

1. Detención del acusado al que, de entrada, se considera culpable hasta que sea demostrada su inocencia.
2. Verificación de los rumores, denuncias o indicios de culpabilidad.
3. Vinculación de todas las acusaciones con el delito de herejía.
4. Análisis de los testigos, que muchas veces también eran juzgados, acusados y ejecutados. A partir de 1254 se comenzó a garantizar el anonimato de los delatores.
5. Se animaba a los testigos, a veces con coacciones y amenazas, a declarar contra los herejes. Si el testigo se retractaba, se le juzgaba por perjurio.
6. No se aceptaban las declaraciones a favor del acusado, ni su buena reputación como ciudadano o cristiano.
7. Se aislaba por completo al acusado, que no podía tener abogado, ni sabía lo que ocurriría con su vida.
8. Los inquisidores eran nombrados jueces, pero a veces ocupaban este papel laicos que estaban en posesión de algún testimonio culpabilizador.
9. La Inquisición animaba a los jueces a tender trampas al acusado para que confesase.
10. Aunque la tortura se permitía y podía aplicarse a cualquier testigo, no se usaba con frecuencia, a no ser que la Inquisición sí lo exigiera.
11. La ley indicaba que no se podía repetir la tortura, y que en caso de aplicarse debía realizarse en tres sesiones. Pero los inquisidores cambiaron la normativa estableciendo cuantas sesiones fueran necesarias hasta obtener la confesión deseada. De hecho, muchos inquisidores preferían comenzar el proceso torturando primero y preguntando después.
12. Tras la confesión bajo tortura, el acusado era llevado a la sala de juicios. Allí, como dictaminaba la ley inquisitorial, «libre, espontáneamente, sin presión y sin miedo, es decir, por propia convicción y arrepentimiento», el torturado debía repetir la confesión que le habían

arrancado mediante el tormento. Este hecho servía para que las actas judiciales certificasen que se había admitido culpa sin tortura.

13. Cuando el acusado, pese a la tortura, no sabía qué decir puesto que no había cometido delito alguno, se le ayudaba a inventar tramas heréticas, realizar acusaciones sobre falsos cómplices o delatar a personas de su aldea. No redimiría su condena, pero sería torturado menos tiempo.
14. Tras la declaración, nadie podía apelar.
15. Evidentemente, nadie era declarado inocente. Por tanto, la Inquisición confiscaba todos los bienes del acusado, y después se dictaba sentencia, que no siempre significaba la muerte. De hecho, en los inicios inquisitoriales, el castigo, lejos de ser el de quemar al hereje, consistía en la humillación pública en la plaza del pueblo, donde los habitantes tenían el derecho de lanzar objetos sobre el reo. Una variante era vestir hábitos de penitencia que, por lo general, eran unas capas con apliques de grandes cruces de fieltro de color rojo o amarillo.

El *Martillo de Brujas*

En 1486 surge el manual más siniestro de todos los tiempos. Un cruel código sobre la magia negra, la demonología y el trato que la Iglesia debe dispensar contra las herejías.

El libro, que también recibe el nombre de *Malleus Maleficarum* o *Hexen Hammer,* es obra de dos dominicos, Jakob Sprenger, deán de la universidad de Colonia, y el prior Heinrich Kramer. Ambos autores basan toda su obra en un principio que extraen del Éxodo 22, 17 y que dice: «A la hechicera no la dejarás con vida». La obra, que fue todo un éxito en su época, tuvo 13 ediciones hasta 1520, y otras 16 entre 1574 y 1669.

El *Martillo de Brujas* está dividido en tres bloques. El primero es un alegato en contra de la brujería. Tiene por objetivo que los gobernantes comprendan que se trata de una práctica monstruosa centrada en renunciar a la fe católica y venerar al diablo, y que requiere para su desarrollo del sacrificio de niños sin bautizar, el comercio carnal con íncubos y súcubos y, por supuesto, la realización de todo tipo de parafilias y maldades.

La segunda parte del libro se centra en los llamados *maleficia,* y enumera, con todo lujo de detalles, las desgracias, males y ataques que pueden sufrir tanto las personas como los animales y los campos por culpa de la brujería.

En este segundo bloque cabe de todo: desde motivos triviales de enfado, desavenencias y discusiones —siempre provocados por la brujería—, hasta los desastres que pueden causar los fenómenos meteorológicos, que también son obra del mal. Los autores de la obra encuentran, al menos, trece sistemas distintos de practicar el arte de la maleficia por parte de las brujas.

La tercera parte del libro es un auténtico manual de tortura, en el que se dan instrucciones, claras y precisas, sobre el trato que debe dispensarse a los testigos, cómo han de realizarse los interrogatorios, los arrestos, los procesos de encarcelamiento, y toda la metodología a seguir en cuanto a la aplicación de la tortura se refiere, entre otras cosas.

MALLEVS MALEFICARVM,

MALEFICAS ET EARVM

hæresim frameâ conterens,

EX VARIIS AVCTORIBVS COMPILATVS,

& in quatuor Tomos iustè distributus,

QVORVM DVO PRIORES VANAS DÆMONVM versutias, præstigiosas eorum delusiones, superstitiosas Strigimagarum cæremonias, horrendos etiam cum illis congressus; exactam denique tam pestiferæ sectæ disquisitionem, & punitionem complectuntur. Tertius praxim Exorcistarum ad Dæmonum, & Strigimagarum maleficia de Christi fidelibus pellenda; Quartus verò Artem Doctrinalem, Benedictionalem, & Exorcismalem continent.

TOMVS PRIMVS.

Indices Auctorum, capitum, rerûmque non desunt.

Editio nouissima, infinitis penè mendis expurgata; cuique accessit Fuga Dæmonum & Complementum artis exorcisticæ.

Vir siue mulier, in quibus Pythonicus, vel diuinationis fuerit spiritus, morte moriatur Leuitici cap. 10.

LVGDVNI,

Sumptibus CLAVDII BOVRGEAT, sub signo Mercurij Galli.

M. DC. LXIX.

CVM PRIVILEGIO REGIS.

Torturas y vejaciones contra las brujas

Con la publicación del *Martillo de las Brujas*, la tortura se convirtió en herramienta indispensable en todo juicio. Era preciso luchar contra el maligno, el diablo, ya que quien lo apoyaba se apartaba del camino de Dios, del cristianismo y de los dogmas de la Iglesia.

Pese a las carnicerías organizadas por la Inquisición, ésta defendía la bondad, la verdad y el amor que Dios sentía sobre todas las cosas. Los inquisidores actuaban fingiendo actitud de misericordia hacia los cautivos. Dicho de otra forma, si los torturaban era por su propio bien, ya que al estar influenciados por el demonio, habían dejado de ser hijos de Dios.

La tortura no sólo servía para extraer una supuesta verdad, sino también la culpabilidad de un delito. Además, los inquisidores defendían la necesidad del enjuicia-

El maleficio en trece partes

Las desgracias, enfermedades y calamidades que no tenían una explicación inmediata acostumbraban a recibir el nombre de maleficio. Los expertos de la época no alcanzaron a ponerse de acuerdo sobre cuántos tipos de maldad eran capaces de producirse siguiendo las técnicas de la brujería. De entre los muchos existentes destacaron los trece siguientes:

1. Engañando a través del amor.
2. Inspirando odio mediante las artes mágicas.
3. Generando impotencia y sequedad sexual.
4. Provocando todo tipo de enfermedades de desaparición repentina y cura casi imposible.
5. Despojando de la vida o provocando la muerte luego de grandes padecimientos.
6. Generando la locura o enfermedades mentales.
7. Dañando mágicamente objetos de uso cotidiano, que al estar averiados podían provocar desgracias en los usuarios.
8. Generando tormentas, tempestades y mal tiempo tanto en la tierra como en las aguas.
9. Envenenando el aire y volviéndolo irrespirable o enfermizo.
10. Marchitando las cosechas mediante pócimas, orines o excrementos del mismo brujo.
11. Dañando a los animales de compañía y enfermando al ganado.
12. Provocando pasiones, dolencias y tormentos extraños en el cuerpo de terceros, para luego presentarse como los únicos capaces de poder lograr su curación.
13. Emanando demonios y materializándolos a través del verbo, la mirada, la saliva, el semen, el flujo, la sangre menstrual, la orina o la defecación. Estas criaturas después tomaban forma y actuaban negativamente trabajando para los nigromantes o brujos malévolos.

so de desnudarla. Tampoco se considerarían como tortura las vejaciones, insultos, golpes o aplastamientos realizados a quien estuviera ya situado en el potro de tortura. Estos hechos hoy habrían sido denominados «daños colaterales».

En el pasado también lo eran, y formaban parte del conjunto de actitudes, reprobables pero no condenables, de los torturadores o verdugos.

En una tortura ideal, siempre según este manual de caza de brujas, la víctima debía ser despojada de la ropa, maniatada y preferentemente rasurada. Eliminar todo resto de pelo o cabello servía para verificar la existencia o no de la llamada marca de la bruja. Esta marca podía ser cualquier cosa: un lunar, una mancha de nacimiento, una peca, una cicatriz, etc. Pero para adquirir esa categoría, debía estar oculta bajo el pelo o situada en las ingles, al lado de los genitales, dentro de la boca o bajo las axilas.

miento. Decían que si, tras dictar sentencia, el reo finalmente moría, en el fondo sería bueno para él ya que habría sido liberado en vida del mal, se habría purificado su alma y estaría en condiciones de alcanzar a Dios.

La tortura ideal

El *Martillo de Brujas* determinaba las condiciones ideales para realizar la tortura. De hecho, manifestaba que no todos los daños que se le ejercieran al reo podían considerarse tortura. En este apartado entraría la posibilidad de que los ayudantes del verdugo violaran a la prisionera durante el proce-

Dentro de esta tortura ideal, los cazadores de brujas indicaban que no había que gastar todas las energías de una vez. No se referían a la víctima, sino al verdugo, al que se le recomendaba una breve pausa para el desayuno, luego de una hora de haber fustigado, golpeado o quemado el cuerpo del reo. Se aconsejaba que, mientras el verdugo reponía fuerzas, la víctima siguiera sufriendo, ya fuera dejándola colgada, reposando sobre un lecho de púas o manteniendo la postura de tortura en el potro en el que se encontraba.

La tortura ideal

Sendero 5.
Tus poderes psíquicos y dones

Esfera 1. Visualización y visiones

Esfera 2. La hiperosmia o el poder del olfato

Esfera 3. Dermovisión y psicometría

Esfera 4. La clariaudiencia

Esfera 5. La psicoquinesis

Esfera 6. El poder de la telepatía

Esfera 7. El viaje astral

Esfera I.
Visualización y visiones

En artes mágicas, cuando el operador quiere ver realizado algo en el mundo tangible debe primero observarlo en su interior, en su templo mental. Ahora bien, una cosa es la visión y otra bien distinta la visualización. La visión es la percepción, consciente o inconsciente, de imágenes, mientras que la visualización consiste en fabricar o recrear imágenes a voluntad.

La visión mágica

Cada vez que tengas un deseo, que debas realizar un ceremonial o que necesites hacer una invocación ritual, deberás acompañarlo de la correspondiente visión mágica. Como mago, debes estar en condiciones de dar forma, volumen, textura, color y dimensión a aquello que pretendes conseguir.

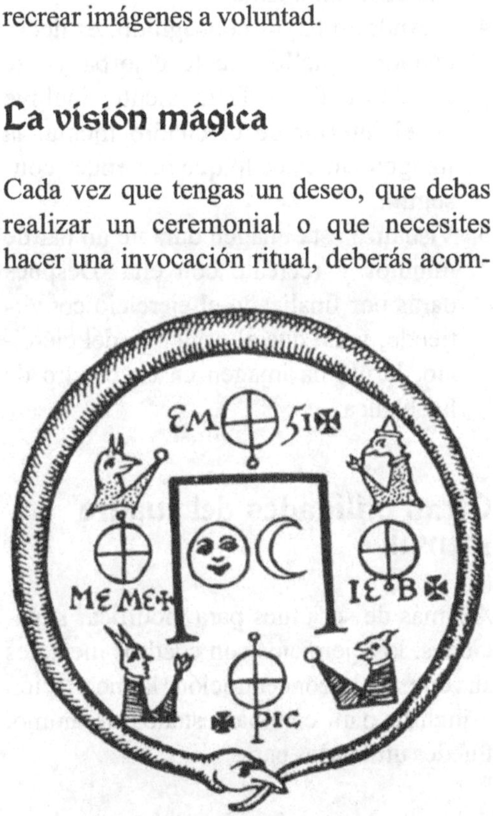

Antiguo talismán de Paracelso para obtener la visión mágica.

La visión mágica no es un poder en sí mismo. Es un ejercicio creativo e imaginativo. En contra de lo que muchos investigadores han pregonado, visualizar está al alcance de todo el mundo, sólo necesitas crear el guión adecuado y, como si estuvieses haciendo una película, determinar cada uno de los fotogramas que plasmarás en tu pantalla mental.

Aprende a visualizar

La verdad es que ya sabes hacerlo. Cuando llevaste a cabo el ejercicio de creación de tu templo mental, efectuaste una visualización. Cada vez que te internas en este espacio sagrado, ya sea para estar en él o para incorporarle algún elemento, estás visualizando. De todas formas, existe un protocolo que puede facilitarte mucho más las cosas y que consiste en realizar «cuadros mentales».

¿Qué es un cuadro mental?

Un cuadro mental es la creación de un marco virtual en el interior de la mente.

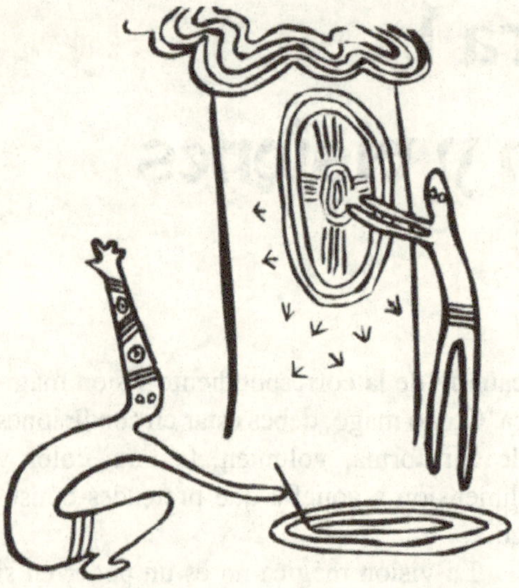

Los chamanes amerindios utilizan los atrapasueños como puertas conductoras a otras realidades.

Para simplificar las cosas, basta con que dibujes en un papel un rectángulo más ancho que alto. Su marco debe estar bien señalado. Acto seguido, míralo durante unos segundos, y luego cierra los ojos de forma que tu memoria visual retenga la forma geométrica. Cuando lo hayas conseguido, sitúa el rectángulo en el centro de tu frente, por encima de tus ojos. Ya tienes un cuadro mental. El grosor y color del marco quedan en tus manos: deberás fabricarlo según tus necesidades mágicas.

La operatividad del cuadro mental

El cuadro mental sirve para situar en su interior aquello que deseamos eliminar o provocar. En él podemos albergar imágenes que hayan surgido fruto de una visualización, símbolos mágicos o anagramas, así como escenas, palabras o colores que tengan una relación directa con tus prácticas mágicas.

La forma de proceder será la siguiente:

1. Tras sentarte o tumbarte y cerrar los ojos, relájate y centra la atención en tu frente. En el centro, debes imaginar un punto de luz blanca que se expande.
2. Visualiza, es decir, imagina que el punto de luz se expande hasta formar un rectángulo. Cuando esté perfectamente definido, añádele el marco del color conveniente.
3. Sustituye la luz inicial del centro del cuadro mental por la imagen de aquello que deseas eliminar. Debe ser una imagen clara y nítida. Cuando la tengas perfectamente definida, haz que se vaya diluyendo poco a poco, hasta que desaparezca totalmente.
4. Cuando lo hayas conseguido, es decir, cuando aquello que te estorba ya se encuentre fuera de tu mente, incluye en el interior de tu cuadro mental la imagen alusiva a lo que pretendes conseguir.
5. Visualiza esta imagen durante un par de minutos y recréate con ella. Después darás por finalizado el ejercicio convirtiendo, igual que al principio del ejercicio, la última imagen en un cuadro de luz blanca.

Otras utilidades del cuadro mental

Además de ser útiles para modificar situaciones, los ejercicios con cuadros mentales sirven para la concentración, la meditación e incluso para cambiar estados de ánimo. Puedes utilizarlos para:

- Activar la energía mágica de tus sellos o anagramas personales. Antes de inscribir-

Los colores del marco mental

Debes colorear tus marcos mentales con aquellos colores que te hagan sentir cómodo. Sin embargo, a modo de referencias, éstas son las principales influencias cromáticas:

Negro. Elimina todo tipo situaciones adversas, emociones negativas o valores que no desees.

Blanco. Protege física y mentalmente. Ayuda a acentuar el espiritualismo. Resulta ideal para la meditación con anagramas o símbolos.

Gris. Detiene el tiempo y paraliza situaciones que todavía no sabes cómo resolver.

Rojo. Acentúa los temas vinculados con el sexo, la pasión y la energía vital. También es útil para obtener una mayor energía sexual.

Naranja. Potencia las ideas y proyectos relacionados con temas materiales, como el trabajo o las inversiones.

Amarillo. Incrementa la imaginación y la creatividad.

Rosa. Favorece el correcto encauzamiento de las emociones. También potencia el romanticismo y la dulzura en las relaciones sociales.

Azul. En todas sus gamas sirve para fortalecer temas mentales, como estudios, proyectos, preparación de estrategias, potenciación de emociones, etc.

Verde. Protege la salud y favorece el equilibrio personal.

los o marcarlos en los objetos que los contendrán, reproduce un cuadro mental enmarcado con tu color personal, y visualiza el símbolo en su interior.

- Potenciar la fuerza de tus objetos de poder. Para ello, primero observa físicamente el objeto. Acto seguido, crea el cuadro con tu marco personalizado y visualiza el objeto en su interior.
- Favorecer estados emocionales. Cuando quieras que la energía de un valor emocional mengüe o se incremente, debes visualizar tu rostro experimentando dicha emoción. Si quieres reducir, por ejemplo, el miedo o el temor, debes ver tu imagen con esa expresión en el rostro. Después, transfórmala en su imagen contraria, es decir, plácida, optimista y serena.

Tipología de las visiones

Visión etérica. Suele confundirse con la clarividencia, pero no pertenece a ella. Es el don o capacidad psíquica que permite al individuo ver, con sus propios ojos, planos de realidad paralelos a lo tangible.

Representación de una visión demoníaca en el medievo.

Visión lúcida. Suele producirse bajo hipnosis. En este caso, el sujeto sometido a trance hipnótico tiene la capacidad de ver todo tipo de situaciones, relacionadas o no con el espacio y el tiempo en el que vive.

Visión panorámica. Suele acontecer de forma involuntaria, cuando la persona padece un ECM, siglas que definen un «encuentro cercano con la muerte». El moribundo ve en el interior de su mente, y en fracciones de segundo, los principales acontecimientos de su existencia. Las personas analizadas de esta manera han afirmado tener la capacidad de ver una «película» de toda su vida.

Visión subliminal. Acontece cuando determinadas imágenes ópticas no son captadas de forma consciente, aunque afectan al cerebro.

Visión astral. Facultad o poder psíquico por el cual el individuo ve objetos, sucesos o personas que se le manifiestan mientras él se encuentra en un estado de vigilia. Los investigadores afirman que, pese a poder ser visiones de otros planos de la realidad, no deben confundirse con premoniciones.

Esfera 2. La hiperosmia o el poder del olfato

A todos nos afecta, de una u otra forma, el olor. El aroma puede generar distintos estados emocionales en el individuo, pero algunas personas consiguen desarrollar una singular facultad a través de los olores.

El término hiperosmia sería el equivalente al de clariaudiencia o clarividencia, pero relacionado con los olores. La persona hiperósmica, cuando huele algo, es capaz de abrir sus sentidos y tener una visión reveladora. Mediante la hiperosmia, que no es más que una percepción extrasensorial —en este caso olfativa—, el sensitivo puede, oliendo un objeto, prenda de ropa, persona, fotografía, etc., al igual que hacen otros expertos en psiquismo, detectar los más variados aspectos relacionados con el propietario del «testigo» que ha olfateado.

Mediante la hipnosis algunas personas han conseguido desarrollar capacidades de hiperosmia.

A diferencia de un perro, que basándose en un olor es capaz de seguir un rastro, la persona que domina la hiperosmia no se desplaza a un lugar, no rastrea, sino que puede percibir en el interior de su mente una imagen que rompa las barreras espaciotemporales.

El olfato mágico

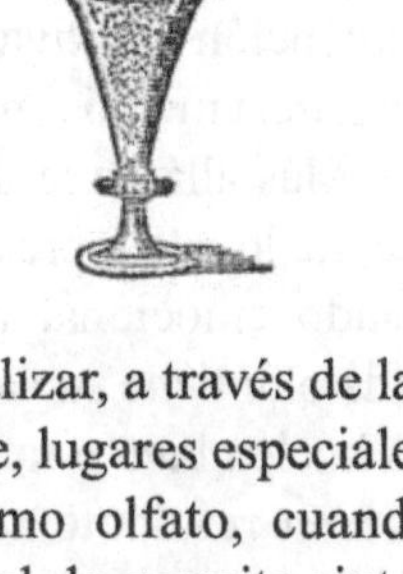

Desde un prisma empírico, el olfato mágico es la capacidad que el iniciado ha desarrollado para percibir sensaciones de planos no tangibles. A diferencia de lo que hace el practicante de la hiperosmia, el mago utiliza su olfato mágico para localizar, a través de las sensaciones que percibe, lugares especiales o de poder. Este mismo olfato, cuando practica la magia natural, le permite sintonizar con árboles, plantas, piedras, etc.

¿Poder o tara?

Desde el punto de vista médico, tanto la hiperosmia como la anosmia son trastornos cerebrales y del sistema nervioso. El primer caso se produce cuando se incrementa de forma exagerada el sentido del olfato. El segundo consiste en una reducción notable de ese sentido, hasta el punto de que el olfato puede perderse de forma permanente. La pérdida del olfato acostumbra a producirse luego de graves infecciones en los senos nasales o tras sesiones intensas de radioterapia. Ambas dolencias pueden también sobrevenir a causa de un accidente en el que se genere un traumatismo craneal, ya que las fibras del nervio olfativo se encuentran cerca del hueso de la base del cráneo.

Los médicos entienden que se origina hiperosmia o anosmia cuando tanto el gusto como el olfato, que por lo general son sentidos que trabajan juntos, dejan de funcionar. En cambio, desde un prisma parapsicológico, la hiperosmia no se contempla como dolencia, ya que quien tiene esta capacidad no ha padecido enfermedad o accidente que la justifique, ni tampoco afecta su sentido del gusto.

Médicamente, existe la constancia de que la hiperosmia es mucho menos frecuente que la anosmia. Puede producirse en estados de influencia psicoactiva, es decir, mediante la ingesta de drogas, y también cuando se padece epilepsia. En ambos casos, el enfermo tiene lo que se conoce como «alucinaciones olfatorias», que suelen ser de olores desagradables, muy intensos y de corta duración. La medicina no ha podido determinar de dónde surgen esos olores porque su fuente no existe en la realidad del momento, ni tampoco puede ser una mala interpretación de un olor presente, sino que se trata de un aroma de algo inexistente en el lugar.

Cómo potenciar tu sensibilidad olfativa

Debes comenzar por aprender a oler las cosas de nuevo. Todos estamos acostumbrados a unas fragancias y hemos establecido un código de olores que nos resultan agradables o no. Hemos automatizado la percepción olfativa dejando fuera de una fragancia muchísimos valores.

Más allá de la descripción de un perfume, de lo que representa para nosotros o del estado emocional al que nos predispone, cada olor tiene su «alma mágica». Las cosas no huelen bien o mal. Es cierto que algunas pueden resultarte aromáticamente desagradables, pero éstas también contienen una esencia que debes aprender a traducir.

De la misma forma que el mago tiene la obligación de ver más allá de lo que le ofrecen sus ojos, o de escuchar las señales sublimes de lo que perciben sus oídos, también tiene que aprender a oler. Lo primero que debes hacer es olerte a ti mismo y descubrir no sólo a qué hueles, sino qué imágenes te evoca tu fragancia personal.

Práctica olfativa

1. Pásate por la ducha y lávate con jabón inodoro y de pH neutro. Frota tu piel a fin de eliminar restos aromáticos. Sécate al aire y envuélvete en una prenda de ropa que no haya sido lavada con detergentes aromáticos. Es preferible que tiendas la prenda al aire justo hasta el momento en que la vayas a utilizar.

2. Dos horas después ya puedes empezar a olerte. El escenario ideal es una habitación oscura, sin corrientes de aire y, evidentemente, sin aromas que te distraigan de tu propio olor. Recorre con la nariz el máximo de zonas accesibles de tu cuerpo. En las que no llegues, frótala con la palma de la mano y lleva ésta a las fosas nasales.

3. Debes olfatearte con los ojos cerrados, sin buscar ni pretender nada, sin juzgar tu olor. Se trata tan sólo de reconocerte y buscar sensaciones.

4. Cada vez que te huelas, permite que tu mente vuele, que te ofrezca imágenes. Si tras oler apareciera algún recuerdo, sentimiento o idea, pregúntate el por qué e intenta extraer la información que la visión te da.

Hiperosmia y magia aromática

Las técnicas basadas en la hiperosmia no guardan relación alguna con la llamada «magia de los aromas». En estos casos, el mago recurre a la fragancia de esencias, inciensos, flores, plantas, etc. Ese aroma le permitirá desde sintonizar con entidades de otros planos, hasta agasajar a los espíritus, dioses, etc.

Es evidente que la magia de los aromas, que abordaremos en su lección correspondiente, nos faculta para lograr temas tanto mundanos como trascendentes. Sin embargo, forma parte de una especialidad mágica y no de un don psíquico, como es el caso de la hiperosmia.

Las musas son entidades que presuntamente acuden luego de ser invocadas con agradables fragancias.

Esfera 3. Dermovisión y psicometría

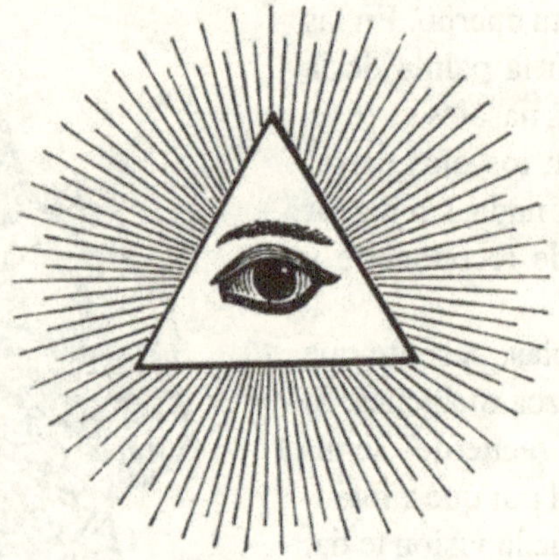

Algunas personas no ven sólo con los ojos. Son capaces de capturar imágenes y sensaciones gracias al poder del tacto. Cuando este sentido se desarrolla de manera sobresaliente, se produce uno de los fenómenos parapsicológicos más sorprendentes y espectaculares. El sensitivo, sólo con poner su mano sobre una prenda u objeto, es capaz de traspasar las barreras moleculares de lo tangible y captar su esencia energética. Ahora bien, el fenómeno del «hipertacto» no debe confundirse con el de la fenomenología de la sensibilidad táctil, comúnmente denominada psicometría.

Aunque las dos fenomenologías se hallan vinculadas con la visión psíquica, debemos matizar que la dermovisión consiste en «ver» con la piel aquello que es tangible y real. Es como si la piel sustituyese a los ojos. En cambio, la psicometría nos permite la visión de lo irreal e intangible a partir de la entrada en contacto con un objeto o testigo que es real.

¿Podemos «ver» con la piel?

Todo parece indicar que sí. Al menos, hay personas que lo han conseguido. En realidad, se trata de un extraño y poco prodigado fenómeno parapsicológico de clarividencia. En la mayoría de los casos, la dermovisión se practica con la punta de los dedos de las manos. Ahora bien, se han encontrado personas capaces de percibir con los pies, con los labios y con otras zonas de su cuerpo. El caso más famoso de visión paraóptica fue el de la invidente rusa Rosa Kuleshova. Ante el escepticismo de médicos e investigadores, la señora, cuya visión evidentemente no residía en los ojos, fue sometida a todo tipo de pruebas para que demostrase lo que ella denominaba «don». Su capacidad consistía en pasar la yema de los dedos sobre una hoja de papel y leerla como si hubiera sido escrita en Braille. Los investigadores creían que la sensitiva tenía una gran sensibilidad en la piel de los dedos capaz de percibir el leve rasgo de la tinta estampada sobre el papel. La sorpresa acontecía cuando, con la punta de sus dedos, también era capaz de distinguir los colores e incluso si el texto contenía algún dibujo o fotografía.

La capacidad de la señora Kuleshova fue bautizada por los investigadores como «biointroscopia», término que luego se ha popularizado con el nombre de dermovisión.

El extraño asunto de la oreja lectora

Uno de los casos más singulares y extraños sobre dermovisión fue dado a conocer por el famoso criminalista César Lombroso, considerado como uno de los tres precursores del estudio de la criminología mundial y autor de los primeros tratados de antropología criminal. A finales del siglo XIX, Lombroso se ocupó del caso de una joven que padecía ataques de histeria que, supuestamente, venían provocados por su continua audición de extrañas voces que resonaban en el interior de su cabeza.

Las investigaciones dieron como resultado que la joven padecía desarreglos psiquiátricos que le provocaban la escucha de voces. Sin embargo, algunos parapsicólogos consideraban que la chica, lejos de estar enajenada, era una médium dotada de capacidades de clariaudiencia. Pero lo más relevante es que pasó a formar parte de los casos de dermovisión no por la escucha de voces, sino por poseer la extraña capacidad de leer frases impresas en un papel luego de colocarlo pegado a su oreja.

La autoscopia

Es una variante del fenómeno de la dermovisión. Su descubridor fue el médico y esoterista Mesmer, que realizó numerosos experimentos con personas que, con los ojos cerrados y sometidas a un estado de trance, eran capaces de describir el contenido de algunas páginas concretas de libros cerrados. Como médico, Mesmer perseguía sistemas curativos y de diagnóstico que fueran innovadores.

Estaba convencido de que todo objeto, persona o animal emitía lo que él llamaba un «efecto magnético», y que éste podía ser captado mediante la simple imposición de manos.

Mesmer llegó a tener entre sus adeptos a algunos psíquicos que, siempre según él, podían describir el interior del cuerpo de otra persona simplemente poniendo la mano encima de él. A dicho fenómeno lo denominó autoscopia, algo que por otra parte es relativamente singular, pero que ya practicaban los antiguos chamanes.

Mesmer, gran investigador de la autoscopia, realizando pases magnéticos.

En chamanismo, el chamán que está bajo los efectos de un estado de trance o modificación de la conciencia, cuando toca a su paciente, no sólo ve el interior de éste, sino que también es capaz de percibir colores, imágenes arquetípicas e incluso «escuchar» sonidos a través de sus manos.

La psicometría

En sus inicios, esta característica psíquica fue llamada «metagnomia táctil». Actualmente, la psicometría es el término que define la capacidad que tienen médiums, videntes y sensitivos de percibir imágenes y sensaciones, pasadas o presentes, muy raramente futuras, de una persona o lugar. El investigador y experto en psicometría Allan Balance asegura que «el psicómetra percibe emanaciones vibracionales del lugar en el que se encuentra, del objeto o de la persona con la que entra en contacto. Estas vibraciones forman parte de la energía residual, que está en todas partes, y que el psíquico transforma en imágenes o sensaciones». La mayoría de las personas con capacidades psicométricas insisten en que ellas no poseen el don de la videncia. Es cierto que en algunas ocasiones pueden recibir atisbos de otro tiempo, pero aseguran que, a diferencia del visionario, ellos no hacen un viaje en el tiempo, sino que traducen en sensaciones o imágenes mentales la atemporal energía universal. El psíquico que ejerce la psicometría y roza una prenda de ropa, objeto o persona puede percibir desde una emoción hasta una imagen o escenas que supuestamente están relacionadas con la historia de aquello que toca.

Los sensitivos aseguran haber presenciado luchas, discusiones, entierros, triunfos y hasta momentos de gran pasión de otras personas, pero lo más espectacular es cuando su capacidad les permite viajar en el tiempo y observar escenas cotidianas de otra época.

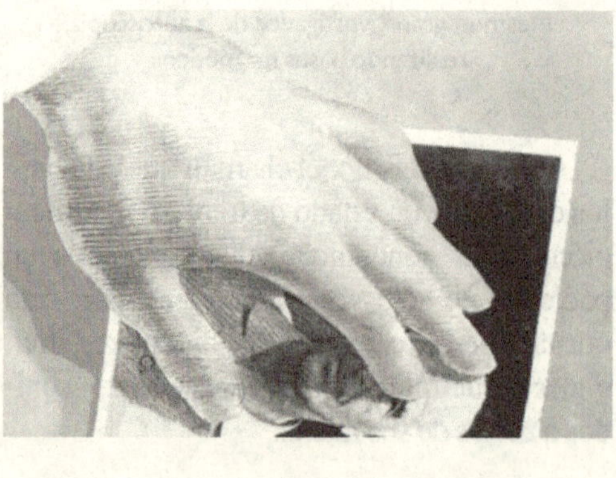

Guía para el desarrollo psicométrico

Al intentar psicometrizar un objeto, debes asumir que estás trabajando con el poder psíquico del tacto en unión con tus capacidades mentales más sensibles.

Los ejercicios de psicometría requieren de numerosas pruebas. Es preciso experimentar con testigos que pertenezcan a los tres reinos. Para una buena ejecución de este tipo de prácticas, deberás tener en consideración los siguientes aspectos:

- No es necesario que entres en trance ni que realices ningún tipo de ceremonial, sólo déjate llevar y vislumbra las sensaciones mentales.
- A fin de evitar sugestión y pérdida de objetividad, trabajarás, en un primer estadio, con un objeto que no sea tuyo.
- Lo ideal para empezar a practicar es una joya familiar, quizá de un antepasado, pero también puedes recurrir a un fósil, una gema, una piedra o algún elemento vegetal.
- Para comenzar, debes tener claro que la experiencia puede que no te reporte resultados, y que las ansias por obtenerlos pueden generarte sensaciones e imágenes falsas.
- Cuando lleves a cabo este tipo de experimento, piensa en realizar la práctica sin más, sin pretender nada. El tiempo y la experiencia serán las que te indiquen si vas por buen camino.

Los otros sistemas de percepción

Aunque se trata de hechos singulares dentro de la investigación parapsicológica, es interesante resaltar que algunas personas han logrado visiones verdaderamente sorprendentes mediante la piel de los pies, la de todo su cuerpo e incluso utilizando sólo sus labios.

En 1979 un carpintero canadiense viajó a Alejandría. Caminaba con normalidad —si ir descalzo por la calle se puede definir como algo normal—, cuando de pronto sintió un fogonazo bajo sus pies. Tuvo una revelación. Les indicó a sus compañeros de viaje que la explanada donde se encontraban estaba justo encima de la parte superior del palacio de Cleopatra. El sensitivo caminó en círculos por la zona. Con los ojos cerrados, explicaba aquello que veía en el interior de su mente, y que era la descripción detallada de la estructura del palacio.

En diciembre del año 2004 Frederick Young descansaba sentado, totalmente descalzo, en la terraza de un bar cercano a la ciudad de Kuala Canghoy, en Indonesia. El hombre conversaba distendidamente con su novia, mientras degustaba una cerveza. Un terrible escalofrío recorrió la planta de sus pies. Al momento, visualizó una ola gigante y cientos de personas muriendo ahogadas. Al día siguiente se produjo el devastador tsunami asiático, y la ciudad de Kuala Canghoy fue una de las zonas con mayor número de víctimas.

Practicum. Psicometría a tu alcance

Antes de comenzar el ejercicio debes lavarte las manos con agua templada, ya que reblandecerá la piel y favorecerá la sensibilidad. Una vez hecho esto, ya puedes empezar el ejercicio.

1. Tras cerrar los ojos y respirar de forma relajada, deja vagar tus pensamientos durante un par de minutos.
2. Con tu mano más sensible, coge el objeto suavemente, sin apretarlo. Centra toda tu atención en las yemas de tus dedos.
3. Mientras realizas un par de respiraciones muy profundas, percibe cómo el aire va desde tus pulmones a la mano que sostiene el objeto. Siente una ligera pulsión.
4. Presta atención a tu mente. Deja que las imágenes vayan fluyendo. No persigas su producción. No te preguntes nada. No intentes analizar por la lógica aquello que veas o sientas. Limítate a sentir y tomar nota mental de lo percibido.

Puedes repetir el ejercicio varias veces con el mismo objeto. Con toda seguridad, las sensaciones e imágenes recibidas serán distintas. La clave está en saber distinguir las subjetivas de aquellas otras que son fruto de la experiencia realizada.

Esfera 4. La clariaudiencia

Para quien lo padece o experimenta, no es un fenómeno fácil de asimilar. Durante siglos, escuchar voces ha sido equivalente poco menos que a estar loco. Y también en la actualidad estas voces, sonidos o músicas que percibe el individuo se interpretan como de rasgo psicótico o paranoide. Si embargo, algunos psicólogos o psiquiatras, todavía muy tímidamente, empiezan a plantearse la posibilidad de que se trate de un fenómeno que no está asociado a una patología.

Sin embargo, la persona que no padece patología alguna y está dotada de capacidades clariaudientes, puede escuchar ruidos, sonidos elaborados de carácter musical, melodías de canciones desconocidas y, por supuesto, voces humanas.

En los casos de poca intensidad, la musicalidad acostumbra a pertenecer a campanas, silbatos, flautas o tambores. Cuando el sensitivo escucha un lenguaje estructural de carácter humano, en un primer estadio simplemente oye susurros, lamentos, gritos o

Esas voces famosas

El psíquico, maestro espiritualista y escritor Emanuel Swedenborg escuchó, el 19 de julio de 1759, una voz que le alertaba respecto de un incendio que se estaba produciendo cerca de su casa, situada a kilómetros de distancia de donde él se encontraba. La voz de alarma fue sucedida por una serie de imágenes clarividentes que detallaban el desarrollo del incendio. Swedenborg tuvo aquellas visiones durante horas.

En la última, la voz le indicó que el peligro había pasado. El incendio se produjo de verdad, el fuego destrozó varias viviendas y el visionario clariaudiente, a pesar de la distancia, contempló y escuchó el desastre en tiempo real.

Emanuele Swedemborg, famoso psíquico que escuchaba voces del más allá.

risas. Con el tiempo, puede escuchar palabras clave que despiertan en él una percepción, emoción o videncia. En un grado más elevado, las voces forman un lenguaje estructurado coherente y con sentido propio.

La clauriaudiencia *versus* la esquizofrenia

Esta enfermedad mental afecta por igual a todas las áreas del pensamiento. Desvirtúa las percepciones que tiene el individuo sobre su entorno, hasta el punto de que puede confundirlo en lo que ve, escucha o percibe incluso de forma táctil. La esquizofrenia es capaz de modificar los sentimientos, creando situaciones de confusión y alterando las emociones. Por supuesto, todas estas disfunciones afectan no sólo al individuo, sino también a las relaciones interpersonales que mantiene. En un gran porcentaje de casos, se padecen delirios, y las alucinaciones más frecuentes están relacionadas con la audición de sonidos o voces inexistentes. La persona esquizofrénica es capaz de oír, de viva voz, sus propios pensamientos, sus recuerdos y, por supuesto, palabras imaginarias que le hacen comentarios respecto de lo que está viviendo, o que incluso llegan a ordenarle realizar determinadas acciones. La diferencia básica entre el clariaudiente y el enfermo mental es que las voces del primero no acostumbran a ordenarle que emprenda acción alguna, simplemente acompañan, advierten o sugieren.

Los fenómenos místicos

A lo largo de la historia se ha podido constatar que la clariaudiencia suele ser una característica del misticismo, especialmente relacionada con los estados de trance o de modificación de la conciencia que han padecido desde los chamanes o profetas a los sacerdotes, místicos, santos, etc. En estos casos, las voces proceden de dioses, espíritus, elementos totémicos de la naturaleza, ángeles, guías espirituales e incluso difuntos. Estas entidades no siempre son llamadas o convocadas por el clariaudiente: muchas veces es su estado espiritual o de conciencia el que le permite que la voz se manifieste sin haber sido convocada.

Las entidades y sus voces

A grandes rasgos, se puede establecer una categoría, más o menos clara, de la naturaleza que tienen las distintas voces del más allá y, por tanto, el tipo de mensaje que pueden llegar a dar.

Voces divinas

En el caso de la tradición judeocristiana, son aquellas que Dios emite para transmitir mensajes tanto a profetas como a reyes. Así vemos que, en la Biblia, el rey Salomón escucha a Dios, que le dice que su mente es especialmente sabia y docta; o que el niño Samuel recibe la llamada de Dios, quien se refiere a él por su nombre, para darle un mensaje. En otras tradiciones, la divinidad se encuentra vinculada a un gran abanico de entidades, como por ejemplo el árbol-Dios-roble para los druidas, el divino cóndor o el jaguar entre los chamanes americanos, o cualquiera de los dioses africanos, denominados Orichás, del panteón yoruba.

¡Dios lo manda!

A través del arcángel san Miguel, así como de las mártires santa Catalina de Alejandría y santa Margarita, Dios mantuvo intensas conversaciones con la joven Juana de Arco (1412-1431).

La doncella de Orleáns tuvo su primera vivencia clariaudiente a los 13 años. Según ella, Dios le habló con una voz extremadamente profunda. Tiempo después, delegó sus mensajes en las entidades ya mencionadas. Las voces que Juana de Arco escuchaba en el interior de su cabeza la asesoraron respecto de su evolución espiritual. La ayudaron a solventar problemas de convivencia y fe. Yendo todavía más lejos, se convirtieron en voces proféticas cuando le dijeron que ella sería quien conduciría un gran ejército capaz de luchar contra los ingleses en Orleáns y que sería herida en batalla.

Juana de Arco está considerada como una de las grandes mensajeras de Dios.

Uno de los mensajes más singulares recibidos por Juana de Arco fue aquel en el que las voces, que en este caso eran musicales, le indicaron dónde debía buscar la que sería su espada. El arma fue hallada por Juana en la iglesia de Santa Catalina de Fierbois.

Existen dudas con respecto a si Juana de Arco era esquizofrénica o, por lo contrario, tenía un don sobrenatural. Los defensores de la última tesis afirman que era clariaudiente y que, curiosamente, esta capacidad le pudo sobrevenir en el momento en que menstruó por primera vez y que se supone fue sobre los 13 años. El motivo de esta afirmación se basa en que la mayoría de las mujeres que han experimentado fenómenos de orden PES han comenzado a vivirlos a partir del cambio hormonal sufrido en su cuerpo como consecuencia de la llegada de la pubertad.

Voces espirituales

Son aquellas que emanan de las entidades vinculadas con los dioses y que, por tanto, están adscritas a sus distintos panteones. Pueden ser dioses menores, semidioses y, por supuesto, ángeles o arcángeles. Tengamos presente que las entidades de carácter angélico no son patrimonio exclusivo de la tradición cristiana, sino que aparecen también en la judía, musulmana, budista, hinduista, etc.

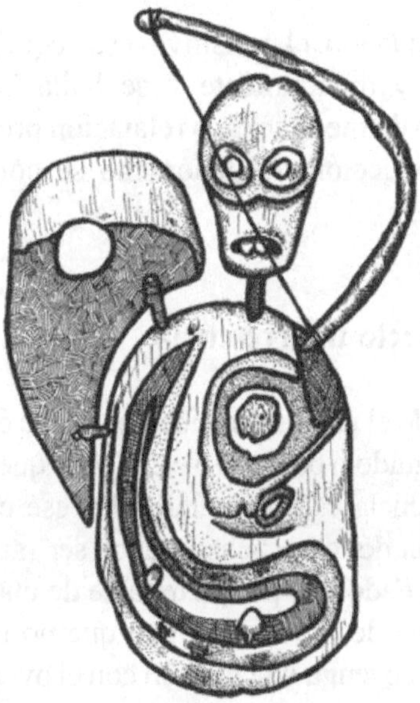

Este tipo de voces suelen transmitir mensajes de carácter religioso o litúrgico y, al tiempo, efectúan amonestaciones y advertencias que los dioses supremos no desean dar directamente a los humanos.

Voces de los espíritus intermediarios

Fueron los antiguos griegos quienes establecieron esta clasificación y la siguiente. Ellos creían en la existencia de lo que denominaban «Daemon», algo así como demonios —no necesariamente negativos— que actuaban como espíritus portadores de mensajes. Su función era escuchar aquello que los dioses debían comunicarles a los humanos y transmitírselo a éstos mediante un murmullo en los oídos.

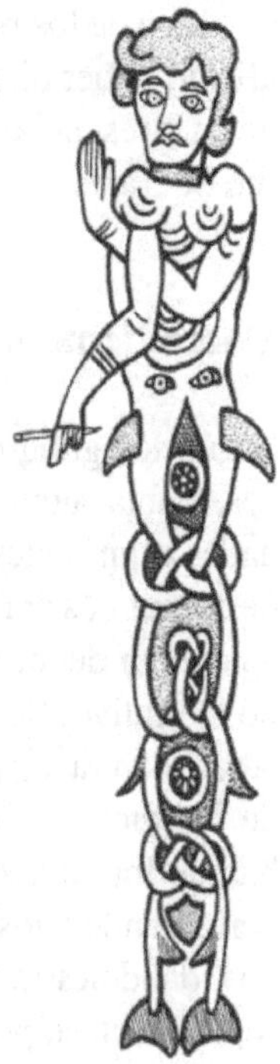

Los espíritus intermediarios no estaban especializados en un tipo de mensaje. Básicamente, eran simples transmisores de noticias e incluso consejos.

Voces de los espíritus guardianes

Se trata de una variante de la categoría anterior, pero en este caso la entidad está especializada en velar por el bien del humano, de manera que sólo se ocupa de transmitirle aquellos mensajes que pueden elevar su conciencia, potenciar su espiritualidad, corregir sus errores morales o religiosos, etc.

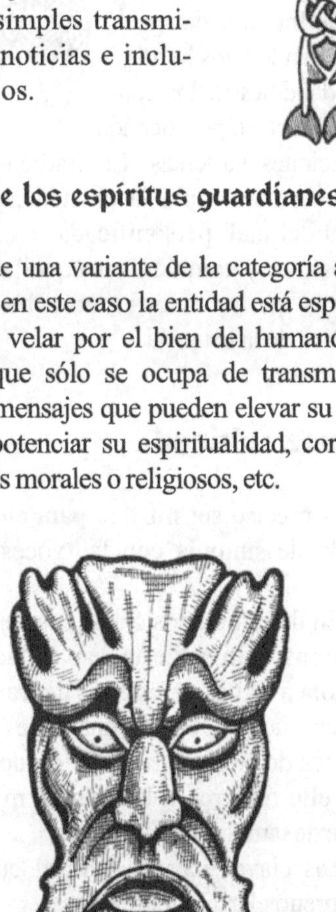

Uno de los personajes más famosos que afirmó haber dispuesto durante toda su vida de la presencia de una de estas entidades fue Sócrates.

Voces demoníacas

Según los griegos clásicos, había algunas entidades espirituales que, de forma ocasional, se apartaban de su camino evolutivo. Se revelaban contra el poder de los dioses y actuaban de forma negativa perturbando a los humanos, dándoles malos consejos e incluso provocando actuaciones violentas. La tradición judeocristiana contempla la existencia de estas voces del mal, personificadas en los ángeles caídos y también en aquellas fuerzas oscuras que se manifiestan a través de la práctica de la brujería.

La voz cultivada

No es preciso ser místico para alcanzar un estado de sintonía con las voces del otro lado.

En determinados casos, los sensitivos o médiums cultivan esta capacidad, provocándola a través de estados de trance. Algo similar sucede con los chamanes, que son capaces de cultivar la audición de voces, y para ello recurren a las danzas místicas, al toque de tambor, etc.

Las claves básicas para el cultivo del fenómeno clariaudiente son:

1. Evaluar el estado emocional de recepción

Muchas veces se escuchan voces cuando se padece una crisis emocional o cuando se tiene el recuerdo traumático de una persona que ha desaparecido. En estos casos, debemos descartar la paranormalidad del fenómeno.

2. Verificar el equilibrio emocional

Sólo cuando el sensitivo está equilibrado física y mentalmente y se halla bajo un estado de meditación o relajación profunda, la producción del fenómeno se considera válida.

3. Efecto interferencia

Cuando el psíquico recibe voces que él no ha perseguido o buscado, se entiende que la clariaudiencia es involuntaria. En ese caso, el análisis de lo escuchado debe ser muy prudente, dado que podría tratarse de una interferencia de orden espiritual que no necesariamente tenga vinculación con el oyente.

4. Efecto respuesta

Se produce cuando el psíquico, bajo un estado de profunda concentración y conciencia de sí mismo, lanza una pregunta o pide consejo a las entidades de los otros planos, y éstas ofrecen una respuesta. En este caso sí se produce la llamada «clariaudiencia consciente y dirigida», en la que el sensitivo establece un diálogo continuo y fluido con el más allá.

El daemon de Sócrates

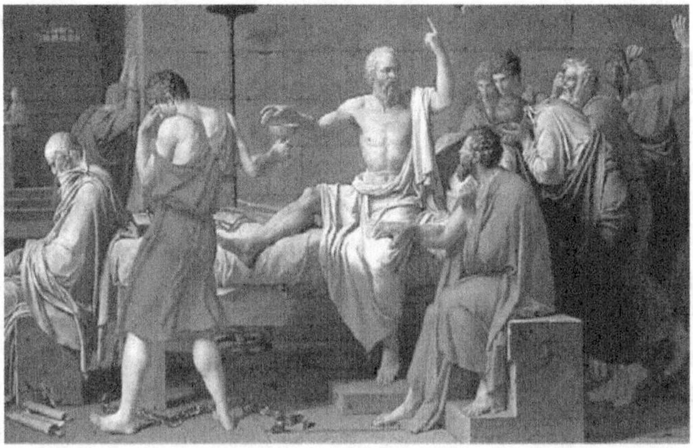

El filósofo ateniense Sócrates (470 a. C.-399 a. C.) afirmó, en más de una ocasión, que gozaba de una cierta capacidad especial a la que él denominaba «conexión con las advertencias divinas». Al parecer, muchas de las grandes máximas que el pensador y fundador de la filosofía moral esgrimió como propias procedían, en realidad, de las voces místicas que lo acompañaron continuamente. En el año 399 antes de nuestra era, Sócrates fue llevado a juicio, acusado de despreciar a los dioses del Estado. Al parecer, pretendía establecer el culto a nuevas entidades sobrenaturales, en especial a las que le hablaban. Sócrates sabía que perdería el juicio. No tenía argumentos de defensa dado que las voces que le guiaban callaron repentinamente durante el proceso. De esta forma, Sócrates, resignado, entendió que el silencio de las voces de su mente le indicaba que había llegado la hora de su muerte. Tanto es así que, justo antes de beber la copa de cicuta que habitualmente ingerían los condenados, afirmó: «Veo claramente que debo morir, pues así quedaré liberado, y mi nuevo estado será lo mejor para mí». Sócrates bebió y, evidentemente, murió.

La memoria auditiva

Partiendo de la base de que el fenómeno no siempre puede tenerse en consideración, es preciso asumir que a veces, patologías al margen, podemos escuchar sonidos o voces que no tienen relación alguna con la fenomenología PES. Un ejemplo de ello es la llamada «memoria auditiva», que se trata de una capacidad normal, a pesar de que no todas las personas parecen tenerla dominada. De la misma forma que podemos recordar una imagen y visualizarla en nuestra mente, es factible rememorar determinadas palabras, el sonido de una melodía e incluso conversaciones enteras. Las personas que gozan de esta facultad pueden escuchar en su interior, con total nitidez, sus recuerdos, sin necesariamente entrar en trance ni padecer fenómenos esquizofrénicos. Si este fuera tu caso, además de distinguir entre lo que es normal y lo paranormal, debes saber que gozas de una gran ventaja si pretendes generar y desarrollar tus capacidades clariauditivas.

Clariaudiencia y mediumnidad

Los seguidores de Mesmer descubrieron que cuando él recurría a la hipnosis, como complemento a su terapia de magnetismo, numerosos pacientes afirmaban oír música, voces o sonidos. Algunos de ellos decían incluso que podían escuchar las voces de los muertos. El fenómeno comenzó a ser frecuente en las primigenias sesiones espiritistas, donde los médiums sintientes y oyentes, luego de entrar en trance, escuchaban en su mente las palabras o consejos que los espíritus convocados tenían a bien decirles. Ahora bien, debemos distinguir en lo que a emisión y recepción de sonidos o voces se refiere, ya que no es lo mismo el médium clariaudiente que el llamado médium de voz. El primero simplemente oye las voces en su interior y luego narra lo escuchado, mientras que el segundo es poseído por la entidad del más allá.

Bajo el trance, el médium habla con la voz del espíritu que desea manifestarse en la sesión, pero generalmente no es consciente ni escucha aquello que está diciendo.

Esfera 5.
La psicoquinesis

Este es uno de los fenómenos más extraños de los investigados por los parapsicólogos. Consiste en mover objetos a distancia sin tocarlos, utilizando sólo la fuerza mental. Como en tantas otras fenomenologías de orden psíquico, mientras que los científicos niegan la existencia del fenómeno, los parapsicólogos piensan que es algo real, si bien matizan que sólo aquellos psíquicos con energía notable pueden producir psicoquinesia.

El fenómeno PK

Las letras PK son las siglas del término Psi-Kappa que definen a un fenómeno desconocido, de naturaleza ignorada, que consiste en una liberación de energía psíquica.

Hay muchas formas de que esa energía se manifieste, ya que puede provocar fenómenos de levitación, sonidos paranormales e incluso ectoplasmas. Cuando la energía es manejada por un sensitivo, médium o psíquico, puede producir los fenómenos de psicoquinesis.

En cambio, si la energía actúa como si tuviera voluntad propia, se producen las fenomenologías de telequinesis.

Tres materializaciones energéticas distintas

Nadie sabe de dónde sale la energía PK ni cuánta hay, ni dónde está, ni tampoco hasta qué punto puede afectar a la materia. Los parapsicólogos llegan a la conclusión de que la energía PK puede manifestarse bajo estas tres categorías:

Bio-PK

Es la más común. Consiste en una psicoquinesia sobre la materia viva. Dicho de otro modo, es la capacidad, que tú puedes tener,

Ilustración decimonónica sobre un posible fenómeno PK.

de realizar actividades energéticas como la magnetización, o influir con tu energía PK sobre animales, vegetales e incluso personas.

Micro-PK

Se basa en realizar psicoquinesis sobre materia inerte. Este es uno de los fenómenos más apasionantes que tiene a su alcance el psicoquinesista, ya que con la fuerza de su mente y su poder psicoquinético puede afectar todo aquello que no se ve, como las emociones de sus semejantes, los sueños y la energía manifestada en los fenómenos de viajes astrales o de desdoblamiento de la conciencia. En resumen, el psicoquinesista especializado en la manipulación de la energía Micro-PK es un mago mental.

Macro-PK

Es la realización de la psicoquinesia elevada a su máximo exponente.

Por lo general, queda al margen de la capacidad humana, y el fenómeno es causado por agentes desconocidos.

La fenomenología de liberación energética Macro-PK es la característica en los fenómenos *poltergeist*.

La fuerza de la Macro-PK es de tal alcance que puede producir no sólo la movilización de grandes objetos o la elevación de éstos en el aire, sino la explosión de los cristales y la torsión de los metales.

En casos muy aislados, la energía es capaz de tomar forma física, generando un ectoplasma.

Los fenómenos «ecto»

Cuando la energía PK se manifiesta con gran intensidad, puede producir un ectoplasma, o sea, una emisión fluídica blanquecina, que habitualmente tiene aspecto de columna nubosa, y que puede adoptar la forma de un objeto inanimado, pero también la de un animal o persona. Cuando el fluido ectoplásmico se manifiesta sin más, se dice que acontece una ectoplasia, es decir, una forma ambigua e indefinida. En cambio, cuando el fluido se modela, evidentemente sin intervención humana, recibe el nombre de ecto-coloplasmia. Los fenómenos de ectocolo-plasmia resultan muy interesantes para los investigadores, ya que es posible presenciar la sucesiva formación de caras u objetos, así como de figuras imperfectas, antes de que se produzca la condensación final de la emisión fluida energética. Dicho de otro modo, la ectocoloplasmia sería como ver, de forma independiente, los fotogramas de la escena de una película.

Practicum 5. Desarrolla tu poder psicoquinético

La paciencia, la constancia y una gran dosis de tranquilidad son las armas esenciales para no fracasar en este tipo de prácticas. No debes esperar, salvo que poseas una enorme fuerza mental, grandes resultados al principio. Siempre debes hacer los ejercicios manteniendo un elevado estado de relajación, abstrayéndote del entorno y dejando que tu mente vuele libremente. Desde luego, tú tendrás un pensamiento: mover con la mente aquello que tienes frente a ti.

Para este primer ejercicio, selecciona pequeños objetos. Lo ideal es comenzar con chinchetas, agujas, pequeños pedazos de papel, etc. Conforme avances en la práctica, realiza el ejercicio intentando mover la aguja de una brújula y haciendo que, con tu fuerza PK, la aguja oscile. Para este ejercicio, puedes acompañar el poder de la mirada con el de la energía de las palmas de las manos.

1. Escoge el objeto que deseas mover y sitúalo sobre una mesa perfectamente nivelada. Siéntate frente a él manteniendo una distancia de 50 cm.
2. Mira el objeto fijamente durante un par de minutos. No debes pensar en que se mueva, simplemente obsérvalo.
3. Crea en tu mente la imagen de que el objeto oscila. Luego cierra los ojos y visualiza dicha acción.
4. Abre los ojos, mira el objeto reteniendo la imagen de oscilación y limítate a esperar un par de minutos. Si el objeto oscila, por ligero que sea su movimiento, estás en el buen camino. Si no lo hace, finaliza el ejercicio, descansa como mínimo unos 30 minutos y vuélvelo a intentar.

Nota: En este ejercicio has empleado la psicoquinesis visual, intentando mover un objeto con tu mirada, pero puedes hacer lo mismo complementando la fuerza de tus ojos con la presencia de las manos cerca del objeto, a un máximo de 20 cm de distancia. En este caso debes sentir que tu fuerza PK sale de la palma de las manos y de los ojos.

Esfera 6.
El poder de la telepatía

Continuamente, cada vez que tienes un deseo, rememoras un recuerdo o programas una idea, estás emitiendo ondas cerebrales. La captación de estas vibraciones psíquicas puede realizarse mediante tres métodos distintos: el contagio onírico, la clarividencia y la telepatía.

El contagio onírico se produce cuando soñamos y nuestra vivencia onírica es una percepción telepática de aquello que otros han pensado. La clarividencia, como capacidad psíquica, permite que los sensitivos que dominan este poder capten nuestras ideas o pensamientos. Finalmente, la telepatía sería la emisión y recepción de pensamientos sintonizados de forma programada.

La palabra telepatía es de origen griego y se forma con la unión de dos términos: *tele,* que significa «distancia», y *pantheia,* que equivale a «sentimiento». Literalmente, la telepatía sería la transmisión de sentimientos a distancia, sin embargo, el tema es mucho más amplio. En parapsicología, la telepatía se define como la comunicación programada y voluntaria entre dos o más personas.

Las claves telepáticas

Como en cualquier sistema de comunicación, la práctica telepática requiere de parámetros estables como los siguientes:

Emisor

Es aquella persona —aunque también puede ser un animal— que lanza el mensaje. Como es comprensible, en el caso del animal el mensaje no es programado ya que, en principio, resulta imposible ordenarle que participe en una práctica telepática. Sin embargo, muchos sensitivos aseguran tener en sus mascotas los mejores emisores de frecuencias telepáticas. Cuando se trabaja la telepatía en grupo, puede haber varios receptores, pero conviene que sólo exista un emisor, por ello se escoge al que tiene mayor capacidad de síntesis, concentración y creatividad mental.

Receptor

Es quien recibe el mensaje voluntaria o involuntariamente. Pueden ser uno o varios. En el caso voluntario, el receptor recibirá el nombre de telépata de recepción, y en el caso involuntario, el de telépata clarividente o clariaudiente.

Mensaje

Es todo aquello que se transmite mediante el canal telepático. A diferencia de lo que muchas personas creen, el mensaje telepático no consiste necesariamente en palabras estructuradas gramaticalmente, sino que suelen ser ideogramas, imágenes mentales, símbolos, etc.

> **El poder de la empatía**
>
> Para que los procedimientos telepáticos funcionen de forma óptima, es precisa la empatía entre las partes. Modernamente, a esta complicidad o sentir común se la denomina con el anglicismo de *feeling*. Una sintonización telepática difícilmente tendrá éxito si entre las partes no existe un objetivo común, amistad o sintonización vibracional.

Breve historia de la telepatía

Aunque se supone que la telepatía es tan antigua como el hombre, no existe constancia de ella en la historia antigua. Es cierto que en numerosos pasajes mitológicos podemos intuir que se producen episodios telepáticos, pero la historia de esta disciplina o poder psíquico debemos buscarla en épocas más contemporáneas. De hecho, es a partir de 1886 cuando la Sociedad de Investigación Psíquica de Inglaterra utiliza por primera vez el término «telepatía» para aludir a la transferencia de pensamiento. Por cierto, «transferencia de pensamiento» era la nomenclatura utilizada hasta la citada fecha para hablar del fenómeno telepático.

La moderna historia de la telepatía surge en 1917 de la mano del psicólogo John Coover. Este pionero organizó una serie de pruebas telepáticas en la Universidad de Stanford que consistían en adivinar cartas. Los psíquicos inicialmente trabajaban con la baraja de póquer. Tiempo después, el investigador Karl Zener creó unos naipes especiales, denominados cartas Zener, que simplificarían la experimentación. Durante la década de 1930 se comienzan a establecer los protocolos adecuados para la práctica de la telepatía. En estos casos se distinguirá entre aquellas personas que son psíquicas y las que no. Se comenzarán a realizar los primeros estudios serios basados en probabilidad estadística y se determinará que la telepatía es una capacidad de percepción extrasensorial.

El lado más científico

La ciencia no contempla la existencia del poder telepático como algo empírico ni científico, más bien se decanta por catalogar esta disciplina de pseudociencia. Sin embargo, es una de las capacidades de orden psíquico más valoradas. Fue a partir de la década de 1960 que el estudio de la telepatía fue tenido en cuenta por neurólogos y psiquiatras, y ya más en nuestros tiempos, por los expertos en cuántica.

Desde el prisma de la psiquiatría se considera la existencia de una falsa telepatía padecida por personas esquizofrénicas. En esos casos, el enfermo tiene tal deseo de comunicarse telepáticamente que su mente es capaz de crearle falsas sensaciones, que le darán a entender que está emitiendo o recibiendo mensajes mentales.

Por último, para los seguidores de las filosofías cuánticas, la telepatía es un hecho posible que no necesariamente tiene relación con el poder de la mente ni tampoco con la PES.

De esta forma, la telepatía sería simplemente una captación mental de la vibración del pensamiento.

¿Qué son las cartas Zener?

Un juego compuesto por 15 naipes pertenecientes a 5 palos distintos: cruz, doble línea ondulada, cuadrado, estrella y círculo. El hecho de que sean éstas y no otras las figuras que componen las cartas se debe a un estudio analítico respecto a cuáles son las formas geométricas más simples y, por tanto, sencillas de transmitir.

Las experiencias con cartas Zener se realizan habitualmente entre dos sujetos. Uno, tras barajar el mazo, debe tomar una carta, mirarla e intentar transmitirla. Esta persona actúa como emisor, y lo único que tiene que hacer es visualizar el símbolo en su mente. La otra persona, que actuará como receptor, debe estar atenta a qué símbolo aparece en su mente, tras la indicación de la tercera persona en la experiencia que es el analista. Emisor y receptor no deben verse, y lo ideal es que estén en habitaciones separadas. Sin embargo, en la mayoría de las experiencias es suficiente una mampara. La valoración del experimento se efectúa mediante un estudio del porcentaje de los aciertos. La ley de probabilidad indica que lo normal es acertar 5 sobre 25. Una persona dotada de capacidad psíquica puede llegar a 10 o 15 aciertos sobre 25. De todas maneras, a fin de que el experimento tenga validez, debe repetirse por lo menos 3 veces. De esta manera se elimina la posibilidad de un elevado número de aciertos casuales.

Practicum. Telepatía

Fotocopia o escanea cada carta de las que se incluyen en la página siguiente. Debes hacer cinco copias de cada una para obtener las 25 cartas. Pégalas sobre una cartulina preferentemente negra. Tienes dos modalidades de realizar este ejercicio:

- Individual: En este caso actuarás tú solo. Tras barajar las cartas, las colocarás boca abajo sobre la mesa, volverás a barajarlas en esta postura, es decir, como si fuesen fichas de dominó, y las agruparás en un mazo.

- Compartido: En caso de que hagas el ejercicio con otra persona, el proceso será idéntico al descrito anteriormente, y tu compañero deberá estar separado de ti por una mampara.

En el ejercicio individual no hay emisor, por tanto, puede ser más complejo captar el símbolo de la carta que está frente a ti. Evidentemente, en ese caso sólo podrás actuar como receptor.

A. Práctica individual

1. Cierra los ojos y relájate. Sin abrirlos, coge una carta del mazo e intenta percibir qué imagen tiene.
2. Cuando veas la imagen en tu mente, escribe el símbolo en un papel que habrás pautado previamente del 1 al 25. Luego deja la carta a tu izquierda y coge otra.
3. Darás por concluido el ejercicio cuando hayas intentado visualizar las 25 cartas. Luego comprueba los resultados.

B. Práctica compartida

1. Suponiendo que tú haces el papel de emisor, cogerás una carta del mazo. La mirarás con atención intentando traspasar su imagen a tu mente.
2. Crearás la intención de emitir el símbolo que está en tu mente al receptor telepático.
3. Cuando consideres que el símbolo ya está emitido, darás un suave golpe sobre la mesa a modo de aviso.
4. El receptor, al escuchar el golpe en la mesa, intentará captar el mensaje.
5. Cuando crea que su mente ha recibido el símbolo, el receptor lo anotará en su pauta de las 25 casillas, y dará un golpe en la mesa, que significará que el emisor puede seguir transmitiendo.

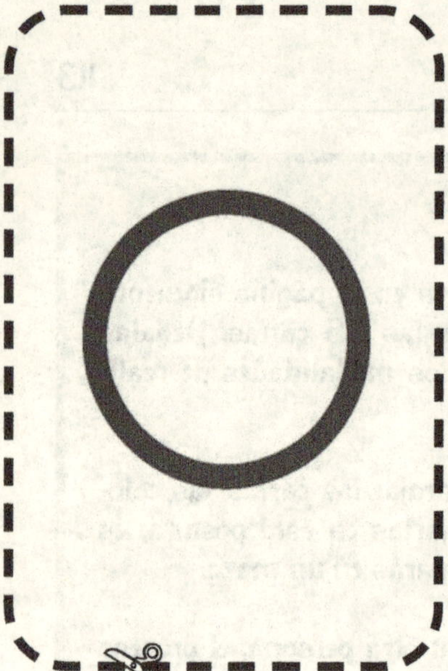

Esfera 7.
El viaje astral

Estamos ante un fenómeno que ha existido a lo largo de toda la humanidad. Se trata de un supuesto desdoblamiento espiritual en el que el cuerpo físico permanece quieto, y el etérico o astral es capaz de salir de él y viajar libremente.

EEC y el fenómeno bilocativo

Actualmente, lo que durante siglos ha sido un viaje del espíritu o viaje astral recibe el nombre de experiencia extracorpórea (EEC). Si bien quien domina las técnicas del EEC asegura que es capaz de estar en dos lugares a la vez, debemos entender que ello no es del todo cierto. La realidad es que su cuerpo está en un sitio y la mente astral en otro. Este fenómeno recibe el nombre de bilocación. Sin embargo, algunos autores prefieren denominarlo delirio esquizofrénico o paranoide, según sea el caso. La bilocación también recibe el nombre de bicorporeidad, en clara alusión de que hay dos cuerpos de una misma identidad. Cuando se da esta paradoja, lo más interesante reside en que, pese a la separación, parece existir una sola conciencia dominante. En muy raros casos se ha tenido constancia de una persona que pudiera estar viajando astralmente y al tiempo narrara en tiempo real lo que estaba viendo o realizara cualquier otro tipo de acción.

El viaje involuntario

La mayor parte de las veces, el viaje astral es provocado. El psíquico —o el mago, dado que en las artes mágicas es frecuente que magos y magas viajen a otros lugares y escenarios— programa un desplazamiento. Sin embargo, puede ocurrir que la EEC se produzca de forma inconsciente, cuando menos lo esperamos y, por supuesto, sin pretenderlo. En la mayoría de las ocasiones sucede cuando vivimos un encuentro cercano con la muerte (ECM), donde la persona puede llegar a desdoblarse y ver, por ejemplo, cómo la operan a vida o muerte, cómo la reaniman

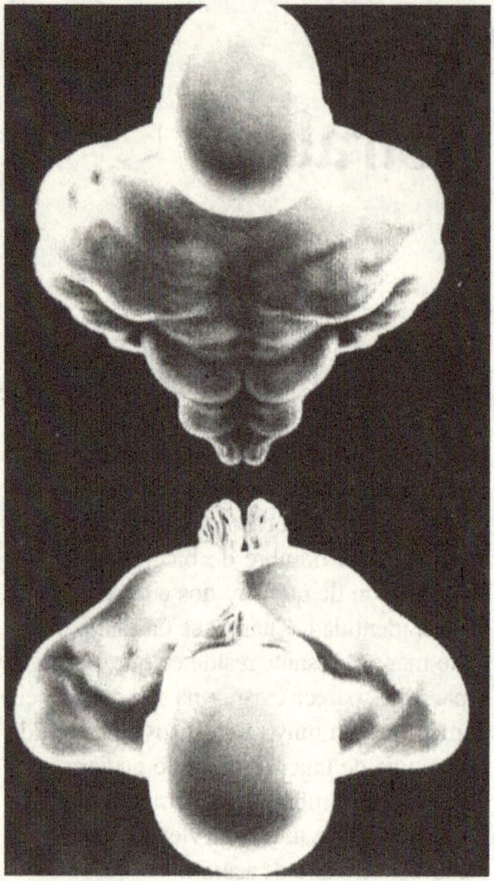

e incluso cómo están llorando su muerte aparente. Los testigos que han vivido un ECM coinciden en afirmar que durante su experiencia EEC se sentían flotar fuera de su cuerpo y eran capaces de contemplar lo que ocurría a su alrededor, sin dolor, malestar ni discapacidad alguna de sentidos como la vista, el olfato o el oído, pero con imposibilidad respecto al gusto y al tacto.

Más allá del ECM se han dado casos de personas que, luego de padecer una fuerte enfermedad, altas fiebres o sintomatología estresante aguda, han sentido que su cuerpo interior se evadía proyectándose en el astral. Otros casos menos traumáticos nos demuestran que el viaje astral involuntario a veces se produce sin más. La persona no pretende nada y mientras lee, contempla un paisaje o incluso está a punto de dormir, siente una repentina ligereza, como si algo en su interior intentase proyectarse más allá de lo físico. No acostumbra a haber dolor, aunque sí inseguridad y extrañeza.

Qué ocurre en un viaje astral

Las corrientes místicas y esotéricas aseguran que cuando nuestro cuerpo astral sale del físico, está unido a éste mediante un hilo o cordón. En algunas culturas se menciona el cordón de plata en alusión a este nexo de unión entre los dos planos. Hay quien ve el cordón unido al chakra (centro de energía) coronario. Otros afirman que es una prolongación del ombligo, como si de un nuevo e invisible cordón umbilical se tratase. Esoteristas y místicos coinciden en que la energía sale del cuerpo manifestada en energía sutil. Esta entidad, que forma parte de nuestra misma esencia y que no debemos confundir con la energía ectoplasmática, tiene libertad de acción y movimiento. Es capaz de romper las leyes espaciotemporales y, por tanto, viajar a cualquier lugar, incluso al pasado o al futuro. Otro aspecto a resaltar es el plano paralelo en el que viajará el cuerpo astral. Al parecer existen varios planos, la diferencia viene dada por la evolución espiritual que tiene quien se proyecta. En algunas corrientes místicas aseguran que una persona con capacidad psíquica de desdoblamiento pero carente de valor espiritual corre el riesgo de dirigirse a un «bajo astral», el mundo demoníaco y negativo. En cambio, si la persona tiene conocimientos espirituales y condiciones de elevación mística, podría alcanzar un «alto astral», el lugar poblado por los espíritus puros e incluso por las entidades angélicas.

El posicionamiento ortodoxo

El investigador Robert Monroe, poco convencido con la hipótesis místico-esotérica del viaje astral, decidió analizar los estados extracorpóreos. Para él, la separación del cuerpo físico y el astral era simplemente imposible.

Monroe consideraba que todas las naturalezas que hay en nuestro interior forman parte de los puntos distintos del gran espectro que es la conciencia. Según su teoría, no hay nada que salga del cuerpo, sino que, cuando alguien se proyecta, lo que está haciendo es sintonizar con otras áreas de su conciencia. A la pregunta de cómo es posible que la conciencia tenga acceso a pasado, presente o futuro y a hechos que la persona no ha vivido, Monroe apuntaba a una conexión del tipo supraconciencia o, si se prefiere, inconsciente colectivo, como el que mencionó el psiquiatra Jung.

Más allá de los sentidos

La hipótesis del investigador Monroe es que cuando se produce el viaje astral —que él llamó experiencia extracorporal—, además de conectar con el inconsciente colectivo, rompemos los sentidos tradicionales y somos capaces de percibir la realidad de otra forma. Este hecho justificaría la sensación de estar más allá del cuerpo o fuera de él.

Otros investigadores seguidores de la corriente de Monroe van todavía más lejos. Algunos opinan que además de conectar con esos otros niveles de conciencia, el viajero es capaz de sintonizar con otros niveles de memoria. La investigación moderna, que pretende explicar qué ocurre más allá de nuestros sentidos y de nuestra conciencia, asegura que no sólo tenemos la memoria tradicional sino un conjunto de memorias, tres en total. Dicho de otro modo, es como si nuestra biografía fuese trina y estuviese sectorizada de la siguiente manera:

Bioactual

Es la memoria que recordamos de forma consciente. Es nuestra biografía formada desde que salimos del útero materno hasta la actualidad. Esta biografía está compuesta por las vivencias (recordadas o no) acaecidas durante toda nuestra existencia vital.

¿Quién fue Robert Monroe?

Fue un investigador de la fenomenología parapsicológica, cuántica y transpersonal. Hasta marzo de 1995, año en que murió, dirigió el Instituto Monroe de Virginia, desde el que estableció numerosas investigaciones sobre los distintos niveles de conciencia y los viajes extracorporales.

Monroe vivió, en 1958, una experiencia traumática que le cambió la vida. Fruto de ella, tuvo un viaje de la conciencia, y desde aquel momento entendió que lo que se llamaba viaje astral era, en realidad, una experiencia extracorporal donde los niveles cartográficos de la mente tenían experiencias distintas a las tradicionales.

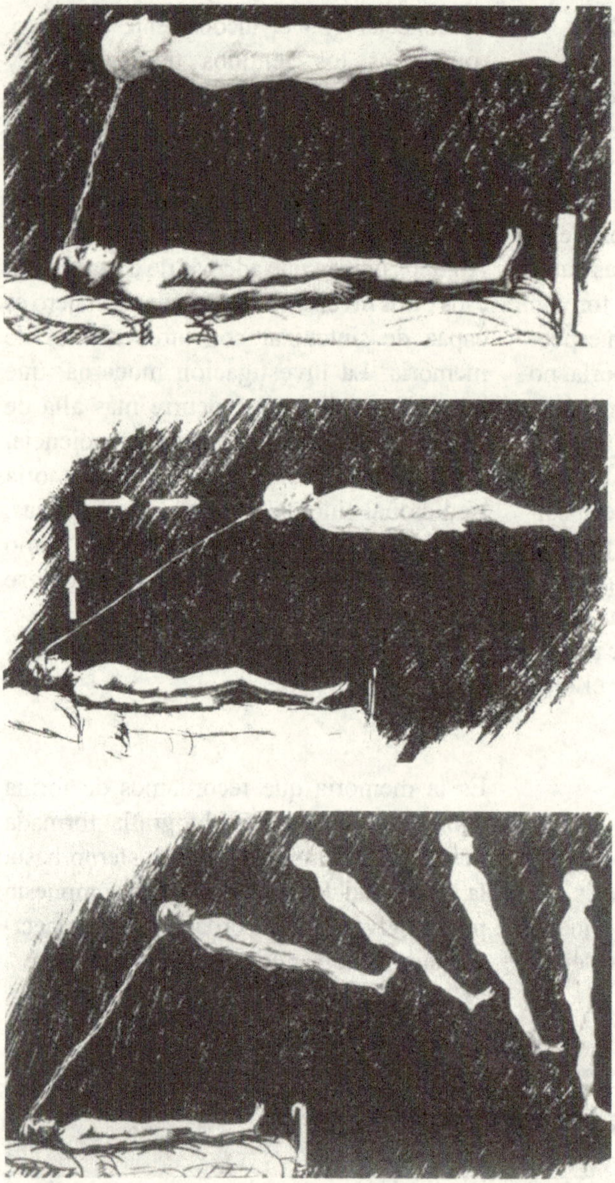

Secuencia del desplazamiento del cuerpo astral que, en este caso, en lugar de estar unido al físico por un cordón umbilical de plata, mantiene su nexo a través del coronario.

Bioperinatal

Es la memoria, en este caso olvidada, de todas aquellas experiencias que recibimos cuando estábamos en el interior del vientre materno. Esta biografía no solamente estaría conformada por los recuerdos del momento del parto, sino por todas aquellas experiencias y sensaciones que tuvimos, siendo fetos, durante la gestación. Los expertos creen que la madre es capaz de transmitir sus alteraciones emocionales al gestante, y que éste las traduce y comprende desde un prisma energético.

Biofilogenética

Es el recuerdo más antiguo, aquel que forma parte de toda la historia de nuestro ser. Es la memoria que está en nuestros genes y que, evidentemente, se remonta no sólo al origen del ser humano como tal, sino directamente al Big Bang. Muchos investigadores creen que, dado que nuestra herencia filogenética conecta con el origen de todo y con el primer instante en que se generó un pensamiento, esta biografía es la que nos conectaría directamente con el Todo o la Divinidad.

Practicum 7. Técnica para realizar el viaje astral

Siguiendo las directrices de Robert Monroe y llevando a cabo siete simples pasos, puedes intentar tener una experiencia extracorporal.

Antes de realizar la práctica, debes buscar una estancia silenciosa, cálida y en penumbra, en la que puedas estar cómodamente tumbado.

1. Despréndete de cualquier prenda de ropa que te incomode y quítate joyas u objetos metálicos. Localiza el Norte y tiéndete con la cabeza orientada hacia este punto cardinal.
2. Separa las piernas, pon los brazos en cruz, cierra los ojos y respira muy suavemente. Debes sentirte cómodo y relajado.
3. En tu pantalla mental (si no quieres, no es preciso que dibujes el marco), concéntrate en una imagen simple y poco elaborada, como un punto de luz, una puesta de sol, un amanecer, un prado... Déjate llevar por ella hasta que te entre sueño. Cuando percibas que estás en duermevela, relájate todavía más y déjate llevar.
4. Imagina que hay un punto de luz situado a un palmo de tu frente. Cuando lo veas con claridad, distáncialo a medio metro, después a un metro, y luego dibuja una línea imaginaria que te conduzca al punto luminoso.
5. Sin dejar de ver la línea luminosa, siente todo tu cuerpo, de pies a cabeza. Nota que estás relajado y ligero.
6. Estás a punto de abandonar el cuerpo. Imagínate lo placentero que sería flotar. Manteniendo este pensamiento y viendo la línea lumínica, siente que tu conciencia se expande saliendo de tu cuerpo. Vive la experiencia.
7. Cuando consideres que tu viaje debe finalizar, disponte a «volver» sin temor alguno. Evidentemente, volverás. No temas quedar vagando en un limbo perpetuo ni nada por el estilo. Limítate a visualizar la línea de energía blanca, observa cómo se desvanece formando un punto lejano. Acerca la luz a un metro, luego a medio, después a un palmo y, finalmente nota tu cuerpo. El viaje ha terminado.

Sendero 6.
El universo onírico

Esfera 1. Los sueños

Esfera 2. Trabajando con los sueños

Esfera 1.
Los sueños

La vivencia onírica no siempre tiene la misma naturaleza. No todos los sueños se rigen por los mismos parámetros. Antiguamente, las escuelas clásicas, como las babilónicas, mesopotámicas y egipcias, contemplaban la existencia de tres categorías oníricas distintas: divinas, demoníacas y fúnebres. En la actualidad, la moderna oniromancia determina que existen hasta cinco distinciones en la naturaleza del sueño. Serán estas cinco categorías en las que nos centraremos para trabajar con nuestro subconsciente.

Vivencia onírica reiterativa

Es aquella en la que el soñador tiene la sensación de soñar siempre lo mismo. Puede que se repitan o no las escenas oníricas pero, en esencia, pertenecen a una misma tipología.

Este tipo de sueño, que también recibe el nombre de «reiterante» o «recurrente», en algunos casos puede llegar a repetirse de forma insistente, durante meses e incluso años. Cuando sucede, el soñador debe evaluar qué falla en su vida; qué facetas, aspectos, emociones o situaciones tiene pendientes. Debe analizar qué ocurrió en el pasado que todavía no ha sabido o no ha podido resolver.

Vivencia onírica programada

Se produce cuando en lugar de ser nuestro cerebro el que determina qué y cómo debemos soñar, somos nosotros los que, tras una pauta de trabajo, escogemos el tipo de sueño que deseamos. En estos casos, no sólo se puede construir el guión onírico, sino también incorporar a él personajes, situaciones y todo aquello que nos resulte de interés.

Vivencia onírica influida

Sucede cuando los acontecimientos vividos por el soñador han causado en él una notable incidencia a nivel emocional. En este caso, la influencia puede venir a través de cualquiera de los sentidos. Aquello que pre-

ocupa, impacta o mediatiza al soñador en estado de vigilia se traducirá después en el campo de lo onírico.

Este tipo de sueños suelen ser los menos relevantes y los que menos valor interpretativo poseen. Soñar con el suspenso de un examen la noche antes de la prueba para la que, además, no se ha estudiado, no tiene trascendencia onírica. Es sólo la forma que tiene nuestro inconsciente de vivenciar las preocupaciones.

Vivencia onírica contagiosa

Es una de las más extrañas e interesantes. Sobreviene cuando dos personas sueñan lo mismo, incluso sin estar juntas. Esta vivencia onírico-telepática puede producirse en base a dos parámetros:

Contagio vibracional

Uno de los soñadores posee un psiquismo más elevado que el otro y, por cauces desconocidos, traspasa a quien tiene a su lado, o muy cerca, trazos de su sueño. La otra persona, cual receptor telépata, capta todo o parte del sueño y lo vive como si fuera propio.

Sintonía emocional

Aunque también puede producirse el fenómeno de contagio, se entiende que acontece cuando los dos soñadores están separados por una distancia notable. El hecho de que sueñen lo mismo se debe a que existe una gran unión mental, una simbiosis etérico-vibracional como la que suelen vivenciar los grandes iniciados, los chamanes y también aquellas personas que son pareja o tienen un vínculo parental o emocional muy intenso.

Vivencia onírica premonitoria

Son los clásicos sueños reveladores, también llamados proféticos, que por norma general no aluden al soñador, sino que hablan de otras personas (a las que a veces no conoce) o representan situaciones con las que no tiene vinculación alguna.

La visión onírica premonitoria siempre alude a un hecho lejano y que no tiene conexión alguna con el soñador. A veces, se comete el error de interpretar como proféticos o premonitorios sueños que no lo son y que en realidad pertenecen a la categoría de «vivencia onírica influida». Un ejemplo de ello sería soñar, semanas antes de viajar, con la caída de un avión, o con los números de un décimo de lotería poco antes del sorteo.

La onírica sagrada

Los grandes místicos han recibido, a través de los sueños, enseñanzas, consejos e incluso mandatos. El sueño parece ser uno de los sistemas más utilizados por los dioses para emitir sus comunicaciones y señales.

- La Biblia y el Talmud registran más de 200 menciones que aluden a visiones reveladoras llegadas mediante el sueño. Los profetas tienen en la oniromancia uno de los principales sistemas de conocimiento litúrgico.
- En el Antiguo Testamento, Jacob sueña con una larga escalera que le permite subir hasta el Cielo. Una metáfora de la elevación y el crecimiento espiritual a través de la vía mística.
- Nabucodonosor, rey de Babilonia, afirmó haber tenido un sueño en el que veía un gran árbol que crecía alto y fuerte en el centro de la Tierra. Aquel árbol, de origen divino, servía como cobijo de los animales favoritos de los dioses.
- El profeta Mahoma recibió numerosas partes de los textos del Corán por medio de revelaciones oníricas. Mahoma recurría al trabajo con sueños y conminaba a sus discípulos a que prestasen atención a las vivencias nocturnas.
- La Inquisición introdujo la idea de que los sueños eran obra del diablo y, corroborando en parte este hecho, el teólogo Martín Lutero indicó que «el pecado es hermano y padre de los sueños».

Las pesadillas

Evidentemente, son una tipología más de sueño, pero lo que marca su naturaleza es la adversidad, tensión y angustia que provoca en el soñador.

No debemos interpretar como pesadilla todo aquel sueño que sea negativo o que nos resulte incómodo.

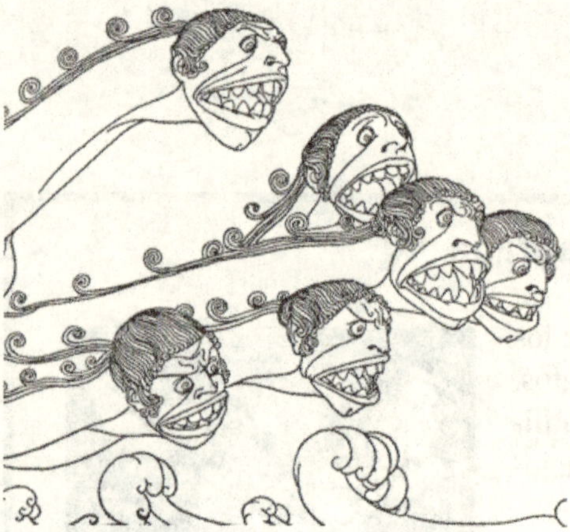

En sí, la pesadilla se caracteriza por venir acompañada de una serie de sensaciones físicas y mentales:

- Provoca intensas alteraciones emocionales capaces de desarrollar miedo, angustia, pánico y ataques de ansiedad.
- Puede generar ahogo, tanto onírico como físico. El soñador tiene la sensación de que algo le aprieta el pecho.
- Es posible que la pesadilla favorezca alteraciones intestinales, gases e incluso cortes de digestión.

La vivencia onírica con carácter de pesadilla acostumbra a despertar al soñador, quien, por norma general, teme volver a dormirse. Aunque se logre conciliar el sueño, el descanso se reduce a su mínima expresión.

Otro aspecto interesante es que, tras una noche de pesadillas, la persona puede mantener durante todo el día su estado de angustia y alteración emocional.

Sueños demoníacos

En la antigüedad, el concepto de «pesadilla» no existía. Dentro de la categoría de diferencias oníricas, en Babilonia y Grecia se contemplaba la existencia de dos tipos de sueños: el demoníaco y el mortuorio o fúnebre. En general, estas dos tipologías aludían a vivencias oníricas de carácter negativo, en las que el soñador sufría mientras dormía. La pesadilla se tornaba demoníaca dada la creencia de que el durmiente era atacado por animales, personas o plantas que habían sido malditas. También se pensaba que los demonios o espíritus del mal, al intentar penetrar en el cuerpo del soñador, provocaban sueños con carácter de lo que hoy llamamos pesadilla. Los sueños mortuorios o fúnebres eran aquellos en los que difuntos o espíritus de familiares, amigos o conocidos, se manifestaban durante el sueño. Si la vivencia era positiva, gratificante o no inducía al terror, se entendía que el alma venida del más allá protegía al durmiente o quería aconsejarle. Cuando el sueño adquiría categoría negativa, el presagio era de una muerte cercana.

Esfera 2. Trabajando con los sueños

En las culturas clásicas se creía que los dioses se manifestaban a través del sueño. Por tanto, era relevante intentar comprender aquellas vivencias de la noche. Existen testimonios, que se remontan a unos 6.000 años, que indican que en Egipto existía lo que podríamos entender como Escuelas del Sueño, es decir, lugares donde se aprendía a dormir relajadamente y a prestar atención a los mensajes oníricos.

Hace 4.000 años, en la antigua Mesopotamia, se investigaba y traducía todo aquello que durante el sueño comunicaban espíritus, dioses o seres invisibles. Si bien todo el mundo podía soñar, se tenían en especial consideración aquellos avisos, profecías o sueños generados en la mente de sacerdotes, místicos y magos.

Uno de los centros más relevantes de la antigüedad, en el que se tuvo en consideración el estudio y análisis de los sueños, fue el santuario de Esculapio. Estaba situado en Epidauro, y era un centro al que acudían los enfermos para encontrar, mediante el sueño, una solución a su padecimiento. Como es lógico, la «medicina» siempre venía manifestada por parte de los dioses.

Los griegos que acudían al tempo de Epidauro —erigido en honor del dios de la medicina, al que llamaban Asclepios— no se limitaban a dormir y soñar. Los primitivos enfermeros —mitad médicos, mitad magos y en buena parte sacerdotes— practicaban terapias que mezclaban la oración, la ofrenda, el uso de aguas termales, la aplicación de la primitiva herboristería o fitoterapia, hipnosis, etc. Sin embargo, la investigación en torno al sueño del enfermo era vital para llevar a cabo un tratamiento adecuado.

Tanto griegos como romanos establecieron centros místico-religiosos donde las personas eran instruidas en el arte de soñar. A estos centros sólo se podía acudir cuando existía una motivación real que exigiera el estudio analítico del sueño. Se aceptaban durmientes bajo las siguientes condiciones:

- Cuando existía un problema personal de difícil resolución por métodos tradicionales.
- En caso de tener una idea o proyecto pero no saber de qué manera llevarlo a la práctica.
- Siempre que la persona recibía imágenes que no sabía interpretar o tenía recuerdos que no acababa de comprender.
- Cuando el durmiente, en estado de vigilia, padecía de melancolía, tristeza o angustia de carácter injustificado.
- Cuando se había producido una contienda, discusión o pelea que había provocado un gran disgusto.

Para todos los casos anteriores, el futuro soñador era adiestrado a fin de dominar una serie de técnicas que le permitiesen

¿Quién fue Asclepio?

Este dios, también conocido como Esculapio, supuestamente nació en Epidauro, en el Peloponeso griego. Sus padres eran nada menos que Apolo y Coronis. Según la leyenda, Asclepio fue educado por un centauro, de nombre Quirón, que le enseñó el arte de la medicina. Asclepio pensó que lo correcto era que aquella sabiduría, relegada a los dioses, fuera también para los humanos. Utilizó sus conocimientos para realizar curaciones milagrosas e incluso resucitar a los muertos. Una de sus resurrecciones más famosas fue la de Hipólito, el hijo de Teseo.

Siempre según la mitología, cuando el dios Zeus se enteró de que Asclepio estaba alterando el orden divino, lanzó un rayo para fulminar al valeroso médico. De resultas de ello, su padre, Apolo, se vengó asesinando a todos los cíclopes hijos de Zeus, dado que éstos eran los encargados de fabricar los rayos del dios mayor.

Los romanos cambiaron el nombre de Asclepio por el de Esculapio y lo simbolizaron con una serpiente enroscada en una cruz tau o en un bastón o vara, emblema que actualmente podemos ver vinculado a la medicina.

dormir plácidamente, soñar tomando conciencia de lo que acontecía en su vivencia onírica y recordar los sueños que luego interpretaría un experto.

El placer de soñar

Para que sus sueños fuesen realmente efectivos, cada uno de los soñadores era sometido a una serie de normas que combinaban todas y cada una de las reglas que veremos seguidamente. Antes de prepararse para dormir, la persona era convenientemente preparada. En el peor de los casos se podía obligar al ayuno y la vigilia. Se recurría a estas técnicas cuando se padecían graves traumas, pero lo normal era mimar y acomodar al paciente a través de masajes, tablas de gimnasia y deliciosos baños calientes. A fin de descongestionar cuerpo y mente, los pies se masajeaban y se bañaban en aguas aromatizadas con flores, especias e infusiones de plantas. En casos muy precisos, en los que se pretendía contacto directo con entidades divinas, el cuerpo, además de masajeado, era impregnado con aceites de cedro, lavanda y ruda.

Dónde dormir

Los clásicos consideraban que no era suficiente con dormir. En función del tipo de

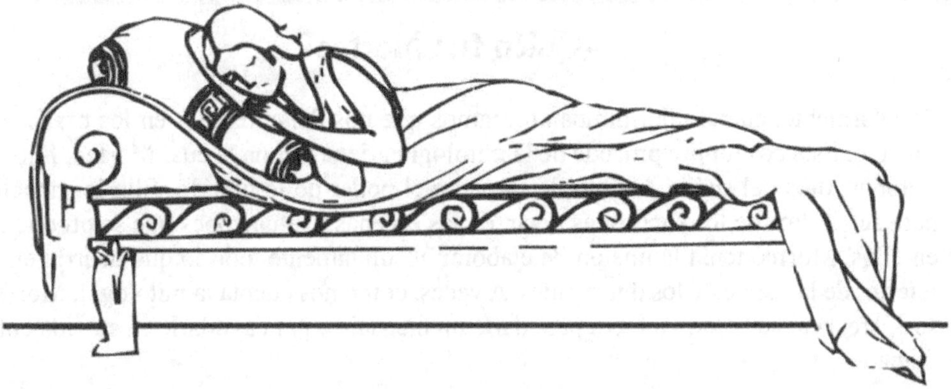

sueño que se buscase, era menester recurrir a un lugar u otro y a una postura determinada que favoreciera la naturaleza del sueño. Se creía que dormir cerca de corrientes de agua, lagos, rías o fuentes favorecía el sueño melancólico. Hacerlo al abrigo de los árboles o del humo aromático de ciertas plantas servía para conectar con lo relacionado con el campo, los cultivos, las plantas y el trabajo. Otros lugares interesantes para dormir eran una cueva oscura, cuando uno deseaba encontrarse consigo mismo; en lo alto de una montaña y durante el día, para sintonizar con los dioses o familiares; a la luz de la luna llena o creciente cuando se deseaba clarificar ideas, conceptos o proyectos.

Cómo dormir

Es evidente que durante las distintas fases del sueño nos movemos. Todo parece indicar que cuando acontece la fase REM, o sueño de alta intensidad, es cuando se produce un mayor movimiento y actividad física. A pesar de ello, las escuelas de sueño sugerían que el durmiente orientase su cuerpo o incluso se atase con el fin de adoptar obligatoriamente ciertas posturas.

Por ejemplo, era preciso acomodar los pies hacia las aguas para liberar el apego a lo terrenal. También existía la creencia de que en las cuevas había que dormir con la cabeza orientada hacia la salida, puesto que la cueva sería como el vientre materno, y su entrada sería el lugar por donde se alumbraría al hijo.

Cuando se dormía iluminado por la Luna, el durmiente debía hacerlo totalmente desnudo, con una venda en los ojos (pues creían que daba mal fario contemplar su brillo) y con los pies, símbolo de la acción, orientados en dirección opuesta a la del satélite, de manera que no recibieran su luz.

Otras posturas curiosas eran aquellas en las que el durmiente, una vez replegado sobre sí mismo, en posición fetal, era amarrado para dormir plácido como un niño. Este hecho se basaba en la creencia de que la pureza sólo podía alcanzarse retornando a la niñez. En muchísimos casos, quien se disponía a soñar temía correr el riesgo de ser perturbado por ánimas y espíritus malévolos.

Por ello, cruzaba sus brazos sobre el pecho y otra persona se los amarraba en esa posición, a fin de poder mantener la postura durante toda la noche. Además, y por si lo anterior fuese poco, el durmiente era situado boca abajo y, a fin de asegurar que no se daría la vuelta, se le cubría con una piel de animal clavada en la tierra.

¿Quién fue Morfeo?

Popularmente, cuando dormimos afirmamos que nos dejamos caer en los brazos de Morfeo. Esta costumbre procede de la mitología griega, según la cual Morfeo, hijo de Somnus, dios del sueño, heredó de su padre el poder de lo onírico. Ello le capacitó para ser el dios de los sueños, es decir, de las escenas y situaciones que se producían en ellos. Morfeo tenía la misión de elaborar absolutamente todo lo que ocurría en el interior de la mente de los durmientes. A veces, como nos cuenta la mitología, Morfeo se aparecía al soñador, ya fuera para darle un mensaje o para ayudarle en su vida cotidiana.

Cuándo dormir

Los expertos clásicos en onírica no restringían a la noche el momento de soñar. Por ello, las escuelas de sueño a veces exigían velas previas, o inducían sueño mediante narcóticos o hipnosis. La creencia general era que soñar justo cuando salía el sol beneficiaba la aparición de sueños fructíferos. Y las vivencias serían de naturaleza apaciguadora o calmante si el sueño se producía coincidiendo con la puesta del astro rey. En el caso de la Luna, se pensaba que el sueño era gratificante o proyectivo cuando el satélite estaba en fase creciente o llena, y siempre y cuando se durmiese en el momento de su máxima altura en el horizonte.

Con qué dormir

Si todo lo anterior te parece un tanto excesivo a la hora de controlar cómo y de qué manera se tiene que producir el sueño, piensa que en las escuelas oníricas rizaban mucho más el rizo con singulares atrezos que iban desde el uso de plantas, hierbas o fragancias hasta los efectos especiales.

Para que el soñador encontrase inspiración, se procuraba que durmiese escuchando la lluvia, y si ésta no era factible, se emulaba con goteros o cubos elevados en los que se había practicado unos pequeños orificios por los que, al caer el agua sonaba gota a gota. Cuando se pretendía que los sueños fuesen efectivos, se acostaba al durmiente sobre un lecho de rosas blancas. El camastro florido se aromatizaba con semillas de anís, y así se buscaba una vivencia onírica erotizante. También se recurría a cabezales de menta fresca para obtener pureza de espíritu; de flor de lila para despertar la mente y su creatividad; y de romero cuando se buscaban visiones constructivas.

Formas de dormir singulares eran aquellas en las que el durmiente, despojado de su ropa, se vestía especialmente para el sueño con prendas de la persona que lo incomodaba, intimidaba o le generaba temor. El motivo era superar el trauma. Otro método un tanto especial, para favorecer el lado más material del durmiente, era hacerlo dormir desnudo y cubierto de tierra. Además, existía un animismo vinculante relacionado con los objetos que debían cubrir a la persona dormida. Por ejemplo, si era pescador y quería propiciar sus redes, debía dormir cubierto de peces, y así un largo etcétera.

Tú y los sueños

Dejamos a tu criterio recurrir o no a cualquiera de las técnicas y metodologías ya descritas y que en la antigüedad fueron de gran utilidad a la hora de comprender los mensajes oníricos. En cualquier caso, entendiendo que el sueño es un proceso fisiológico vital más de los que realiza el organismo, si lo que quieres es tener una buena digestión mental que te sirva para recordar e interpretar tus sueños, ten en cuenta las siguientes consideraciones:

- Antes de dormir, evita los ágapes pantagruélicos, así como las sustancias tóxicas. Acuéstate con la digestión hecha o deja pasar al menos dos horas antes de irte a la cama.
- El tiempo anterior al sueño debe estar caracterizado por la tranquilidad y la relajación. Evita lecturas, películas o programas de televisión que te generen tensiones, así como reuniones o charlas que preveas incómodas.
- Procura acostarte en un ambiente confortable. Regula la temperatura y evita la ropa excesiva.
- Cuando notes que estás a punto de dormir, repite mentalmente instrucciones como «tendré sueños y los recordaré al despertar».

Claves para recordar tus sueños

No tiene mucho sentido que te relajes, provoques sueños y vivas experiencias oníricas si, al despertar, no puedes tomar nota de ellas y posteriormente evaluarlas. Además de que durante el día debes repetirte ins-

Los sueños lúcidos

Son aquellos en los que tenemos conciencia de todo cuanto acontece oníricamente. Podemos presenciar las escenas y atender a los diálogos como si estuviéramos despiertos. El sueño lúcido no solamente sirve para recordar mejor la experiencia al despertar, sino también para interactuar de forma consciente con lo soñado. Con la experiencia, es factible que en el sueño lúcido podamos seleccionar la inclusión o anulación de personajes y situaciones.

Para tener sueños lúcidos no existe una técnica concreta. La única forma de conseguirlo es, durante el estado de vigilia, esforzarte en pensar que cuando sueñes serás consciente de ello y que podrás interactuar con tus visiones. Te será de gran ayuda realizar numerosas afirmaciones diarias del tipo: «Quiero tener sueños lúcidos» o «deseo controlar mis sueños».

trucciones mentales que te ayuden a recordar los sueños, justo antes de dormir, cuando estés en el estadio de duermevela, repetirás mentalmente: «Soñaré y al despertar recordaré lo soñado».

Al margen de lo anterior, debes proveerte de una grabadora que situarás encima de la mesilla de noche, ya que te resultará más práctico relatar tus sueños verbalmente, sin tener que anotarlos al despertar.

Lo primero que debes hacer al despertar es no realizar movimientos bruscos, ni encender la luz, ni perder el estado de relajación fruto del sueño. Limítate a centrar tu atención en la pantalla mental y averigua si hay una imagen que te pueda conducir a lo que has soñado. En caso afirmativo, conecta la grabadora y comienza a relatar, en primera persona, todo lo que ves en el sueño.

Mientras efectúas el relato, no cuestiones nada de lo que digas. Se trata de que obtengas el máximo de información sin distraerte o perder la atención. Cuando hayas acabado con la grabación, podrás incorporarte con normalidad, pero es conveniente que sigas pensando en las escenas rememoradas.

Ahora que ya tienes el sueño grabado, deberás traspasarlo a tu diario mágico. Será el momento de ampliar información y anotar cuantos detalles creas que se te han escapado en la narración verbal. Recopila el máximo de información para luego poder interpretar tus vivencias de la forma más completa posible.

Aprende a interpretar

Si bien en el glosario que acompaña a esta esfera encontrarás una aproximación interpretativa a tus vivencias oníricas, en realidad, la mejor «traducción» del sueño es aquella que, de forma individual y personal, realiza el mago. Debes ser tú quien, con paciencia, cariño y dedicación, vaya creando la explicación a los símbolos, colores y situaciones que ves en el sueño.

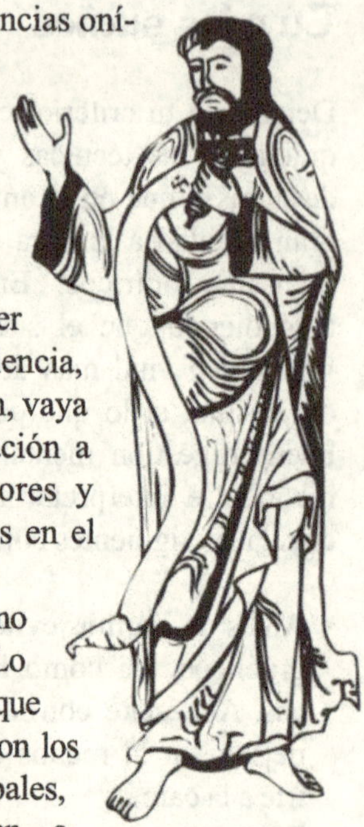

En un sueño, no todo es relevante. Lo más importante es que determines cuáles son los personajes principales, qué papel cumplen, a quién te recuerdan, qué crees que puedes aprender de ellos, etc. En un segundo estadio, tienes que fijarte en los colores del sueño, es decir, si hay algún tono predominante, así como qué sensaciones te transmite. Por último, debes observar aquellos objetos, paisajes, símbolos o alegorías que creas tienen una especial relevancia.

Antes de interpretar lo soñado, conviene que te pares a pensar si tu sueño ha sido recurrente, contagioso o influido, pues en estos casos el proceso interpretativo quedaría en segundo orden.

Una última cosa que debes tener en consideración es que un sueño nunca se traduce en su totalidad. A medida que pasa el tiempo, el sueño puede enriquecerse con nuevos matices y cobrando nuevos sentidos. Por eso, es conveniente que periódicamente revises tu cuaderno de sueños en busca de información o esclarecimiento.

Glosario: Presagios a través de los sueños

Dejamos en tus manos la consulta de tus vivencias oníricas en cualquiera de los numerosísimos diccionarios de sueños que vas a encontrar en el mercado, y te sugerimos que consultes las referencias bibliográficas que encontrarás al final de esta obra.

El presente glosario no es un diccionario de interpretación onírica al uso. Expresamente, hemos pasado por alto las concepciones de índole arquetípica, simbólica y, por supuesto, psicológica. Nos centramos única y exclusivamente en el presagio. Dicho de otro modo, en aquello que, según las antiguas escuelas del sueño, nos comunican las entidades sobrenaturales cuando dormimos.

Como sucede con absolutamente todos los oráculos, la interpretación es relativa. Jamás determina, sólo da a entender o advierte, pero no sentencia.

Altar. Necesidad de realizar un sacrificio.

Anciano. Reverencia, sabiduría, reflexión.

Ancla. Desilusión, precaución, alteración.

Andar. Nuevos horizontes, noticias, sorpresas.

Ángel. Mensaje de la divinidad, buenos auspicios.

Anillo. Pacto, compromiso, pureza.

Antorcha. Buen augurio espiritual.

Bandera. Libertad, asociación, liderato.

Beber. Necesidad de estudio, tiempo de reflexión.

Boca. Revelación de secretos, enseñanza, sabiduría.

Boda. Alianzas, pareja, nuevos caminos.

Cadena. Compromiso involuntario, sometimiento.

Capucha. Protección de los seres invisibles.

Casa. Familiaridad, seguridad, alejamiento del peligro.

Castillo. Aislamiento, miedo, discrepancias, desconfianza.

Columna. Ascensión espiritual, robustez.

Comer. Posesiones, satisfacción, regalos.

Conducir. Ambición, liderazgo, uso adecuado de los recursos.

Correr. Temor al aislamiento, necesidad de superar problemas.

Cueva. Protección contra todo tipo de mal.

Danzar. Expansión, amistad, alegría.

Demonio. Conocimientos ocultos, secretos.

Desnudez. Candidez, pudor, vergüenza, temor al ridículo.

Dientes. Presagio de muerte, robos, desgracias.

Dragón. Cambios radicales, peligro universal.

Enano. Buena suerte, noticias agradables.

Escalera. Elevación, alianza, seguridad.

Escoba. Advertencias secretas, suciedad espiritual.

Espada. Sexualidad, enervación, conflicto.

Espejo. Desgracia, miedo, ingratitud.

Estrella. Liberación, suerte, creatividad.

Fuente. Vitalidad, sabiduría, gratitud.

Genio. Destino a nuestro favor.

Gigante. Descontrol, desprotección, lucha.

Guerra. Aprieto, lucha, traición, enemigos.

Haba. Buena fortuna, destino favorable.

Hoguera. Mortificación, dolor, conflicto.

Huevo. Fertilidad, nacimiento, provecho, familia.

Llave. Señal oculta, coalición, ayuda.

Máscara. Anuncio funesto, rumores, desquites.

Morir. Fracaso, temor al futuro, dolencias físicas.

Nacer. Expansión, intuición, alianza.

Niebla. Peligros desconocidos.

Niño. Debilidad, inocencia, inexperiencia.

Ojo. Noticias lejanas, hallazgos imprevistos.

Oreja. Prudencia, rumores, enemigos.

Oro. Honor, gloria, fuerza solar.

Perseguir. Sometimiento, falta de criterio.

Pescar. Bienes, herencias, dinero.

Pie. Viajes, equilibrio, asentamiento.

Piedra. Obstáculos, cambios, buena salud,
fortificación.

Pozo. Ataque, dominación, temor.

Puente. Afectividad, amor, unión, desplazamientos.

Puerta. Solución de problemas, gran vaticinio.

Recolección. Obtención de todo tipo de bienes materiales.

Río. Nuevas amistades, llegada de personas lejanas.

Sarcófago. Ayudas de los antepasados.

Sol. Buena suerte, impulso, regeneración.

Tempestad. Adversidad, augurio de desgracia.

Trueno. Amonestación de los dioses, aviso.

Unicornio. Romanticismo, elevación espiritual, pasión.

Ventana. Enemistad, hipocresía, noticias negativas.

Volar. Imaginación, disposición al diálogo, triunfo.

Vomitar. Traición, ardid, repulsión, rumores.

Presagios de animales

Abeja. Trabajo, esfuerzo, productividad.

Águila. Fuerza, vigor y libertad.

Aves en general. Perspectiva, imaginación, noticias.

Ave enjaulada. Miedo, incertidumbre, inseguridad.

Ave muerta. Mal augurio, falta de creatividad.

Araña. Sacrificio, aislamiento, soledad.

Asno. Espíritu de lucha, dolor, resignación.

Ballena. Sexualidad, fortaleza, embarazo.

Búho. Análisis, videncia, don de los dioses.

Buitre. Adaptación, solidaridad, compañerismo.

Caballo. Valor, fuerza, velocidad y poder.

Cangrejo. Desgracias, evasión, estafas, deudas.

Caracol. Familia, protección, seguridad.

Carnero. Lentitud, falta de voluntad, pesimismo.

Delfín. Inteligencia, simpatía, adaptación.

Escarabajo. Fortaleza, resurrección, logro.

Gallina. Familiaridad, buenas noticias.

Gallo. Arrogancia, liderato, independencia.

Gato. Seducción, sexualidad, aventuras.

Gusano. Laboriosidad, transmutación, sometimiento.

León. Superioridad, decisión, habladurías.

Mariposa. Noticias, suerte, augurios favorables.

Mosca. Mala suerte, suciedad.

Paloma. Venganza, retorno, mensajes ocultos.

Peces en general. Vaticinio, augurio, manifestación.

Perro. Fidelidad, amor, paciencia.

Rata. Maleficio, pestilencia, traición.

Serpiente. Sexualidad, tentación, reto.

Tortuga. Protección, complot, salud.

La relevancia de los colores

Las antiguas escuelas del sueño tenían en consideración no sólo el color que un objeto o ser vivo tenía en el sueño, sino también si la tonalidad invadía todo el sueño creando una uniformidad cromática. En ocasiones tenía más importancia el color que recordaba el durmiente que cualquier otra situación onírica.

Amarillo. Alianza divina, claridad mental, éxito.

Azul oscuro. Comunicación con los dioses, religiosidad.

Azul pálido. Conexión directa con los espíritus, pureza.

Blanco. Elevación del alma, paz, justicia.

Lila. Transmutación, suavidad, cambio paulatino.

Marrón. Nacimientos, crecimiento familiar.

Naranja. Alteraciones del espíritu, dolor.

Negro. Conexión con las tinieblas, traiciones, perversión.

Rojo. Violencia, guerra, sangre, conflicto, energía.

Rosa. Conexión con los espíritus de la naturaleza, suerte.

Verde. Protección por parte de los elementales.

Violeta. Concentración, elevación, mutismo.

Sendero 7.
Los dioses primigenios

Esfera 1. La familia cósmica

Esfera 2. La diosa Luna

Esfera 3. La Madre Tierra

Esfera I.
La familia cósmica

La relación del hombre primitivo con la magia fue más una necesidad que un sentimiento interior. Dicho de otro modo, fue una cuestión práctica. Nuestros antepasados necesitaban mitos, pensamientos, filosofías y creencias que les ayudasen a enfrentarse con su entorno de forma más segura.

En sus inicios, los primitivos humanos —al igual que ahora, seres gregarios— necesitaban vinculaciones de carácter familiar que fueran más allá de su tribu. Los cuerpos celestes, en primer lugar, y la fenomenología meteorológica, en segundo orden, fueron, sin ningún género de duda, los que conformaron los primigenios panteones divinos.

Los vehículos cósmicos: el Sol, la Luna y las estrellas

El Sol, la Luna y, en menor medida, las estrellas son las grandes luminarias que han impactado al ser humano. El Sol, como elemento de presencia diaria, fue vinculado de inmediato con lo práctico y útil. Alumbraba, daba calor y, por supuesto, facilitaba seguridad. Y es de suponer que la Luna, dadas sus metamorfosis producidas a raíz de las fases, obtuvo desde el principio la categoría de elemento mágico. En tercer lugar, nuestros antepasados daban importancia a la existencia de las estrellas, que, si bien inicialmente desde el prisma mágico no obtuvieron una gran relevancia, con el tiempo se transformaron en elementos vitales.

Además de estos tres grandes elementos, y dado que su presencia no era tan abundante como la de los celestes, nuestros antepasados decidieron crear otros dioses secundarios o menores. En este grupo incluiremos los fenómenos meteorológicos, como los vientos, la lluvia, el rayo, el trueno, el arco iris, etc.

El dios viento

Nuestros ancestros vivieron la fuerza del viento, un ser invisible que mostraba numerosas naturalezas, que podía ser frío o cálido, suave o aguerrido, pero siempre invisible. Sólo fue cuestión de tiempo que los vientos acabasen por configurarse como entidades divinas. Un ejemplo de ello lo encontramos en las culturas de los inuit, así como en posprimitivos siberianos, quienes creen que los demonios que habitan bajo el hielo se desplazan cabalgando sobre los vientos. Tanto es así que disponen de numerosos sortilegios para evitar una mala caza o pesca que siempre vendrá provocada por la presencia del viento. Curiosamente, como complemento a dicha creencia, en las mismas culturas los chamanes se «bañan» en el aire, danzando cuando sopla el viento. En este tipo de ceremonias, invocan a los espíritus y demonios que luego eliminan de su cuerpo, sacudiéndose rápidamente al ritmo de las ráfagas de viento.

El dios rayo

Pero en el mundo primitivo el viento no estaba solo. Las tormentas, y con ellas el rayo y el trueno, alcanzarían también las esferas de lo sobrenatural. El rayo era un fulgor inexplicable: una o varias luces que se manifestaban en los cielos, allí donde moraban los dioses. Un fenómeno que el humano primitivo, lejos de entender como natural, vinculó a lo nefasto. La caída de un rayo podía implicar destrucción, muerte y, ocasionalmente, la consecución del fuego. Recordemos que en los albores humanos el fuego era poco menos que un ser malévolo, ya que ni se dominaba su producción ni tampoco se sabía utilizar.

El dios trueno

Junto con el rayo aparecía otro dios ruidoso, bronco, duro y aterrador: el trueno. Una entidad capaz de hacer temblar la tierra, espantar a los animales y, por supuesto, acongojar a los humanos. Elementos naturales como los citados hasta el momento sirvieron para la creación de mitos y leyendas, pero también para el nacimiento de las llamadas «familias cósmicas» de la naturaleza. El ser humano sabía que no estaba solo, y que por encima de él había entidades poderosas a las que temer, apaciguar, honrar y, por qué no, también pedir.

En Camerún, cuando una tormenta se acercaba al poblado, los hombres de las aldeas honraban la presencia del trueno dando golpes en el suelo. Improvisaban rudimentarios tambores que hacían sonar para expandir la vibración del trueno. Creían que de esta forma los dioses serían benévolos con la tribu.

Los otros dioses

Dentro del grupo de dioses menores o de segundo orden, no podemos obviar la existencia de las aguas celestiales, elemento que podrá manifestarse a través de la lluvia, el granizo o la nieve. Estas condiciones harán que el agua —como veremos al hablar de los elementos—, igual que el aire, se considere mutable, esto es, de naturaleza cambiante.

Un ejemplo clásico de la importancia de la lluvia lo encontramos en las ceremonias de los nativos navajos.

Pese a que no es una de las naciones más supersticiosas, creen en el poder nefasto de las miradas. Una forma de limpiar este rudimentario mal de ojo consiste en purificarse con el agua de la lluvia.

Otro meteoro que debió ser de gran significación fue el arco iris. En el cielo, ¿quién era tan poderoso como para trazar vivos colores en él? No es de extrañar que en muchas culturas, por ejemplo la de los aborígenes australianos, encontremos numerosas ceremonias asociadas a la presencia de este fenómeno. De entre los muchos ceremoniales organizados para honrar la presencia de un arco iris en el cielo, merece la pena destacar un antiguo ritual etíope.

Los hechiceros etíopes creen, y esta tradición se remonta al principio de su cultura, que cuando aparece un arco iris en el cielo, los dioses están siendo benévolos con el ser humano, al que quieres ayudar dándole nuevas ideas y nuevas soluciones a sus problemas. Los hechiceros, mientras presencian el arco iris, se tumban en el suelo, miran los colores y, al tiempo, sacan la lengua como si pudieran lamer las distintas franjas cromáticas. El ritual consiste en relamer y acariciar el arco de punta a punta y de color a color para absorber así la fuerza divina.

Esfera 2. La diosa Luna

Todas las investigaciones parecen apuntar a que la magia primigenia, vinculada con el entorno natural, fue lunar. Es evidente que nuestro satélite ha propiciado muchísimos mitos y leyendas. Seguramente han sido sus fases, metamorfosis en el cielo, así como su capacidad de desaparecer, lo que ha provocado que la Luna fuera mirada de una manera especial.

Hoy sabemos que la influencia de nuestro satélite es vital. La llamada «reina de los cielos» provoca y regula las mareas, genera alteraciones en nuestro campo magnético y, por supuesto, es capaz de alterar biorritmos y emociones.

Hay casi tantas interpretaciones de la diosa Luna como culturas. En algunos lugares de África, simboliza el ser supremo que domina los ciclos de la vida y la muerte. En la América precolombina, el satélite está asociado a la feminidad y recibe nombres que van desde «Virgen de las aguas» hasta «la anciana inmortal», pasando por «la madre que consuela».

Es curioso ver que en un mismo continente, como es el americano, la Luna puede ser protectora, condescendiente, conciliadora, facilitadora de la buena suerte y, al tiempo, un ser vengativo, terrible y maligno. Otra concepción lunar es la islámica, donde es

Supersticiones funestas

La fascinación que nuestro satélite causa en el ser humano ha favorecido que grandes autores, esotéricos o no, hayan difundido numerosas y extrañas creencias en torno a la presencia de la Luna:

- El sabio romano Plinio el Viejo, nacido en el año 23 de nuestra era, aseguraba que los marineros temían dormir a la luz de la Luna ya que se pensaba que podían quedar locos o ciegos.
- Los beduinos del desierto pensaban que mirar fijamente la luna llena hacía que un hombre fuerte y sano se volviese loco.
- Los chamanes de la tribu sioux oglalá pensaban que soñar con la Luna y ser bañado por su luz era un signo de mal augurio, contra el que realizaban cánticos rituales y purificadores.

considerada como «el ojo de la noche» y vinculada a un ser superior que tiene la capacidad de percibir absolutamente todo, tanto lo visible como lo invisible.

Por supuesto, no podemos pasar por alto la Luna en Oriente. De espíritu sereno y tranquilo para los budistas; llena de fuerza espiritual para los primitivos chinos; poseedora de las verdades absolutas de la vida y de la muerte entre los taoístas; o un ser dotado de un poder mágico capaz de mitigar toda adversidad, entre los japoneses.

Una diosa amada y temida

Más allá de las consideraciones que hicieran los humanos primitivos respecto de la Luna, lo cierto es que su magia es netamente femenina. Y esta es una de las claves para entender por qué nuestros antepasados practicaban cultos matriarcales y por qué las principales divinidades naturales poseen la condición de mujer.

La gran mayoría de los cultos matriarcales concibió arquetipos de la Luna como una gran dama a la que era preciso venerar y respetar siempre, ya que si se hacía así, era factible obtener de ella poderes mágicos.

En cambio, en otras tradiciones dominadas por corrientes patriarcales, como por ejemplo la de los tártaros de Altai, en Mongolia, se pensaba que la Luna era nefasta. Estaba prohibido mirarla en las fases en que estaba llena, ya que se interpretaba que estaba enfadada, y cuando el satélite desataba su ira se convertía en varón, un viejo cascarrabias que, hambriento de sangre, devoraba a los hombres.

Cuatro formas de magia

Una de las concepciones más universales es que la Luna, a diferencia del Sol, es un ser que nace, muere y resucita. El Sol aparece y desaparece pero siempre es el mismo.

En cambio, la Luna, luego de permanecer oculta durante una serie de días, poco a poco va emergiendo hasta llegar a completar el círculo en la fase llena, para después iniciar una muerte simbólica.

La Luna es la virgen, la madre y la anciana. La trinidad omnipresente en los cultos matriarcales que honran a la diosa, tanto si ésta es celeste como terrena. Por ello, no podemos entender el culto a la diosa ni la magia femenina si antes no comprendemos el simbolismo que tienen las fases lunares.

No hay una única magia lunar. Aunque son las fases las que determinan los aspectos mágicos, esotéricos y litúrgicos, son los distintos pueblos y sus tradiciones los que asignan cada una de las fases a una serie de intenciones o vivencias.

De todas formas, y a grandes rasgos, podemos establecer diversas propiedades.

Luna creciente

- Se invoca en los rituales de magia amatoria para poder lograr atracción, sexualidad y pasión. Se recurre a esta fase cuando se desea un embarazo.
- La luna creciente es óptima en los rituales y ceremonias que tienen como meta el restablecimiento físico, mental o espiritual. Se solicita el poder del satélite para lograr sanar más deprisa, y también, si coincide con dicha fase, para mitigar el dolor y los problemas en los partos.

- Desde una perspectiva laboral y económica, la luna creciente ayuda a mejorar los ingre-sos, la consecución de acuerdos, las asociaciones y las negociaciones.

Luna llena

- Está asociada a las grandes transformaciones y a los ritos relacionados con la fertilidad, tanto si es humana como animal o agrícola. No en vano es la luna que todo lo puede.
- Desde la perspectiva espiritual y esotérica, favorece la intuición, propaga los fenómenos psíquicos, ayuda a potenciar el don profético y es invocada como guía en los viajes a otras realidades o planos de conciencia.

Luna menguante

- La tradición asegura que es la Luna destructora. En las artes negras se recurre a ella para acabar con los contrincantes o destruir el poder de los enemigos.
- En las artes blancas se invoca para deshacer hechizos, y para menguar el poder de los conjuros o los ataques vinculados con el aojamiento.
- Dado que se relaciona con la magia de destrucción y anulación, en chamanismo es habitual que se espere a la fase de luna menguante para librar batalla contra los espíritus que generan la enfermedad.

Luna nueva o negra

- Aunque no la veamos, está presente; por tanto, en magia armónica la luna negra es un mal augurio.
- En nigromancia se recurre a la Luna negra para desatar catástrofes, venganzas, dolor, enfermedad, rencillas y adversidades.

Luna de campo

La magia de la Luna, o en este caso su influencia, también llega al campo. Si lo tuyo es la vida al aire libre, toma nota de cómo la luna te puede ayudar.

- **Para sacrificios.** Tus animales de granja sufrirán menos si los sacrificas en luna nueva o creciente.
- **Para sembrar.** En creciente, debes plantar los cultivos que ascienden, como el maíz o los tomates. En menguante, te dedicarás a las que se desarrollan bajo tierra (patatas, zanahorias o ajos, por ejemplo).
- **Para podar.** Si estamos hablando de árboles, y si lo que quieres es leña, la fase menguante es la indicada; y la fase negra lo será si lo que deseas es hacer una simple poda. Jamás cortes flores en creciente o llena.
- **Para trasplantar.** Recurre siempre a la fase de luna menguante, que también te servirá para combatir las plagas y los insectos.

Esfera 3. La Madre Tierra

Todas las concepciones y formas de pensamiento relacionadas con la magia atávica nos desvelan claramente de que nuestro planeta es un ser vivo. A partir del momento en que el ser humano incorpora a su cultura los procesos y ciclos naturales del planeta, como las estaciones, y los usa para poner en práctica la agricultura, nacen nuevas divinidades.

Hubo un tiempo en que los dioses superiores celestiales, así como los secundarios o meteoros, compartieron escenario mágico con otros seres que eran mucho más tangibles. Son los dioses de los elementos, aquellos que habitan en las aguas, los vientos, el fuego y la tierra. Aparecen las criaturas invisibles que poblarán las flores, los bosques y las aguas de ríos y lagos. Por supuesto, surgirán centenares de divinas criaturas, siempre de carácter sobrenatural, tanto en los reinos vegetal como mineral. Serán los hijos de la Gran Diosa, la Madre Tierra o Gaia.

En la prehistoria se asocia a la naturaleza con la divinidad. Se la transforma en un ser superior, se le da sexo femenino y se convierte en la gran diosa nutricia.

Será mucho después, a través de la cultura griega, cuando la que todavía hoy es llamada Madre Tierra por los chamanes reciba el nombre de Gaia. Su nombre procede de la mitología griega. Representa a la Madre Tierra y es la madre y esposa del Padre Cielo que los mitos asocian a Urano. Para los griegos, Urano y Gaia fueron los padres de las primeras criaturas vivas.

El poder femenino

La diosa está indefectiblemente ligada a la Luna, a los cultos que las primitivas mujeres chamán rendían a nuestro satélite. La mujer tenía el poder de conocer los senderos de lo oculto. Al mantener el fuego y saber producirlo —dado que el hombre tenía una función vinculada con la caza y la defensa del territorio—, la mujer asciende en el escalafón mágico. Es capaz de hablar con los espíritus que moran en las llamas, contentarlos, alentarlos y tenerlos bajo control.

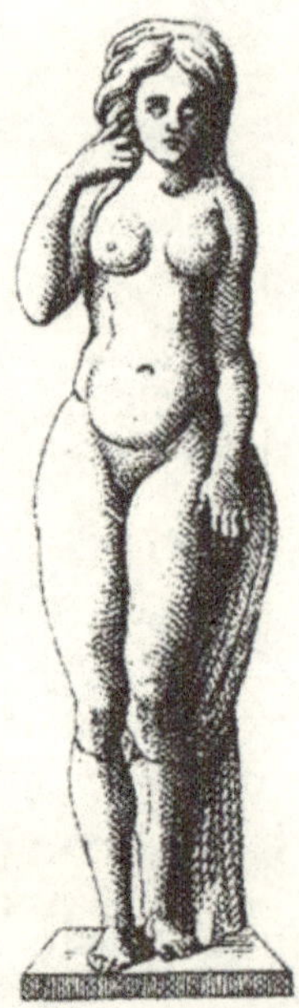

Pero la mujer es mucho más que todo esto. Posee un secreto en su interior: tiene el poder de dar la vida. Es cierto que, para ello, depende del hombre, pero, desde un punto de vista simbólico, el arquetipo masculino, con su acción, es el que erradica la vida. La existencia, pues, depende de la mujer. El hombre es simplemente partícipe, pero no puede mutar mágicamente su cuerpo ni tampoco hacer surgir de él un nuevo ser. Algo que curiosamente sí hace la mujer en su vientre, que cambia de forma y tamaño al igual que la Luna en cada una de sus fases.

Entender a la Diosa

Las representaciones más antiguas de culto mágico a la diosa se remontan al paleolítico, es decir, tienen 30.000 años de antigüedad. Se trata de esculturas con forma de mujer, toscamente talladas en piedra. Su figura tiene dos elementos predominantes: los pechos y las caderas. Tiene su lógica: según su visión, a mayor pecho, mayor capacidad nutricia; y a caderas más anchas, mayor facilidad para dar a luz.

Aquellas primeras diosas simbolizaban la vida, la fertilidad y el poder de lo matriarcal en el terreno de lo sobrenatural y mágico. Pero también eran la máxima representación de lo divino en la Tierra.

Entender la naturaleza de la diosa no era fácil. Poseía tres idiosincrasias distintas, tres condiciones caracterizadas por la virginidad, la maternidad y la ancianidad. Cada uno de estos tres estados o fases en los que se manifestaba la diosa eran distintos, y distintos también eran sus poderes.

Como virgen

Era intuitiva, dulce y alegre. Simbolizaba la Luna que crece en el horizonte.

Como madre

Tenía el don de dar la vida, era protectora, luchadora y cazadora. Era la luna llena que inunda el cielo.

Como anciana

Era sabia, consejera, pero también funesta porque tenía el secreto de la muerte. Se la vinculaba con la Luna en su fase menguante.

Diosas entre diosas

Chalchihuitlicue. Diosa azteca del agua, de la primavera, las flores, la juventud y la belleza.

Freya. Diosa madre que pertenece a la tradición nórdica y que, según las leyendas, volaba sobre las tierras que más tarde fertilizaba y que siempre vigilaba desde los cielos.

Hécate. Una de las más relevantes diosas ancianas griegas. Durante la Edad Media se dijo de ella que era la personificación de la brujería. Ente los griegos era la diosa de la oscuridad, y se creía que cuando la Luna era negra, Hécate viajaba por cielos y tierras seguida de una jauría de perros fantasmagóricos. Como diosa de la hechicería y de lo arcano, era venerada por magos y brujas.

Isis. Diosa egipcia asociada a las crecidas del Nilo que fertilizaban los campos del país de los faraones. Como diosa madre, bendecía la agricultura.

Kali. Es una de las diosas más complejas del hinduismo, ya que, pese a ser una entidad ávida de carne, sangre y muerte, en el fondo es piadosa y compasiva. Se la suele representar como una mujer hermosa y seductora, ataviada con un collar de cráneos.

Morrigan. Como diosa anciana es, según la tradición celta, la que tiene las llaves de la muerte. Por tanto, es la diosa de los difuntos. Se la conoce como reina espectral. Los celtas creían que tenía el defecto de enfadarse con facilidad y, cuando se enojaba, podía castigar con desgracias e incluso con la muerte.

Nimué. Diosa virginal y fascinante que, actuando de manera fría y despiadada, sedujo y engañó al mago Merlín para obtener de él todos sus secretos.

Pachamama. Diosa maternal y nutricia que, según los incas, se encargaba del nacimiento de todas las cosas que poblaban el mundo. Era la diosa de la tierra.

Tiamat. Es una diosa funesta que, según los sumerios, regía los abismos y los caminos por donde se perdían las almas. Se la representaba con forma monstruosa y se decía de ella que podía tener hasta cinco cabezas, cuyas bocas emitían cinco alientos distintos que iban desde al corrosivo al gélido, pasando por el venenoso.

Diosas entre diosas

Diosa Freya.

Diosa Morrigan.

Las diosas Neftis a la izquierda, Isis a la derecha y Amón-Re en el centro.

Diosa Nimué.

Sendero 8.
Las entidades de la naturaleza

Esfera 1. El poder de los elementales

Esfera 2. Elemento fuego. Hálito sagrado

Esfera 3. Elemento tierra. La gran madre

Esfera 4. Elemento agua. La adaptación fémina

Esfera 5. Elemento aire. Vitalidad y perspectiva

Esfera I. El poder de los elementales

A partir del momento en que la magia se establece como culto y creencia, su esencia es la naturaleza. Todo cuanto hay en ella gobierna las fuerzas ocultas, como las flores, las plantas, los minerales, los animales, las aguas…, así como cuanto sucede en un entorno natural.

Los primitivos magos establecerán una serie de valores que, con carácter de arquetipo, serán aquellos que estén presentes en la esencia de todas las cosas. Dichos valores no son otros que los cuatro elementos sagrados de la magia: la tierra, el agua, el aire y el fuego.

¿Dioses o entidades menores?

Los cuatro elementos, en sí mismos, no están considerados como seres sobrenaturales. De hecho, son vehículos simbólicos que permiten la interconexión de los seres invisibles de la tierra.

Antes de trabajar con cualquiera de los cuatro elementos —que detallaremos en las cuatro esferas siguientes—, debes entender que, pese a tener naturaleza independiente, pueden ser complementarios entre sí. De hecho, uno necesita al otro, y es común que en las grandes ceremonias mágicas, fuego, tierra, agua y aire se convoquen casi al unísono para dar mayor fuerza a los rituales. Cada elemento, al margen de ser una realidad, está dotado de una simbología, una fuerza arquetípica y mágica, así como de un «carácter». Para el correcto uso del elemento, deben comprenderse todas las

Universos de los elementales

Cada criatura, dentro del orden cósmico, puebla un elemento y solamente en él es capaz de materializarse.

Elemento tierra. En él viven gnomos, hadas y enanos.

Elemento aire. Está poblado por silfos, ninfas y elfos.

Elemento agua. Alberga a las nereidas y ondinas.

Elemento fuego. Cobija a las salamandras.

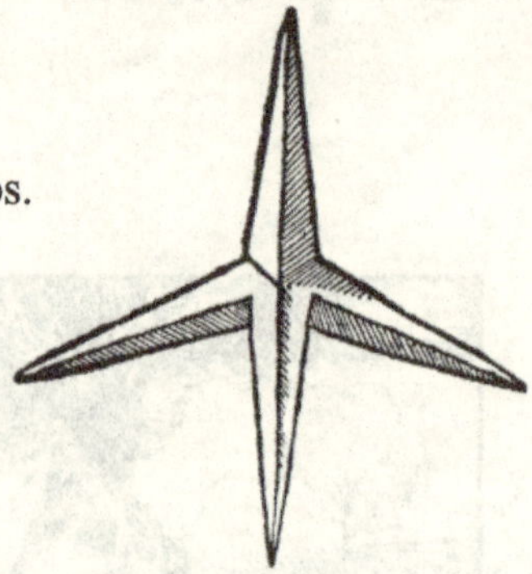

Anagrama alegórico a la existencia de los cuatro elementos.

naturalezas. En los cuatro elementos moran las llamadas «criaturas elementales», seres presuntamente fantásticos y de dimensiones paralelas a la humana, que sólo quien esté preparado psíquicamente podrá ver. Los elementales no son dioses, sino entidades dotadas de numerosos poderes, que utilizan el universo de los cuatro elementos para desarrollar su existencia.

Esas criaturas invisibles

Evidentemente, cada cultura ha creado variaciones sobre los que considera como seres esenciales. En algunas latitudes, un gnomo es lo mismo que un enano, mientras que en otras, no sólo existen estas dos categorías, sino hasta diez distintas. Por otra parte, cada tradición, basándose en el entorno, ha modificado y adecuado tanto el aspecto físico como el carácter de los distintos seres invisibles.

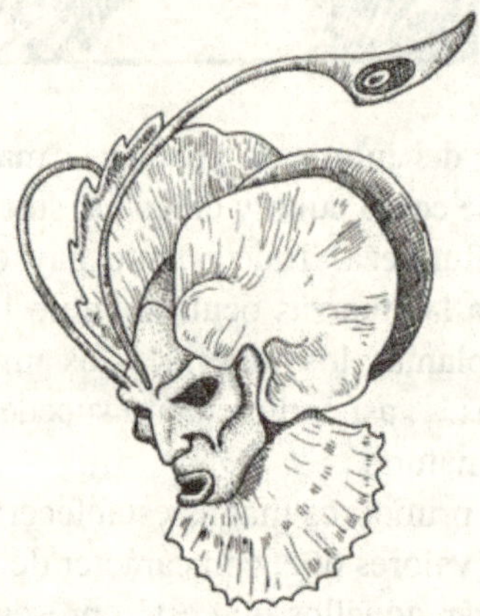

La magia tradicional contempla la existencia de los seres que describimos a continuación. El resto, si bien no se desprecian, se entiende que no son de orden global.

Elfos

Su naturaleza es ambigua, ya que no son ni espíritus de ángeles ni tampoco seres humanos, aunque poseen ambas esencias. Les

gusta vivir en zonas frías del norte de Europa. Escandinavia es la tierra por excelencia de los elfos. Estos seres aman a los árboles, y tienen preferencia por los pinos, alerces, alisos y robles. Si bien en algunas mitologías aparecen con un tamaño similar al humano, en otras no sobrepasan los 30 cm de altura. En todos los casos, tienen un aspecto humanoide, y sus rasgos físicos más destacados son una fina nariz y unas orejas alargadas y generalmente puntiagudas.

En artes mágicas, pueden dominar todo tipo de disciplinas, tanto las de orden espiritual como las más materialistas. Los elfos rigen la oratoria, la comunicación, la pulcritud y la limpieza de corazón.

Cómo invocarlos

A través del canto, del tañido de una campana, dirigiéndonos a ellos en su paraje natural y hablando en voz alta.

Enanos

De aspecto similar al de los gnomos, pero más corpulentos, pueden llegar a medir hasta un metro de altura. Su función es el trabajo en el interior de la tierra, no en vano aman las rocas y las piedras. Se dice de ellos que gobiernan las raíces de los árboles, así como los espíritus que moran las montañas y el alma de las piedras.

Son feroces y aguerridos, capaces de destrozar una vivienda si se sienten atacados u ofendidos por sus moradores, pero también convertirse en defensores a muerte de los habitantes de ésta si se les trata con respeto.

Cómo invocarlos

Basta con crear un pequeño jardín, aunque sea en miniatura y en el balcón de nuestra casa, y enterrar en él un pequeño pedacito de oro. Una forma de establecer una buena alianza con ellos es situar un hacha en el exterior de nuestra casa

Gnomos

Son los guardianes de la tierra. Su aspecto es grotesco pero simpático. Miden entre 10 y 50 cm, y suelen habitar en las zonas boscosas profundas. Se supone que tienen poderes mágicos para atraer el dinero y la

fortuna. Están vinculados con el oro, la plata y el hierro. Según la tradición, tienen la capacidad de excavar mundos subterráneos, donde albergan grandes tesoros.

Cómo invocarlos

La mejor forma de conseguir su atracción es clavar una pequeña piedra en posición vertical, junto a la base de un árbol cercano a la casa. La tradición sugiere, además, depositar en las bases de los árboles pequeños dulces o frutas azucaradas.

Hadas

Son entidades femeninas y, aunque no son ángeles, tienen una apariencia angelical. Son seres dulces y traviesos que aman la vida en los bosques, en los ríos de aguas claras y en los valles de las montañas. Son hermanas de las ninfas, aunque quizá no tan juguetonas como éstas.

Las hadas gobiernan la música y el baile, la caza y los colores mágicos de árboles como el acebo y el espino blanco. Aman profundamente las rosas, el tomillo y todas las frutas dulces. En cambio, aborrecen el hierro, el sonido de las campanas, la ruda y la hierba de San Juan. Según algunas tradiciones, las hadas inicialmente eran ángeles, que no pudieron volver al reino de los cielos luego de haber visitado la Tierra.

Cómo invocarlas

Preferentemente de noche o cuando comienza a ponerse el sol. Dado que aman la elegancia y la belleza, una forma de tenerlas presentes en los rituales es disponer de un trozo de tela de seda de colores claros, sobre el que se situará un pomo de rosas o bien un ramillete de tomillo. Como ofrenda, gustan de ser agasajadas con miel y leche. De hecho, la tradición asegura que cuando pueden beben directamente de las ubres de las vacas. Si queremos seducirlas del todo, debemos dejar una herramienta usada en el lugar en el que las estamos invocando.

Nereidas

Son las ninfas que viven en los mares. Su elemento es el agua salada. Son de mayor tamaño que las ninfas. Pueden gobernar las corrientes marítimas, las olas…, y se dice que utilizan la espuma de éstas para realizar encantamientos.

Algunas leyendas aseguran que son las encargadas de custoridar los tesoros que hay en el fondo de los mares.

Cómo invocarlas

Tumbándonos boca arriba sobre la superficie del agua y llamándolas en voz alta, al tiempo que golpeamos con la palma de la mano la superficie del agua con tal de crear espuma y producir pequeñas ondulaciones.

La tradición asegura que el mejor momento para encontrarse con ellas es en invierno y sobre las brumas del agua, ya que les encanta pasear a través de la niebla.

Ninfas

Son familiares de las hadas. Su cuerpo siempre es el de una mujer de gran atractivo y encanto, con la particularidad de que tienen un reducido tamaño —de apenas un palmo— y se desplazan batiendo sus pequeñas alas de libélula o mariposa.

Cuado las ninfas viven en el aire reciben el nombre de silfos; si lo hacen en el agua, el de ondinas; y si su habitáculo es el fuego, salamandras. A diferencia de las hadas, las ninfas no tienen la misión, ni tampoco la costumbre, de ayudar al ser humano. Lo suyo es proteger el elemento en el que viven. En este sentido, las leyendas aseguran que pueden morar en hermosos palacios de hielo o en bellos castillos con paredes de fuego.

Cómo invocarlas

Mediante suaves arrullos o silbidos y ofreciéndoles mosquitos o moscas como presente. Al llamarlas, la peor ofensa que podemos hacerles es ofrecerles flores cortadas.

Ondinas

Son seres acuáticos que moran las aguas dulces de los ríos, lagos y cascadas. Su cuerpo es azulado o verdoso; sus cabellos, extremadamente largos, y presentan gamas que van desde el azul hasta el amarillo, pasando por el verde. De ellas se dice que son criaturas malvadas, y el motivo es que les encanta jugar con los pescadores, y, a veces, éstos no dominan el elemento acuoso tanto como las curiosas criaturas.

Cómo invocarlas

Se las invoca de igual manera que a los espíritus de las aguas marinas, es decir, las nereidas.

Salamandras

Son los espíritus del fuego, y pueden nacer con sólo prender una fogata. Son criaturas que moran tanto en las llamas como en la brasa, y el hecho de gobernar el elemento fuego las faculta para adoptar casi cualquier tipo de apariencia.

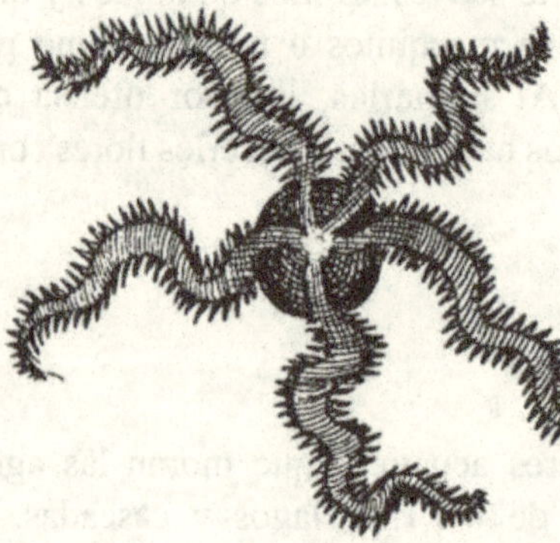

Dado que también habitan en las llamas de las velas, jamás debemos apagar un cirio aplastando la mecha con los dedos, a fin de no lastimarlas y permitir que su energía se perpetúe. Lo aconsejable es soplar suavemente sobre la llama, de manera que la entidad que la mora pueda buscar otro universo, y poner la mano tras la vela para recoger así nuestro aliento.

Se debe contar con ellas siempre que se lleva a cabo cualquier actividad mágica vinculada con lo ígneo.

Al ser de fuego, tienen la capacidad de trasmutar las cosas. Sin embargo, si no se las trata con una sublime educación, pueden hacer que el fuego, que ellas gobiernan, destruya absolutamente todo.

Cómo invocarlas

Simplemente encendiendo un fuego aromático, como una hoguera, a la que añadiremos hierbas o una vela uncida con esencias.

Silfos

También reciben el nombre de céfiros. Son entidades espirituales, generalmente de carácter muy amigable, aunque de personalidad cambiante. Reinan en los vientos, brisas, ráfagas y remolinos. Son capaces de paralizar los vientos, puesto que incluso cuando no sopla ni una brisa, los silfos se hallan presentes en el aire.

Cómo invocarlos

Considerando que aman la música, la mejor forma de convocarlos ante nuestra presencia es hacer sonar una flauta en los días de viento, aunque no se tenga ni idea de cómo tocar el instrumento.

Esfera 2.
Elemento fuego. Hálito sagrado

- Naturaleza masculina – Activo – Transmutador – Poder redentor y destructor a la vez

Simbólicamente, el fuego es hijo del dios Sol, aunque no por ello está considerado como una deidad menor. Representa la muerte, la transmutación y los cambios radicales. Se suele personalizar en el arquetipo de un hombre fuerte, agresivo y valeroso, que actúa con la fuerza que le da su razón y con la claridad que le otorga su experiencia vital, pero sin tener intuición alguna.

La naturaleza del fuego, a diferencia de la de otros elementos, no es pensar o reflexionar sobre acontecimientos, sino actuar sobre ellos. El elemento ígneo sabe que su comportamiento siempre provocará resultados, que serán positivos o negativos según quién los interprete. De los cuatro elementos, el fuego es el único susceptible de ser elaborado por el ser humano. De hecho, a partir del momento en que nuestros antepasados conocieron su secreto y supieron cómo producirlo, pasaron a considerar el elemento ígneo como un dios muy cercano, un ser estrechamente vinculado a humanos y dioses.

Así se manifiesta el elemento

Erupciones volcánicas, rayos y relámpagos, y fenómenos atmosféricos vinculados con el Sol son manifestaciones naturales del elemento fuego. Las culturas primitivas vieron en estos hechos la presencia ígnea, y entendieron que el fuego era capaz de personificarse ante el ser humano sin ser provocado. De ahí le viene su poder. Tiempo después, mediante hogueras, brasas, teas encendidas y antorchas, el fuego «creado» se convertirá en vehículo ceremonial.

La utilidad del elemento

El fuego limpia, transmuta y protege. Prenderlo es una forma de dar luz simbólica a la oscuridad de lo desconocido o nefasto. Es también un acto de llamada de atención a los dioses. Por ejemplo, mediante el fuego se puede crear un entorno protector, como sucede cuando en el ritual mágico se traza un círculo de fuego. En estos casos, se realiza la erección simbólica de un templo y se parcela virtualmente la tierra, determinando que la zona sagrada o de ritual sea aquella que está en el interior del círculo de fuego, mientras que la profana será la externa. El fuego nos permitirá trazar caminos sagrados mediante la inserción de antorchas que delimiten el lugar de tránsito. Será utilizado también para honrar a dioses y difuntos, cuya alma se intentará canalizar a través de la luz de las llamas. Y, por supuesto, será empleado en la magia de velas (de la que nos ocuparemos oportunamente), en cuyo caso la relevancia no sólo estará en la llama sino también en los colores de la cera y los aromas que desprenderá el cirio durante su combustión. Además de para todo lo mencionado, te resultará de gran utilidad en artes adivinatorias y en metamorfosis mágica. En el primer caso, podrás practicar el oráculo de la crepitación, basado en observar los ideogramas simbólicos que producen las brasas de una hoguera. También podrás interpretar la evolución de la llama de una vela, su movimiento, oscilación, etc.

En el caso de la metamorfosis mágica del fuego, el espíritu toma posesión del mago, quien asume el poder y la fuerza ígnea para desarrollar los valores y caracteres de este elemento.

Practicum 8. Mutación ígnea

Esta práctica tiene por objeto revitalizarte, animarte, dotarte de más fuerza de voluntad, empuje y seguridad en ti mismo. En sí, se trata de que asumas el arquetipo mágico del elemento. Para realizar el ejercicio debes preparar una pequeña hoguera, en una chimenea o barbacoa. La fogata debe realizarse única y exclusivamente con troncos y ramas que recogerás personalmente del bosque. Prenderás la hoguera con una cerilla, sin la ayuda de elementos líquidos combustibles ni tampoco pastillas químicas. Debes hacer todo ello con ceremonia, tranquilidad, paciencia, disfrutando del crepitar de las maderas, del humo que desprende y del crecimiento de las llamas. Cuando la hoguera ya esté bien prendida, procederás de la siguiente forma:

1. Te sentarás frente al fuego con los ojos cerrados y sintiendo su calor. Pasados un par de minutos, abrirás los ojos y centrarás tu atención en el núcleo de las llamas.
2. Abre los ojos y, totalmente concentrado en el fuego, orientarás las palmas de tus manos hacia las llamas. Separarás al máximo los dedos y colocarás tus extremidades de forma que queden situadas en el centro de tu campo de visión y que, a través de tus dedos abiertos, puedas ver el fuego.
3. Concentrado en esta visión, siente cómo el calor invade tus manos. No debes quemarte, pero sí percibir el poder del elemento.
4. Sin dejar de mirar a través de tus dedos, imaginarás que lentamente las llamas lamen tu piel, penetran por tus manos y se expanden por los brazos hasta llegar al plexo solar. En este momento, debes cerrar los ojos y visualizar en tu pantalla mental que eres una gran llama de fuego.
5. Siente el fuego en tu ser. Distingue su seguridad, su fuerza, y nota cómo cambia tu percepción del entorno.

Pasados unos minutos, finalizarás el ejercicio agradeciendo al elemento ígneo su interacción y dejando que la hoguera se extinga por sí sola. Puedes llevar a cabo este ritual siempre que tengas o padezcas miedo, temor o inseguridad.

Esfera 3.
Elemento Tierra. La gran madre

• Naturaleza femenina – Pasiva, firme, dura e íntegra

La tierra está considerada como la cuna de absolutamente todas las cosas. Si bien sus hijos directos son las piedras y las rocas —siempre que no sean volcánicas, ya que éstas pertenecen al fuego—, también se la considera madre de todos los elementos del reino vegetal que nacen directamente de sus entrañas. El elemento tierra implica la evolución hacia lo tangible y, simbólicamente, al tener la fuerza de lo inmutable, está vinculada con los principios, las leyes, las normas y todo lo que se asienta a partir de la tradición.

Aunque no existe una magia centrada en el elemento tierra, sí que se recurre a ésta en todas las ceremonias. Así, la tierra facilita el suelo del templo, cuyas columnas podrán ser tanto los árboles como las piedras clavadas en él. A través de la magia de los megalitos también se sintoniza directamente con el elemento tierra.

El elemento tierra gobierna los principios de nacimiento y también de muerte, ya que de ella surgen las criaturas y a ella regresan sus cuerpos. Seres que, según en la concepción en la que nos encontremos, dispondrán de una esencia o alma que viajará, gracias a la intervención del elemento aire, a los mundos metafísicos. Como elemento, la tierra está presente en toda ceremonia mágica, especialmente por el altar que está asentado sobre ella.

Pese a su firmeza, permanencia e inmutabilidad, la tierra posee distintas naturalezas. Se convierte en acuosa a través de las piedras de los lechos acuáticos. Es decir, comparte la naturaleza del elemento agua, su mutabilidad y sentido de la adaptación. Se transforma en elemento íntegro y castigador cuando la piedra es volcánica, ya que adquiere la fuerza destructora del fuego. Un último ejemplo es la llamada tierra espiritual, que no es sino aquella que cae del cielo mediante las lluvias de barro, y que en este caso, además de estar vinculada al elemento agua, se asocia al metamórfico, creativo y perspectivo aire.

La utilidad del elemento

Para materializar en firme tus deseos. Para fijar tus principios más inamovibles. Para obtener la fuerza y seguridad de los actos realizados a conciencia. Para dar a luz nuevas realidades... La tierra, como madre y espíritu femenino, es el elemento que consigue que aquello que proyectamos en la mente tome forma en el plano de lo físico. Proyectamos con la fuerza del aire y materializamos con la tierra. Sirve además para asentar situaciones que nos han provocado una gran adversidad, disgusto o modificación en nuestra vida. Nos ayuda a endurecernos luego de un gran trauma, como puede ser una ruptura afectiva o una muerte.

Practicum 9. Mutación en piedra

Sólo podrás llevar a cabo esta práctica si no padeces problemas articulatorios o dolencias que, por su naturaleza, te impidan acuclillarte o realizar movimientos de columna forzados. Como en otros casos, para llevar a cabo el ejercicio puedes recurrir a tu templo o a la naturaleza. Para mutar en piedra, lo ideal es estar rodeado de ellas, por lo tanto, lo alto de una escarpada montaña o una cantera serán unos parajes perfectos, así como cualquier lugar en el que haya edificaciones de orden megalítico.

1. Siéntate colocando las piernas replegadas en lo que se llama «posición flor de loto». En caso de que esta postura no te resulte factible, sitúate de rodillas, orientando los pies hacia atrás de manera que el empeine esté en contacto con el suelo y tus glúteos se apoyen en el talón. Manteniendo la posición, respira profundamente tres veces.
2. Entrelaza los dedos de tus manos. Sitúalas a la altura de la cabeza de manera que las palmas de ambas toquen tu coronilla. Acto seguido, orienta los pulgares hacia el orificio que presentan las orejas, tapándolas. Respira profundamente tres veces.
3. Visualiza en tu pantalla mental una gran roca redonda. Tú vas a transformarte en ella. Poco a poco, inclina la parte superior del cuerpo en dirección a las rodillas, como replegándote sobre ti mismo. Dóblate al máximo y, manteniendo esta posición, debes hacer fuerza comprimiéndote y sintiendo la presión de tu cuerpo compactado. Efectúa nuevamente tres respiraciones muy lentas y profundas.
4. Imagina que tu cuerpo se solidifica, endureciéndose más y más como si fuera una piedra.

Darás por finalizado el ejercicio cuando hayan pasado entre 5 y 10 minutos de tensión, y poco a poco irás desentumeciendo el cuerpo y recobrando tu postura habitual. Puedes realizar este ejercicio siempre que necesites entrar en contacto con el elemento tierra y cada vez que desees fortalecer tu personalidad y seguridad.

Esfera 4. Elemento agua. La adaptación fémina

- Naturaleza femenina – Actividad adaptable – Creatividad – Emotividad e intuición

Al igual que sucede con la tierra, madre de los vegetales y de buena parte de los animales, el agua está vinculada con el arquetipo de la creación acuática. Para muchas culturas, el hecho de que las aguas estén tanto en las tierras como en los cielos —de los que caen en forma de lluvia— ha sido interpretado como una dualidad. Muchos han elevado al elemento agua por encima del de la tierra, afirmando que era capaz de dar vida tanto en el mundo material como en el espiritual o celeste.

El agua está considerada como un elemento con gran capacidad de adaptación y mutación. A diferencia del fuego, que puede variar de forma pero que no ejerce su mutación sobre sí sino sobre su entorno, el agua puede ser adaptable cuando circula por los cauces de los ríos y en cercanía a las costas marítimas; dura cuando se transforma en hielo, y, por supuesto, espiritual al ascender en forma de vapor hacia los cielos.

Son precisamente estas tres naturalezas las que han simbolizado a este elemento como gran signo adaptativo.

Si bien el genérico de este elemento es «agua», su poder recae sobre absolutamente todos los líquidos, como los jugos de raíces, la savia de las plantas, el rocío y, cómo no, en aquellos preparados que contienen zumos, aceites, etc.

La utilidad del elemento

El agua debe estar presente en toda ceremonia mágica. El motivo es que sirve para canalizar los pensamientos, dudas y emociones, pero también es fundamental para bendecir la existencia de los seres invisibles que acudan a la práctica. El agua se utiliza como elemento purificador de personas, animales u objetos mágicos.

En algunas culturas se utiliza como canal de llamada a las entidades. Para ello se lanzan pequeñas cantidades de agua sobre piedras incandescentes que transforman el elemento en vapor, el cual asciende hacia el lugar donde moran los dioses. Por supuesto, el líquido elemento también se utiliza como elemento principal de muchísimos preparados que el mago llevará a cabo en su caldero de poder u olla mágica. Además, sirve para diluir esencias y puede formar parte, como un ingrediente más, de las pociones mágicas.

El agua te servirá para encauzar correctamente tus emociones, para equilibrar aquello que dicta tu corazón comparado con lo que dicta tu mente, para establecer pactos o acuerdos, y para clarificar ideas y potenciar tu creatividad sin perder por ello el sentido lógico de las cosas.

Practicum 10. Metamorfosis acuática

Para asumir el poder de este elemento, deberás integrarte en él en un medio natural. Puedes escoger río, lago o mar, pero para todos los casos deberás efectuar el ejercicio sin ropa alguna y sumergiéndote totalmente en las aguas.

Deberás realizar un baño justo en la salida o en el ocaso del sol, pero el astro rey debe estar visible en el horizonte.

1. Introdúcete poco a poco en el agua, experimentando el cambio de temperatura al entrar en contacto con tu cuerpo. Disponte a integrarte con el elemento.
2. Siéntate en una superficie en la que notes que el agua cubre parcialmente tu cuerpo. Respira profundamente mientras percibes la vivacidad física que representa estar en contacto con el elemento.
3. Túmbate en el agua y déjate llevar. Siente la humedad y ligereza de tu cuerpo. Extiende los brazos y separa las piernas, emulando al «Hombre de Vitruvio» de Leonardo da Vinci. En esta posición, nota cómo tu cuerpo se diluye de manera lenta en el agua.

Esfera 5. Elemento aire. Vitalidad y perspectiva

- Naturaleza masculina – Creatividad – Imaginación – Comunicación – Don de la videncia

El aire está contemplado como un arquetipo. Como tal, y pese a su invisibilidad, tiene una presencia tangible en todo momento y lugar. Este elemento se asocia con las ideas, los sueños, el diálogo, la poesía y la diplomacia. En la mayoría de las culturas en las que se practica el chamanismo, el aire es el portador de los mensajes secretos que dan los dioses, es el conductor de las noticias, es quien, con su velocidad, ritmo, temperatura y dirección, aconseja o determina. El aire también tiene un aroma, que suele producirse en aquellos lugares por donde pasa. Sin embargo, el mago no siempre percibe todos los aromas que están influyendo en una corriente de aire: sólo algunos le afectan directamente, provocándole sensaciones e incluso visiones. Debes aprender a decodificar lo que te dice el aire.

La utilidad del elemento

El que ha sido considerado como dios de lo invisible es uno de los elementos a los que siempre se recurre en busca de mensajes asociados a noticias, augurios o presagios. El aire es el canal de comunicación que utilizan los magos para el viaje de sus pensamientos e intenciones. Tradicionalmente, está considerado como el albergue de las palabras que no se escriben pero que sí se pronuncian.

En todas las culturas se ha utilizado el aire como método adivinatorio, pero también como una forma ideal en la que expandir la conciencia. El aire está estrechamente relacionado con los otros tres elementos. Aviva las brasas de la hoguera y modifica la forma de las llamas del elemento fuego. Altera las superficies de las aguas, guía las nubes y dirige las lluvias.

Es capaz de levantar la tierra del suelo, originando tempestades de arena, remolinos, agitando las hojas de los árboles y portando el polen fertilizador de las plantas.

El aire te servirá para que tus ideas vayan más allá de la realidad. Para tener otros ángulos de visión sobre lo que te rodea. Para, a través de su sintonía, expandir tu conciencia y lograr que viajes a universos paralelos.

En tus rituales, cada vez que gesticules, en realidad estarás danzando en el aire y haciendo que tus brazos, manos o el resto del cuerpo interactúen con los espíritus elementales que moran en este elemento. Como mago, deberás aprender a distinguir los distintos aires circundantes; en este caso, el origen o la dirección de los vientos te traerán mensajes y señales ocultas.

Practicum 11. Metamorfosis aérea

Prepárate para recorrer distintos lugares de la naturaleza. Como mínimo, deberás realizar el ejercicio, de manera indistinta, en un bosque, en lo alto de una montaña, junto al mar, en un curso de agua dulce y en el interior de una cueva.

1. **En cada uno de esos lugares, te tumbarás y entrarás en relajación.**
2. **Durante los primeros minutos, respira normalmente, sin prestar atención al aire que penetra en ti, ni tampoco a las imágenes que vienen a tu mente.**
3. **Crea un cuadro mental y concéntrate en su visión. Acto seguido, cada vez que efectúes respiraciones profundas, intenta captar la esencia del aire. No te esfuerces en provocar imágenes. Puede que al respirar, los aromas que lleguen no te generen ninguna. Simplemente, siente, distingue el aire. Fíjate en su humedad, temperatura... Si es intenso, permítele que te envuelva e intégralo en tu ser.**

Sendero 9.
Las herramientas del mago

Esfera 1. La relevancia de tus instrumentos

Esfera 2. Descubriendo los útiles básicos

Esfera 3. El vestuario y los complementos del mago

Esfera 1. La relevancia de tus instrumentos

Hasta el momento, tus únicas herramientas mágicas han sido tu mente, tu cuerpo y el diario mágico. Ha llegado el momento —quizá uno de los más relevantes de tu trayectoria como mago— de comenzar a confeccionar y adquirir aquellos elementos indispensables y necesarios para la práctica de la magia.

¿Fabricar o comprar?

Como cualquier otro profesional, un mago necesita una serie de útiles para desempeñar sus funciones. No estamos hablando de un capricho, tampoco de elementos decorativos, sino de aquellos objetos que favorecerán el desarrollo de tu poder psíquico y también el de tu personalidad mágica.

Es evidente que, en la actualidad, cualquier persona está en condiciones de encontrar en establecimientos especializados absolutamente todo lo que precise para las artes mágicas. Sin embargo, en magia las cosas deben tener alma, y sólo tú eres la persona capaz de dotar de esencia a tus objetos de poder.

Como es comprensible, habrá determinados elementos que, por el momento, no estarás en condiciones de elaborar por ti mismo. No debe preocuparte. Quedarán como temas pendientes en tu carrera mágica. Inicialmente, deberás comprarlos, pero, cuanto menos, tienes que personalizarlos, ya sea con tus nombres mágicos, con tus grafismos esotéricos o a través de distintas prácticas rituales.

El respeto por lo sagrado

La única forma que tienes para que tus herramientas funcionen mágicamente y para que goces del poder que esperas de ellas es que sean sagradas. Ningún objeto (ni siquiera los que estén fabricados por ti, y mucho menos los que compres) nace siendo sagrado. La sacralización depende de los siguientes aspectos:

- Todo cuanto adquieras, antes de pasar a formar parte de ti, debe ser escogido con honor, honestidad, respeto, gratitud y reverencia, incluso aquello que compras.
- Antes de salir al encuentro de un objeto, debes fabricarlo en tu templo mental. Debes darle el hálito de vida pensando en él, en cómo será, para qué lo usarás y de qué manera lo personalizarás.
- La sacralización exige que, de la misma forma que tú tomas un tiempo para valorar, reflexionar y pensar en lo que vas a

Herramientas materiales y espirituales

Para las artes mágicas, se considera que todo cuanto emplea el mago y forma parte de su ajuar es instrumento o herramienta mágica. Sin embargo, hay una diferencia básica. Las prendas como capas, gorros, túnicas o cinturones, esto es, aquello que forma parte del vestuario del mago, de su uniforme o está en contacto directo con él, son sus armas espirituales. Le dan vitalidad a su naturaleza, energía a su esencia, y potencian su fuerza mágica.

El resto de los elementos, como calderos, copas, cálices, cuchillos, dagas, varas, espadas, bastones, etc., aunque son utensilios utilizados bajo una forma mágica, pertenecen a la categoría de herramientas materiales. El mago no incrementa su poder con ellas, sino que las utiliza para canalizarlo.

fabricar o adquirir, dejes que aquello que para ti es inanimado y carente de voluntad acepte o no formar parte de ti.

- Tú no estás por encima de los objetos mágicos, ni tan siquiera de aquellos que estarán a tu servicio. Para que sean sagrados, entenderás que son tus compañeros, tus aliados, parte de tu familia mágica. Si sólo ves en ellos burdas herramientas, fracasarás.
- Es precisa la comunión entre el mago y sus herramientas. Este vínculo se establece mediante el mimo, la observación, el cuidado y el ritual continuo. Cada vez que se utiliza una herramienta, se toma con ceremonia, y luego de trabajar con ella se le agradece el uso y servicio.

La utilidad de las herramientas

Entenderemos que existen dos tipologías de objetos aliados. Los primeros formarán parte de tu vestuario y complemento. Es cierto que deberás realizar muchas prácticas sin ropa alguna, enfrentándote al mundo tal cual llegaste a él, pero el vestuario y los complementos son necesarios para darle fuerza a tu identidad. Cuando te atavías con ellos, dejas de ser el mago teórico para convertirte en el mago operativo.

Las prendas y complementos le sirven al mago como proceso de identificación ante los demás, ya sean profanos —es decir, no magos—, o bien miembros de órdenes amigas o de la suya propia. Por eso, a veces los vestuarios incluyen signos distintivos que verifican el nivel jerárquico de quien los usa.

La segunda tipología de objetos aliados está conformada por aquellos que el mago

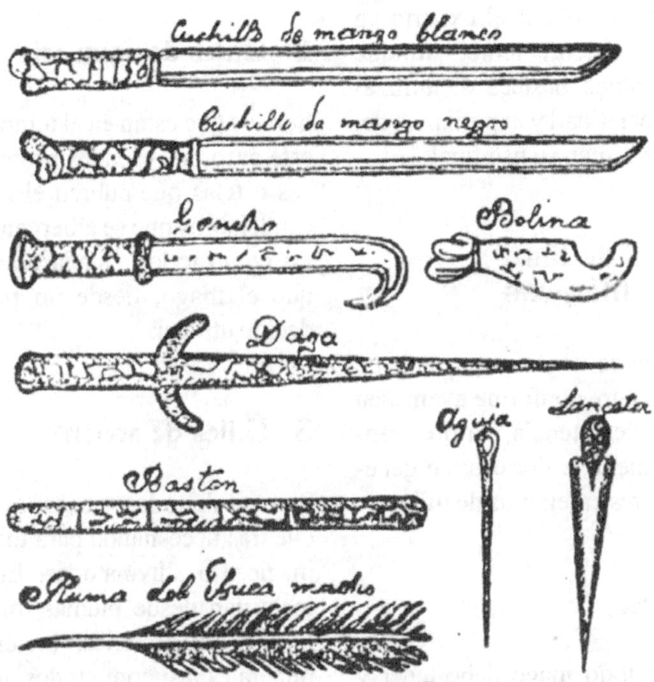

Ilustración de un libro medieval en la que se determinan los distintos instrumentos del poder del mago.

compra, adquiere en un medio natural o le son regalados. Todos y cada uno de ellos tienen una razón de ser. Deben ser consagrados y personalizados por el experto en artes mágicas. Evidentemente, aunque existen unas fórmulas básicas de utilización, serán la especialidad y experiencia del mago las que determinen su uso final.

Las tipologías de las herramientas mágicas

Si bien existen unos objetos que son de orden básico, el mago, conforme avanza en su conocimiento y existencia, irá precisando de nuevos elementos. Por eso, en general, se establecen tres categorías de útiles.

1. Útiles básicos

Son aquellos que todo mago debe tener y que están consagrados y vinculados con los cuatro elementos. Estamos hablando de la varita mágica, el cáliz, la espada y el puñal, el incensario, el mortero y la mano de mortero, así como las campanas. Cualquier persona que se dedique a las artes mágicas debe disponer de ellos.

2. Útiles de santuario

Son los que están en el templo del mago. En este caso, los escudos protectores, los tapices o telas que cubren el altar, las velas y candelabros que se albergan en el santuario, así como todos y cada uno de los objetos que el mago, desde un prisma personal, decide utilizar.

3. Útiles de acción

Se trata de todos y cada uno de los objetos que irás necesitando para tus prácticas, sean mágicas o adivinatorias. En este grupo se incluirían desde plumas, tintas y pergaminos, hasta esencias, inciensos, gemas y minerales, así como todos aquellos elementos que forman parte de los distintos oráculos que desees practicar.

En ese caso hablaríamos de péndulos, juegos de runas, cartas de tarot, bolas de cristal, conchas, etc.

Esfera 2. Descubriendo los útiles básicos

Vamos a trabajar en la consecución de una meta: comprar o fabricar, pero siempre personalizar y sacralizar tus objetos básicos e indispensables asociados a los cuatro elementos. La sugerencia para llevar a cabo esta clase de forma efectiva es que, en primer lugar, leas todo su contenido y que, al tiempo, como que seguro que irán apareciendo en tu mente pensamientos o imágenes asociadas a los distintos objetos, vayas tomando nota de ellos. Pero bajo ningún concepto debes adquirir o fabricar ningún elemento hasta que antes haya cobrado vida en el interior de tu pantalla mental.

La varita mágica

Está asociada al elemento aire. Es una prolongación simbólica de la acción de tus brazos. En este caso, vas a encontrar múltiples varitas, supuestamente mágicas, en las tiendas especializadas. No son útiles: pueden cumplir ciertas funciones mágicas, pero no sirven como elemento personal. Es preciso fabricarla artesanal y personalmente.

La varita mágica debe elaborarse partiendo de una rama de avellano silvestre. Su medida correcta es la que hay desde el centro de tu plexo solar hasta la punta del dedo

corazón de cualquiera de las dos manos, teniendo en cuenta que el brazo tiene que estar extendido. Luego de medirte, busca el avellano adecuado. No improvises, pasea tranquilamente, mira los árboles, deja que te llamen. Observa sus ramas, y sólo cuando encuentres el árbol que sintonice contigo, estarás en condiciones de adquirir su tesoro.

Elaboración de la varita

Dado que eres un aprendiz de mago, no tienes potestad para cortar la rama de un árbol. Por tanto, tienes dos opciones: o esperar que te sea entregada por tu maestro, o localizar una rama caída.

La fecha óptima para recoger la rama que conformará la varita es en domingo, a ser posible coincidiendo con el solsticio de verano. Si estuvieras ordenado mago, tendrías potestad para cortar la rama elegida justo en el momento en que el sol comienza a ponerse. En ese caso, y teniendo al astro rey de espaldas, sostendrías la rama con la mano izquierda y practicarías el corte con la derecha.

Una vez hayas obtenido tu rama, deberás ajustarla al tamaño ya referido y, seguidamente, procederás a pulirla. Eliminarás las pequeñas ramitas salientes y, con la ayuda de una piedra, irás rascando suavemente la corteza hasta encontrarte con el núcleo de la madera. Todo este proceso debe realizarse en el mismo lugar en donde hayas encontrado la rama. Cuando lo hayas terminado, la dejarás apoyada contra el

Avellano: el árbol del conocimiento

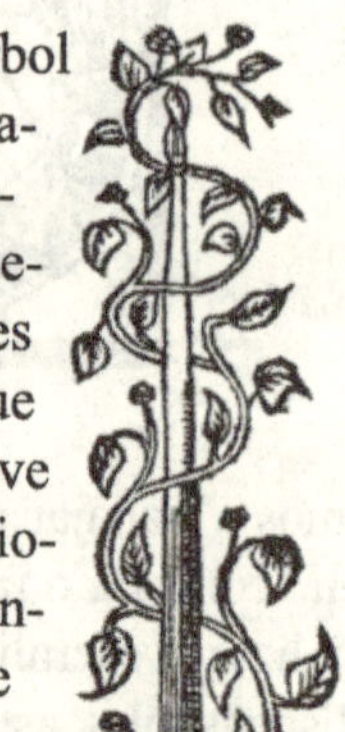

El avellano es el árbol que proporciona la madera de las varitas mágicas. La tradición asegura que el avellano es un árbol sabio, ya que pasa los primeros nueve años de su vida reflexionando sobre su existencia y sin dar fruto. Se cree que de sus ramas salen las maderas ideales para practicar la radiestesia. Los druidas celtas utilizaban las varas de avellano para remover las pócimas que confeccionaban en sus grandes marmitas.

avellano, situándola en vertical de manera que la punta de la rama mire al cielo, y que la parte por donde tú siempre la cogerás esté en contacto con la tierra.

Si eres merecedor de la varita, la encontrarás, veinticuatro horas después de haber realizado el proceso anterior, en el mismo lugar en que la dejaste. Desde allí podrás transportarla hasta tu santuario, donde finalizarás su preparación, ya sea marcando en ella tu nombre o signo secreto, o bien insertando algún nombre o signo que para ti tenga un significado especial.

Cuándo usar tu varita

Tu varita, al ser una prolongación de tu energía espiritual, debería estar presente en todos y cada uno de los rituales que hagas, y debería acompañarte siempre que acudas a un entorno natural, ya que puedes aprovechar esta circunstancia para cargarla de las energías telúricas del lugar. Además, usarás la varita en estas ocasiones:

- Para delimitar las zonas sagradas de las profanas, trazando círculos en el aire y en la tierra.
- Cogiéndola con ambas manos cuando tengas que proyectar al elemento aire una fórmula mágica o cualquier tipo de deseo u objetivo ritual.
- Sosteniéndola con una sola mano, derecha o izquierda según tu naturaleza diestra o zurda, para traspasar tu poder mágico a un objeto que deberás tocar con la punta de la varita.
- Introduciéndola, con tu mano dominante, en el caldero u olla en la que realices tus cocciones.

La vara de poder

Es el complemento de la varita, se corresponde con el elemento tierra, y recibe también el nombre de «cayado del mago». Representa el contacto del iniciado con la madre tierra, con todo lo que es tangible, estable y sereno.

Para fabricar una vara de poder debes seguir el mismo procedimiento, ya descrito, que con la vara, estableciendo las siguientes diferencias:

- La medida de la vara es la que hay desde el centro de tu plexo solar al suelo.
- La madera debe ser de nogal. Al igual que la varita, se obtendrá en domingo, en cualquier estación del año, pero con pre-

ferencia en invierno, y deberá recogerse justo antes de la puesta del sol.

Nota. En algunas tradiciones mágicas existe una tercera vara, que el mago también utiliza a modo de cayado. Es como las otras, pero su dimensión es la suma de la longitud de la varita y la vara que va del plexo solar al suelo.

Personalización y preparación de tu vara

Cuando dispongas de ella, al igual que hacías con la varita, la pulirás con la ayuda de una piedra. Después, junto al lugar en la que la has encontrado, cavarás una zanja de la misma longitud que tu cayado y la enterrarás completamente bajo la tierra. Pasada una semana, podrás pasar a recoger el don que te entrega la naturaleza.

Al llegar a tu templo, personalizarás la vara de la misma forma que has hecho con tu varita.

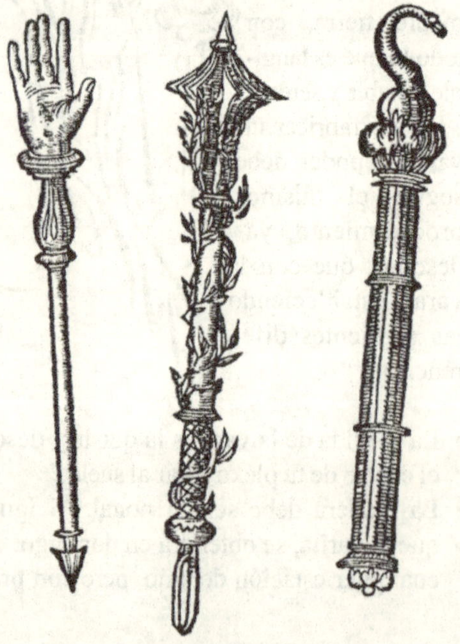

El cáliz

Está asociado con el elemento agua, por tanto, es de naturaleza femenina y tiene la misión de fecundar aquello que alberga en su interior. Simboliza el receptáculo de lo divino y de todo aquello que puede germinar gracias al principio fertilizador de la feminidad. Simbólicamente, el cáliz es la herramienta que otorga la abundancia, la inmortalidad y la hermandad a todos aquellos que beben de él.

El cáliz debe ser totalmente nuevo, y podrás adquirirlo en una tienda de objetos litúrgicos. Lo ideal es que sea de plata, pero son válidos también los de oro. Una vez lo tengas, procederás a personalizarlo marcando en él tus símbolos distintivos. Cuando hayas finalizado con este marcaje, deberás impregnarlo con tus fluidos de la siguiente manera:

- **Sangre.** Efectuarás una punción en la yema del dedo pulgar o corazón de tu mano regente. Cuando surja la sangre, pasarás el dedo por el borde o filo del cáliz. Deberás realizar esta operación en martes y tras la puesta del sol.

- **Semen o fluido vaginal.** Deberás uncir todo el interior del receptáculo del cáliz con la citada sustancia íntima, en miércoles y a la hora de máxima plenitud solar.
- **Lágrimas.** Uncirás con ellas el pie del cáliz, es decir, la zona que une la base con el receptáculo. Esta operación debe ser realizada en lunes, tras la puesta del sol.
- **Saliva.** Mojarás con ella las dos caras de la base de la copa. Lo harás en jueves, a las doce del mediodía hora solar.

Debes realizar los cuatro pasos descritos en el mismo orden en que están especificados, es decir, comenzarás tu consagración un martes con la puesta del sol, y la terminarás el jueves de la semana siguiente con el sol en lo alto.

Durante todos estos días, nueve en total, que simbolizan los nueve meses de gestación humana, el cáliz deberá mantener tus fluidos intactos y cubiertos por una tela de fibra natural de color negro. El último día, el jueves, pero a las doce de la noche, retirarás la tela, introducirás agua en el cáliz y beberás de él cuatro sorbos, uno por cada elemento. Luego lavarás el cáliz con agua, y lo dejarás secar durante toda la noche. Al día siguiente, prepararás una infusión con lavanda, menta, valeriana, verbena y flor de jazmín. Introducirás la infusión en el cáliz y la dejarás en él durante siete días, siempre tapado con la tela negra. Transcurrido este tiempo, la consagración habrá finalizado.

El caldero

Al igual que sucede con el cáliz, está vinculado con el elemento agua y simboliza el receptáculo de la fertilización. Lo recomendable es que sea de barro cocido apto para el fuego. Lo normal será que con el tiempo utilices varios calderos de distintos tamaños. Los usarás para realizar cocciones, infusiones, mezclar esencias, etc.

Antes de consagrar el caldero con tus fluidos, debes marcar sobre su superficie, y en consonancia con los cuatro puntos cardinales,

cuatro signos personales y distintivos. En la base grabarás tu distintivo o nombre mágico. Todos tus calderos deben estar personalizados siguiendo el mismo criterio que para la copa, con la diferencia de que al no tener pie, aplicarás tus lágrimas en la parte abombada y exterior del receptáculo. Dada la dificultad de obtención de líquido lagrimal en abundancia, la tradición mágica permite insertar una lágrima en cada uno de los símbolos mágicos que posee el caldero, en consonancia con los cuatro puntos cardinales. La culminación del proceso de consagración consistirá en la misma infusión que preparaste para consagrar tu cáliz, pero preparándola directamente al fuego, en el interior de tu caldero.

Objetos cortantes prácticos

Todos están relacionados con el elemento fuego, ya que tienen la capacidad de trasmutar y modificar radicalmente aquello que tocan. Por supuesto, también se vinculan con el principio activo masculino. A veces parece que el mago dispone de una armería. Realmente, con un único cuchillo y una espada sería más que suficiente para poder trabajar. De todas formas, la tradición justifica la existencia de muchos otros elementos cortantes. Debemos distinguir los que tienen un sentido práctico de los que poseen una finalidad ceremonial, como la espada o el sable, que poseen la misma función que la varita o la vara. De hecho, en lo que a objetos cortantes se refiere, a nivel práctico sólo precisarás de los que se detallan a continuación.

Hoz

También conocida como cuchillo de filo curvo. Aunque es válida cualquier hoz a la venta en las tiendas de jardinería o de herramientas de cultivo del campo, lo ideal es que sea con mango de roble y filo de oro. Si te decantas por esta acertada opción, deberás recurrir a un artesano, ya que esta pieza no existe en el mercado. Emplearás la hoz para cortar las plantas en su hábitat natural.

Cuchillos con mango de madera

Servirán para trocear, mondar y trinchar cuantos elementos sean precisos y formen parte de tus rituales.

Espada

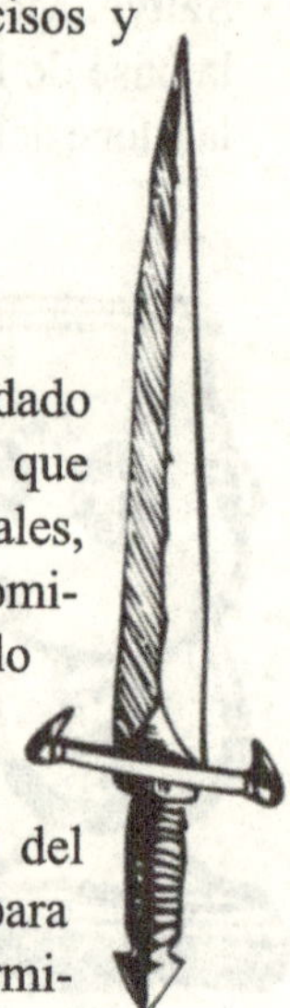

Tiene una utilidad simbólica dado que, en caso de que tengas que luchar con entidades espirituales, será mejor (siempre que no domines el arte de la esgrima) que lo hagas con la varita mágica.

En general, la espada representa la actividad vital del mago y se emplea, más que para cortar o sacrificar, para determinar intenciones y capacidad de acción.

Evidentemente, tanto si adquieres una espada como si la mandas forjar, deberás grabar en ella tus distintivos mágicos en un martes, a partir de las 12 de la noche y con la luna en fase creciente o llena.

Los tres usos de la espada

Espada alzada: cortar

La espada se emplea para cortar las influencias negativas de los espíritus malévolos del aire, así como las interferencias adversas. En este caso, el mago traza un círculo sobre su cabeza manteniendo la espada en vertical.

Espada apuntando la tierra: fertilizar

Se usa como elemento fertilizador de ideas y proyectos cuando es insertada en la tierra, ya que éste es un acto simbólico de engendramiento.

Golpeando con la empuñadura: asentar

Para asentar y determinar es necesario golpear el suelo con la empuñadura. En este caso, el oficiante hinca una de sus rodillas en la tierra.

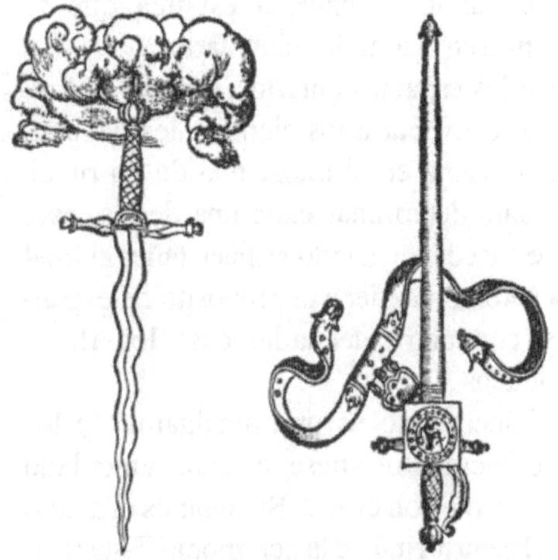

Las otras armas tradicionales

Con lo visto hasta el momento, en cuanto a objetos cortantes se refiere, es más que suficiente. Sin embargo, existen otros que, aunque no uses, debes conocer ya que forman parte de la tradición mágica.

Cuchillo de mango blanco

Está elaborado con cuerno de macho cabrío blanco. Se confecciona en un jueves de luna llena y se consagra introduciéndolo en una hoguera. Su función es cortar elementos inanimados.

Cuchillo de mango negro

Se conoce como «cuchillo de sacrificio». Su mango suele ser de cuerno de carnero, y la tradición exige que sea consagrado en sábado, con sangre de gato negro y jugo de mandrágora. Su función es realizar sacrificios rituales.

Puñal

Cumple las mismas funciones que la espada. Se consagra en martes con sangre menstrual y se le dota de mango fabricado con un cuerno de macho cabrío negro.

Campanas e incensarios

Ambos objetos están asociados con el elemento aire. La diferencia estriba en que el primero sirve para comunicar la apertura, tránsito y cierre de ceremonial, mientras que el segundo tiene por objeto agasajar a las entidades que son convocadas a las ceremonias. La campana, campanilla o gong sirve para expandir la energía estática que se encuentra en el templo o santuario.

En los espacios abiertos, cumple la función de convocar a los elementales del aire. Cuando suena en el transcurso de un ritual, sirve para determinar cada una de las fases que se suceden. Cuando se hace tañer al final de la ceremonia, tiene el propósito de expandir y conducir adecuadamente los flujos energéticos.

El incensario es una amalgama de los cuatro elementos, pese a estar vinculado directamente con el aire. Su lugar es el altar o bien el centro vital de la ceremonia. Está relacionado con todos los elementos. Asienta en la tierra; quema sus frutos gracias a la fuerza del fuego; los transmite en forma de humo generador de emociones, por lo que se vincula con el elemento agua; y, por supuesto, todo ello es expandido a través del elemento aire.

El mortero y mano de mortero

Se trata de dos objetos asociados al elemento tierra. La norma mágica exige que el mortero sea de piedra o de mármol, y que la mano de mortero esté confeccionada en madera. Lo ideal es que recurras a una rama recia de castaño, roble o abedul.

Como en el caso de la varita, si no estás consagrado como mago, no puedes cortarla directamente del árbol y deberás recogerla de la tierra.

El mortero tiene una función fertilizadora. En él se mezclarán hierbas, inciensos o cualquier otra sustancia sujeta a ser triturada a requerimiento de las formulaciones mágicas. Todo cuanto introduzcas en tu mortero, y lo que hagas con ello, es tremendamente importante, ya que estarás creando vida. Con las mezclas y picaduras, transmutarás su naturaleza convirtiéndola en sustancia mágica, por tanto, estos dos elementos deben ocupar un lugar de privilegio en tu santuario, y antes de llegar a él deberás consagrarlos.

Comenzarás el ritual de consagración un lunes en luna creciente, a partir de la puesta del sol. Deberás dejar que estos dos elementos permanezcan al aire libre, irradiados por el Sol y la Luna, durante siete días.

Esfera 3. El vestuario y los complementos del mago

Como sucede en el caso de los objetos y herramientas, en lo que a vestuario y complementos se refiere sólo hay dos objetos que la tradición mágica considera indispensables: la túnica y la bolsa o bolsón mágico. Todo lo demás, si bien tiene su utilidad, es prescindible.

Algunas leyendas aseguran que las auténticas capas mágicas deben haber sido tejidas por doncellas vírgenes.

La capa

Es uno de los elementos primigenios. De hecho, aunque en la actualidad es un complemento de la túnica, se considera que la capa es el primer vestido que debe poseer el aspirante. La capa mágica, también denominada manto o tabardo, es una simple tela que, a modo de manta, coloca el iniciado sobre su persona, envolviéndose en ella. El manto cubre la desnudez del oficiante y le sirve para aislar su cuerpo del entorno. La capa, salvo que se utilice como complemento de la túnica, no posee signo distintivo alguno. Es simplemente la tela con la que el aspirante a mago toma conciencia de que va a entrar en un estado distinto al habitual.

La túnica

Es el uniforme por excelencia del mago, por lo tanto, no debe improvisarse su elaboración. E insistimos en este aspecto porque debes ser tú quien lo confeccione personalmente. La túnica, al igual que el tabardo o capa, protege al mago del exterior. Sacraliza su cuerpo demostrando que todo lo que está fuera de él es profano.

La túnica es una certificación de lo que es el mago, de cuáles son sus intenciones, de qué grado formativo posee en el caso de estar inscrito en alguna orden y, por supuesto, informa de la jerarquía que ocupa el portador de la túnica dentro del grupo. Pero, además de todo ello, es un uniforme de trabajo.

A continuación te facilitamos la elaboración de la túnica en dos versiones: una más sencilla y de manga corta, y la otra, un tanto más elaborada y completa. Toma nota y, en cualquier caso, sigue las indicaciones de los patrones ilustrados que complementan este texto.

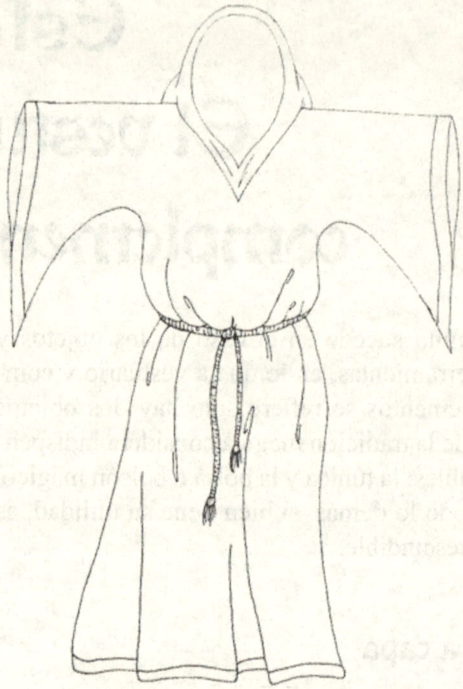

Túnica de manga corta

1. La forma más fácil es medirte desde los pies hasta los hombros. Multiplica esta medida por dos y adquiere una tela que sea, cuanto menos, el doble de ancha que tu espalda.
2. Dóblala por la mitad y, calculando el centro, corta la tela efectuando un orificio suficientemente grande, que te permita pasar la cabeza por él.
3. Después, cose las tres cuartas partes inferiores de manera que quede una cuarta parte superior abierta, por la que introducirás los brazos.
4. Si todavía lo quieres más fácil, puedes optar por no coser la tela y ajustártela con la cuerda trenzada que emplearás como cinturón.

Túnica de manga larga

1. Mide tu altura desde los pies hasta la nuca y multiplícala por dos. Esa será la longitud que deberá tener la tela. Para calcular el ancho, bastará con que multipliques por dos la medida de tu varita mágica y le restes los centímetros de diferencia existentes entre tu vara y tu varita.
2. Cogiendo la tela por la parte más larga, la doblarás una vez sobre sí misma, en sentido vertical, de forma que quede tan larga como tu altura. Después la volverás a doblar sobre sí misma, pero en sentido horizontal. Los dobleces deben quedar en la parte superior y en la parte derecha.
3. En la parte superior derecha, practicarás un corte en forma de medio círculo para que, una vez desdoblada, quede un orificio circular por el que poder pasar la cabeza.
4. Tomando como referencia la parte inferior izquierda, realizarás un corte en sentido ascendente y curvo hacia la izquierda. De esta forma estarás cortando el entallado y, al tiempo, formando las mangas.
5. Despliega la tela en sentido horizontal abriéndola como si fuera un libro. Podrás observar que ya tiene la forma que estamos buscando. Ahora sólo se trata de que cosas las zonas correspondientes a la sisa de las mangas, la cintura y el faldón.

6. Una vez que hayas acabado de confeccionar la túnica, sea del modelo que sea, debes dibujar en la parte interior de la tela, y a la altura de tu corazón, tu nombre mágico y tus símbolos de poder.

Los colores de la túnica

Salvo que pertenezcas a una orden en la que se te exija un tono determinado de túnica, lo ideal, para empezar, es que dispongas sólo de cuatro de ellas. Será una por cada uno de los colores de los elementos, es decir: marrón o verde para la tierra; roja para el fuego; azul para el agua y amarilla para el aire. También cabe la posibilidad de que optes por disponer de una túnica de un color neutro, como puede ser el blanco, y que la complementes, como indicamos en el recuadro respecto de la capa, con sobrecapas de distintos colores. Merece la pena insistir en que la túnica no es un guardapolvo, ni un batín de andar por casa. Es un elemento sagrado de oficio. Es tu uniforme mágico y protector. Por tanto, debes adaptar sus colores en función de las acciones que estés realizando.

Amarillo. Representa el color del Sol, de la luz universal y de la inspiración. Se armoniza con el elemento aire y nos ayuda a proyectar energía sobre el entorno.

Azul. Aunque es el lugar de nuestro planeta, representa al elemento agua. Simboliza la placidez y nos permite el contacto con las esferas de lo sublime. Manifiesta seguridad y paz interior.

Rojo. Simboliza el poder de la pasión, la energía vital y la sangre. Está asociado con el elemento fuego, por tanto, es la túnica de todas las prácticas y rituales ígneos.

Marrón. Vibra con las fuerzas telúricas de la tierra, elemento al que representa. Es el color adecuado para trabajar con rocas, piedras y elementos vegetales, como por ejemplo en la recolección.

Verde. Es un tono complementario del marrón cuando se emplea para honrar al elemento tierra. También es el color de la iluminación, la búsqueda espiritual y la introspección.

Blanco. Al igual que el negro, es un tono comodín y neutro. Manifiesta la pureza, la serenidad y la paz espiritual. Es el color perfecto para todo tipo de rituales que tengan que ver con el culto lunar.

Negro. Se complementa con el blanco y, como él, es un tono polivalente, si bien es el uniforme oficial de la nigromancia. En la magia armónica se transforma en un tono mitigador de lo tenebroso y protector ideal para las energías nocturnas.

La capa como complemento de la túnica

En el caso de que decidas disponer solamente de una túnica y modificar los tonos cromáticos de una forma fácil, puedes hacerlo confeccionando una sobretúnica. Para ello necesitarás una tela que mida el doble que tu vara de poder y que, de ancho, sea como tu varita mágica. En sentido longitudinal, es decir, en todo su largo, corta por su centro una abertura que alcance las dos terceras partes del total de la tela. Si tienes dudas, y por aquello de que «una imagen vale más que mil palabras», sigue las indicaciones de los patrones ilustrados que complementan este texto.

La bolsa ceremonial

Es el equipaje esencial del mago. Lo ideal es que esté elaborado a base de piel de animal, pero también se puede recurrir a algún tipo de tela natural y resistente. Antiguamente, los magos portaban en sus bolsas piedras o yescas con las que prender una hoguera; raíces o porciones vegetales con las que obrar una curación, así como aquellos fetiches que el mago consideraba esenciales. En la actualidad, tu bolsa servirá para que introduzcas en ella básicamente lo mismo, además de tu cuadernillo de campo, tu diario, así como otras pequeñas bolsitas que contengan tus talismanes, amuletos, etc. Con el tiempo, y a medida que te acostumbres a llevar tu bolsa, te darás cuenta de la enorme utilidad que tiene, ya que seguro que guardarás en ella muchas más cosas de las que te habías imaginado en un principio.

Para los chamanes, la bolsa ceremonial, así como el saco del alma (que no es sino un bolsón mucho mayor), son elementos esenciales en sus prácticas mágicas. En el primero llevan sus hierbas medicinales, aromáticas y, por supuesto, aquellas que fuman o emplean para realizar fumigaciones. En el segundo pueden guardar máscaras, pequeñas capas, maracas, piedras, flautas, etc.

A continuación te enseñaremos cómo construir tu bolsa o saco del alma. Nuevamente verás que las medidas de tu varita mágica y de tu vara de poder resultan esenciales para esta nueva prenda, ya que la primera servirá de medida de referencia para la bolsa, y la segunda para el saco.

1. Debes hacerte con una tela resistente. Formarás con ella un círculo cuyo diámetro deberá ser exactamente igual a la medida de la vara o varita, según corresponda.
2. El siguiente paso consistirá en realizar una serie de orificios a todo su alrededor. Para ello bastará con que imagines que estás contemplando un reloj y practiques un agujero en el lugar en que iría cada una de las horas. En el momento de practicar los orificios, ten presente el grosor de la cuerda que luego pasarás a través de ellos.
3. Deberás reforzar los orificios recurriendo a un hilo de cobre de unos 3 o 4 milímetros de grosor que moldearás con la ayuda de unos alicates hasta que tomen la medida de los agujeros. Seguidamente lo coserás todo, cobre y tela, como si de un ojal se tratase.
4. Por último, pasarás la cuerda por los ojales, uno por arriba y uno por abajo, a fin de que una vez tires de la cuerda quede la abertura de la bolsa fruncida (ver gráfico).
5. Ten presente que la cuerda debe ser lo suficientemente larga como para que después puedas anudarla a tu cinturón, si decides llevarlo, o directamente atada a tu cintura.

El cinturón

Lejos de ser ornamental, el cinturón posee dos funciones básicas: ajustar la túnica al cuerpo y facilitar que cuelguen de él no sólo la bolsa mágica, sino también la hoz, el cuchillo, etc.

En este caso, lo más práctico es que acudas a un centro de jardinería, donde encontrarás cinturones multiusos y portaherramientas con bolsillos y aperturas reforzadas incorporadas, que te resultarán ideales para este menester. Eso sí, desecha los que no sean de piel y luego, cuando ya lo hayas adquirido, marca en su interior tus signos mágicos. Con un poco de paciencia, y si quieres rizar el rizo, podrás comprarte una hebilla metálica lisa y grabar o hacer grabar en ella cualquier símbolo arquetípico con el que te identifiques.

El tocado o sombrero mágico

En todas las órdenes iniciáticas y mágicas, la prenda que cubre la cabeza, ya sea capucha, tiara, mitra, gorra, tocado, etc., es uno de los elementos de mayor simbología. Basta recordar el enigmático sombrero que cubre la cabeza de la carta del tarot de «el Mago», un claro símbolo que alude al infinito. El tocado protege energéticamente la cabeza del mago, pero además da realce a su poder.

Recordemos, por ejemplo, los cascos con plumas, pieles, garras, cabezas o cuernos que emulan al animal totémico del chamán. Tengamos presente también la clásica capucha usada por magos y druidas —también por monjes— que, con un simple pedazo de tela, cubren su cabeza cuando desean una mayor interiorización, reserva o retiro.

Los otros complementos

Anillos, pulseras, collares, brazaletes…, todos estos elementos son accesorios que, si bien pueden estar dotados de un cierto poder mágico, son adicionales y prescindibles para la práctica de la magia.

A veces estas joyas o abalorios se utilizan como nexo de unión con la orden, y el anillo, colgante o pulsera se convierte en un signo distintivo. Sin embargo, no podemos olvidar que también existe una magia de las joyas y todos los materiales que las conforman, esto es, metales, gemas y minerales. De hecho, cuando éstos se engarzan, elaborando lo que se conoce como alhajas, además de un efecto decorativo y estético, son también capaces de propiciar la vibración mágica.

Sendero 10.
Los recintos sagrados

Esfera 1. El templo físico

Esfera 2. El altar

Esfera 1.
El templo físico

Es el lugar sagrado donde meditarás, reflexionarás, operarás y prepararás sus actividades. Debes saber que el templo físico, además de ser un lugar privado, siempre deberá contener los espacios que se detallan a continuación.

1. Zona de estudio

La utilizarás para estudiar tus libros de formación, consultar datos, programar y proyectar actividades, así como para reflexionar, meditar y realizar trabajos mentales.

Aunque lo habitual es que realices la oración y la visualización desde la zona operativa, ocasionalmente también las podrás llevar a cabo desde este espacio de estudio.

2. Zona del conocimiento

Contiene libros, tratados, recetarios, anotaciones, ingredientes, utensilios y todo lo que necesites para realizar tus actividades mágicas.

3. Zona de la operatividad

Aquí se encuentra el altar del templo que emplearás para oficiar en tus ceremonias. Según sea el caso, podrás sectorizar dicho altar en distintas zonas (ofrenda, invocación, culto...) o erigir altares complementarios al principal. Lo ideal es que sigas el protocolo indicado más adelante.

4. Zona de la reserva

Es el lugar donde guardarás tu diario secreto, tus fetiches y objetos más íntimos, aquellos elementos que consideres relevantes dentro de tu ocupación mágica, pero no imprescindibles para el trabajo cotidiano.

El templo natural

Cada vez que debas acercarte a la naturaleza para recoger una piedra, un tronco, una seta, una flor o cualquier otro elemento, estarás visitando un santuario natural. Cada vez que acudas a un bosque, montaña, de-

Druidas reunidos en torno al roble para obtener el muérdago sagrado.

sierto, mar, río o lago para efectuar visualizaciones o rituales, estarás penetrando en los llamados templos naturales, que son todos y cada uno de los parajes donde el mago adquiere elementos o ejecuta sus trabajos.

Los druidas, los magos naturales por excelencia, jamás erigieron templos de construcción humana, pero los tenían. Sus columnas estaban formadas por los árboles del claro del bosque, sus paredes eran las rocas y las plantas que había junto a los árboles, y la cúpula, la bóveda celeste. Pese a ello disponían de un templo particular personificado en la choza o casa en la que habitaban, el lugar privado y sagrado donde guardaban sus elementos de poder, objetos mágicos, prendas y todos aquellos componentes físicos necesarios para la práctica de su trabajo.

Construye tu santuario

Tu santuario, evidentemente, formará parte de tu templo físico. Lo ideal es que sea una habitación cuadrada, de manera que cada una de sus paredes esté orientada a un punto cardinal. Dada la imposibilidad que muchas veces existe de erigir o modificar las paredes de una casa, lo que tienes que hacer como mago es:

1. Coger una brújula.
2. Situarla en el centro de la habitación, que es donde ubicarás tu altar, ya que representa el centro del mundo.
3. Determinar dónde se encuentra cada uno de los cuatro puntos cardinales y, por el momento, situar en ellos una marca.

Las cuatro puertas

Con independencia de por dónde entras a tu santuario, desde el momento en que has marcado en él los cuatro puntos cardinales estás en condiciones de abrir en cada uno

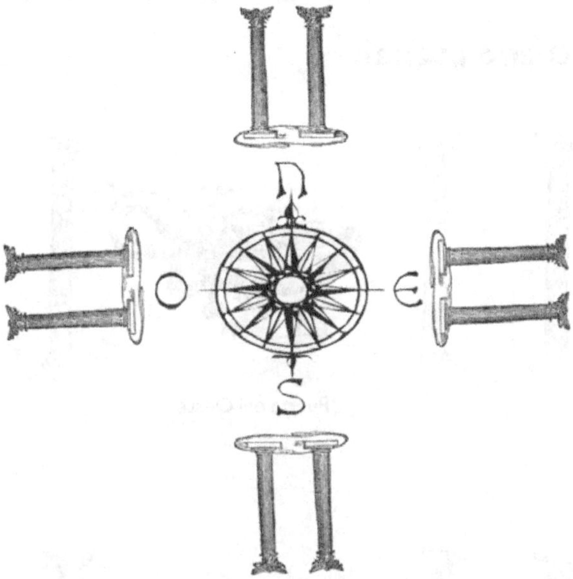

de ellos una puerta dimensional en concordancia con los cuatro elementos de la magia.

Lo idóneo es que cada pared, que sintoniza con un elemento, posea su propio color. Como se trata de abrir puertas, debes erigir dos columnas en cada uno de los cuatro puntos cardinales. Puedes optar por comprar columnas ya hechas, o bien simularlas con dos candelabros altos en los que pondrás una vela.

Además de todo ello, las puertas deberán estar protegidas. Por tanto, en torno a las columnas o candelabros trazarás un círculo de sal.

Ahora que ya sabes cuáles son los cuatro límites simbólicos de tu templo, se trata de armonizarlos con los cuatro elementos. Debes saber que ninguna de las cuatro puertas es superior a otra, todas son complementarias entre sí. Lo que sucede es que, en función del trabajo mágico que debas realizar, deberás orientarte en el templo desde una u otra.

Puerta del Este

Está consagrada al elemento aire. En ella deberás situar una bandeja o plato de cobre en la que, a modo de altar en honor de los dioses del Este, pondrás plumas, instrumentos de viento o abanicos.

Esta puerta representa al lugar por donde sale el Sol, por tanto, alude al amanecer y al inicio de las cosas. Es la puerta que se consagra a dioses como Osiris, Apolo, Orfeo Prometeo... y a grandes magos como Merlín y Serapis, o iniciados de la talla de Jesús o Buda.

El color de las columnas o velas que presidan la puerta podrá ser azul celeste, marfil, rosa, ámbar, turquesa o blanco. Los signos astrológicos que puedes marcar en las columnas o en la vela son los signos de aire: Acuario, Libra o Géminis.

Desde esta puerta entrarás al templo siempre que tengas que realizar rituales vinculados con la comunicación, la intuición, perspectiva, ideas y proyección, así como aquellos otros en los que se pretende crear equipos o unir mentalmente a personas.

Puerta del Sur

Representa la posición que alcanza el Sol al mediodía, tiempo de la mayor actividad del astro rey. La puerta está consagrada al elemento fuego. Como en el caso anterior, situarás una bandeja de cobre en la que colocarás aquellos símbolos que representan la fuerza, como la espada, la daga, el escudo, el arco y las flechas, una antorcha, etc.

Las cuatro puertas

Puerta del Este.

Puerta del Oeste.

Puerta del Sur.

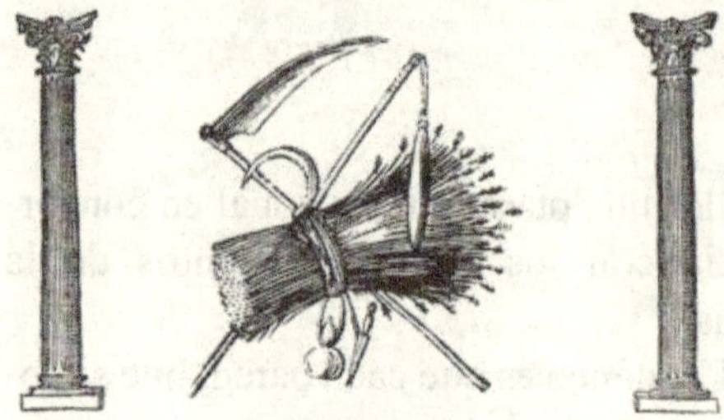

Puerta del Norte.

Las entidades que influyen mágicamente sobre esta puerta son: Marte, el dios de la guerra; Helios, el dios solar del mediodía; Ra y Vulcano. Los héroes y maestros mágicos vinculados con el Este son Arturo, Hércules y Esculapio. El color de las columnas o vela será rojo, naranja o dorado. Los símbolos astrológicos correspondientes con el fuego son Aries, Leo y Sagitario.

Esta es la puerta por la que entrarás al templo antes de realizar ceremonias ígneas, ya sea en honor del dios Sol o del fuego. El Sur marca también las ceremonias de fuerza, valentía, seguridad, transmutación y, por extensión, todo aquello que tenga relación con el fuego.

Puerta del Oeste

Simboliza la puesta del Sol, el lugar por donde el astro rey comienza a desaparecer. Por tanto, da paso a la feminidad, y con ella, al elemento agua. En la bandeja de ofrenda de esta puerta situarás cálices, calderos, tazas, valvas, semillas, etc.

El agua siempre debe estar presente en este lugar, por tanto, si decides no utilizar la bandeja y realizar un escudo, no olvides disponer de un cuenco convenientemente rellenado.

Los colores que se corresponden con la puerta son el azul oscuro, plata, morado, espliego y gris. Las entidades sobrenaturales y divinas que rigen el Oeste son, entre otras, Isis, Artemisa, Selene, Diana, Neptuno y Poseidón. Los signos astrológicos que se corresponden con el elemento agua son Cáncer, Escorpio y Piscis.

Ésta es la puerta de las artes adivinatorias, del don de la profecía y del de la videncia. Es también el lugar por el que debes entrar no sólo para practicar la adivinación ceremonial, sino también para llevar a cabo los rituales de magia lunar, así como las prácticas vinculadas con el mundo de las emociones y de los sentimientos.

Puerta del Norte

Simboliza el Sol de la medianoche o, si se prefiere, la ausencia visible del astro rey. Es la puerta del elemento tierra, femenina, fertilizadora y también vinculada con la Luna. La bandeja de ofrenda de la puerta debe contener los símbolos de las diosas de la tierra, como cestas, cuernos, pedazos de pan, o herramientas como el arado o el mortero.

Los colores de las columnas o velas serán ámbar, verde hoja, marrón tierra y rojo bermejo. Las entidades que influyen en esta puerta son Plutón, Isis, Perséfone y Zeus. Los signos astrológicos vinculados con el Norte, y con la tierra, son Capricornio, Tauro y Virgo.

Entrarás por esta puerta cuando debas realizar ceremonias que persigan la fertilización de las cosas, y en aquellas que tengan una vinculación con el elemento tierra.

Nota 1. Para todos los casos, si lo deseas, en lugar de situar frente a las puertas una bandeja a modo de ofrenda, puedes crear un escudo para cada una de ellas, en el que dibujarás los elementos que escojas de entre los comentados anteriormente.

Nota 2. En el capítulo siguiente descubrirás la forma de crear o adquirir los objetos del mago. Observarás que cada uno de ellos está vinculado a un elemento, por tanto, una vez que los tengas, deberás alojarlos en la zona del templo correspondiente a cada puerta.

Esfera 2. El altar

Representa una manifestación a escala, no sólo de tu templo mental sino también del universo que es tu templo físico, al que hemos dedicado la esfera anterior. Debe estar ubicado en el centro mismo del templo. Para señalizar exactamente su localización, te servirás de dos cuerdas largas. Una la colocarás desde el Norte hasta el Sur, la otra deberá ir desde el Este hasta el Oeste. En el punto de intersección de las cuerdas estará el epicentro del templo. Allí debes erigir tu altar.Lo más idóneo es que el altar sea circular. De esta manera te será mucho más cómodo operar en dirección a los distintos puntos cardinales o elementos. Pero también serán válidos los altares rectangulares o cuadrados. El altar se compone de dos partes esenciales: el pie y la superficie de trabajo. El primero evidentemente es vertical, y conecta la zona profana, que es el suelo, con la sagrada o espacio plano de la superficie.

Consideraciones sobre el pie

La base del altar puede descansar sobre un único pie central, o sobre cuatro. Si se trata de uno, deberá ser cilíndrico o cúbico y, en este caso, cada una de las caras deberá estar orientada hacia cada una de las cuatro puertas del templo. Si optas por un altar de cuatro patas, deberás disponerlas de forma que cada una de ellas coincida con un punto cardinal.

El pilar cilíndrico será neutro y blanco, pero si optas por un pilar de cuatro patas o cúbico, la que esté orientada al Este será de color azul, roja la del Sur, verde la del Oeste y dorada la del Norte. En caso de que escojas un altar con pies de piedra, en lugar de pintarlo le atarás o insertarás una tela de los colores ya indicados.

La superficie de trabajo

Puede ser de piedra o madera, quedando descartado el resto de los materiales. En la parte inferior de la base de trabajo, justo en su epicentro, grabarás tus distintivos mágicos, y en las zonas del borde que coincidan con las puertas de los elementos, marcarás el símbolo correspondiente a cada uno de los signos zodiacales.

Ceremonia de consagración

Antes de utilizar el altar, lo primero que debes hacer es vincularlo armónicamente con las cuatro puertas que conducen a él.

1. En primer lugar, trazarás un círculo de sal que enlace las cuatro puertas.
2. Ante cada una de ellas, y comenzando por el Este para terminar con el Norte, prenderás un cirio del color que corresponda a cada una de las puertas.
3. Adquirirás cuatro telas rectangulares de colores (azul, rojo, verde y dorado), cuyo largo será el suficiente para cubrir la superficie a modo de capas.
4. Colocarás la azul mirando hacia la puerta del Este. La roja, cruzada sobre la anterior, mirando hacia la del Sur. La verde, encima de la roja, estará orientada hacia el Oeste. Y, por último, la dorada, encima de todas ellas, se orientará en dirección Norte.
5. Completarás la acción colocando un velón blanco justo en el centro del altar. Lo encenderás mirando al Sur, la dirección del elemento fuego.

También debes disponer de cuatro cuencos metálicos, a ser posible de bronce, que situarás orientados en dirección a cada una de las puertas.

- En el cuenco del Este prenderás unos conos de incienso.
- En el cuenco orientado al Sur situarás unos carbones encendidos.
- Llenarás el cuenco del Oeste con agua.
- Depositarás tierra en el cuenco del Norte.
- Saludarás a las cuatro puertas, inclinándote hacia cada una de ellas, comenzando en la del Este y finalizando en la del Norte.
- Dejarás transcurrir toda la noche y regresarás a tu templo justo cuando comience a salir el Sol.
- Al salir el Sol, apagarás las velas que todavía no se hayan consumido y abandonarás el recinto, al que nuevamente regresarás al anochecer.
- Durante cuatro noches seguidas deberás repetir la operación renovando el contenido de los cuencos. Pero en lugar de abandonar el recinto, deberás dormir en él.
- La primera de estas cuatro noches dormirás situado entre el altar y la puerta del Este.
- La segunda noche repetirás la operación con la puerta del Sur.
- La tercera noche le corresponderá a la puerta del Oeste.
- La cuarta noche concluirás con la puerta orientada al Norte.
- Al amanecer, la consagración del altar habrá finalizado.

Sendero II.
La magia vegetal

Esfera 1. Los árboles más mágicos

Esfera 2. El fabuloso mundo de las plantas

Esfera I.
Los árboles más mágicos

En magia natural se parte de la base de que todos los elementos vegetales están en consonancia con arquetipos sobrenaturales. Esto es lo que le da la fuerza esotérica o mágica a un árbol, una planta o una flor. En el caso concreto de los árboles, todos están asociados al Sol, mientras que los arbustos se corresponden con Marte. Aquellos que ven nacer musgos en su tronco tienen, además, vinculación con Mercurio. Por último, los que ven nacer hongos tienen la presencia, además del Sol, de Saturno.

Abedul

Con su corteza interna se fabrican pergaminos en los que luego se escribirán conjuros. Con sus ramas se elaboran escobas con las que alejar la enfermedad y proteger la energía.

Abeto

Es uno de los árboles sagrados del norte de Europa. Se recurre a él para asegurar la fecundidad. Con sus hojas y ramas se confeccionan talismanes para proteger a las embarazadas.

Aliso

Es proveedor de varitas mágicas. Su madera sirve para evitar el mal de ojo y las adversidades y favorecer la lucidez. Con su corteza se confeccionan amuletos favorecedores del equilibrio.

Almendro

Es el árbol del amor, pero sólo para los hombres. Potencia la virilidad, y sus flores sirven como base de preparados talismánicos para enamorar.

Avellano

También es proveedor de varitas mágicas. Es el árbol de la energía, y sus ramas se utilizan en radiestesia. Los magos romanos usaban sus hojas contra las tempestades.

Castaño

Es el árbol de la vida y de la muerte, ante el que se invoca a los difuntos y a los antepasados. Con sus hojas se preparan talismanes para obtener fuerza y fiereza.

Cedro

Su madera se considera sagrada. Con ella fue construido el templo de Salomón. Con el humo de su madera en combustión se purifican los templos y los recintos sagrados.

Cerezo

Está considerado como el árbol de la sexualidad y de lo impúdico. Se le denomina árbol del diablo. Los huesos de la cereza se emplean para fabricar talismanes erotizantes.

Fresno

Es el árbol de los cambios y de la metamorfosis. De sus ramas se extraen varitas que indican los caminos a seguir. Con sus hojas se confeccionan amuletos protectores del hogar.

Haya

Es el árbol vinculado a los secretos. A través de él se puede conectar con los gnomos. Su madera se utiliza para fabricar amuletos favorecedores de los deseos.

Naranjo

Es el árbol del equilibrio y la sensatez. Sus flores, trituradas junto a sus ramas, otorgan capacidad de juicio. Las flores de naranjo suelen utilizarse en los rituales de amor.

Olivo

Es el árbol de la paz. Sus ramas se emplean como protección contra las tempestades, para preservarnos de los intrusos y también como amuleto para dar serenidad en el hogar.

Pino

Está considerado como el árbol del fuego, ya que sus ramas se utilizaban para hacer antorchas. Su aceite esencial se emplea para proteger el hogar y a las personas atacadas por el mal de ojo.

Roble

Uno de los árboles más mágicos. Protege el espíritu. Aparta del mago a sus enemigos. En él crece el muérdago, planta parásita considerada altamente mágica.

Sándalo

Es el árbol del perfume. Su madera en combustión se utiliza para purificar templos.

Sauce

Sus ramas ahuyentan los temores, las alucinaciones y el peligro. Las menores se trenzan para fabricar pulseras protectoras. Con su madera, los magos cabalísticos elaboran sus varitas.

Tejo

Es el árbol de la conexión con el más allá. Sus bayas se utilizan como amuletos para el amor. La sustancia química que exuda se utiliza para favorecer los estados modificados de la conciencia.

Tabla de correspondencia planetaria

Cada una de las partes del árbol tiene una vinculación directa con uno de los siete planetas clásicos.

Raíces. Son gobernadas por Saturno.

Tronco. Es tutelado por el Sol.

Tallos. Su protección le corresponde a Marte.

Hojas. Son gobernadas por la Luna.

Flores. Su referente es Venus.

Frutos. Son potestad de Júpiter.

Corteza y semillas. Son amparadas por Mercurio.

Practicum 12. El abrazo del árbol

Todos los árboles, incluso aquellos que no hemos mencionado, emiten una vibración, una fuerza mágica que podrás captar mediante el abrazo ceremonial en el que fundirás tu esencia con la suya. Para llevar a cabo este ejercicio, debes acudir a un bosque, pasearte por él y localizar un árbol que te atraiga. Una vez frente a él, te desnudarás completamente y procederás de la siguiente forma:

1. Con las piernas ligeramente separadas, pega tu cuerpo al tronco del árbol, abrazándolo.
2. Cierra los ojos, respira profundamente y concéntrate en la planta de los pies. Debes sentir el suelo que pisas e imaginar que, a medida que inhalas el aire, tus pies se introducen cada vez más en la tierra.
3. En la misma posición anterior, sintiendo tus pies cada vez más anclados en la tierra, presionarás con fuerza tu cuerpo contra el tronco y fusionarás tu sexo con él. Sentirás que, a cada inhalación de aire, tu sexo se funde con el tronco.
4. Centra ahora la atención en tu plexo solar, y en los latidos de tu corazón. Con cada uno de ellos te sientes más unido al árbol. Poco a poco la comunión es total, y el árbol y tú sois uno solo.
5. Siente cómo tus pies, tu sexo, tu plexo solar y tus brazos se fusionan con este gran ser natural.
6. Permanece unos minutos en esta posición. Disfruta del momento.
7. Si lo deseas, puedes hablar con el árbol e incluso realizar algún tipo de consulta o confidencia, esperando que su sabia esencia se manifieste en ti.
8. Cuando des por acabado el ejercicio, no te separes bruscamente del tronco. Antes agradécele al árbol su compañía y vete desprendiendo de él poco a poco.

Esfera 2.
El fabuloso mundo de las plantas

En la antigüedad, las plantas eran un universo de secretos. Quien lograba comprender su particular lenguaje, sus procesos de recolección y sus propiedades, se convertía en un ser especial.

Grecia, Roma y Egipto han sido las tres culturas principales que han trabajado la llamada «herboristería mágica». Pero el poder de las plantas no sólo reside en su composición química.

La tradición mágica las contempla como entidades con las que es posible establecer un estrecho contacto que tanto puede ser verbal como visual u olfativo. Cada planta posee una vibración singular que puede potenciarse a través de la infusión, la combustión o hermanando unas plantas con otras.

Pero para que las plantas te concedan su auténtico poder, es conveniente que te ocupes personalmente de su cultivo y recolección.

Las plantas de las brujas

Evidentemente, las plantas que veremos a continuación no son exclusivas del arte de la brujería.

Sin embargo, por sus singulares propiedades químicas, alucinógenas y afrodisíacas han pasado a formar parte de las llamadas «plantas de los ocultistas».

Mandrágora, la gran estrella mágica

Es una de las plantas sobre las que se han creado más mitos y leyendas. Sin duda, la extraña apariencia humanoide de la mandrágora ha sido la forjadora de ellos.

Además de su forma singular, la mandrágora tiene un desagradable olor. Sus hojas, grandes y de color verde oscuro, están agrupadas en un tallo muy corto. Cuenta la leyenda que esta planta nace en las encrucijadas, en los caminos malditos por el diablo y también donde la tierra ha sido fecundada por el semen derramado por un ahorcado.

La tradición dota a la planta de voz y asegura que tiene la capacidad de gritar estridentemente cuando es arrancada. Tanto es así que, según dicen, si quien la toma de la tierra no se protege adecuadamente, además de volverse sordo puede enloquecer. Durante la Edad Media, basándose en esta leyenda, los magos utilizaban perros amaestrados para recoger la mandrágora. De todas formas, existe un antiguo ritual de protección que supuestamente evita el alarido de la mandrágora y, en caso de producirse, nos protege de la locura.

1. Para protegerse del alarido de la mandrágora, magos y brujas se daban un baño de inmersión realizado con la infusión de las siguientes plantas: cardo, hoja de toronjil y limonero, perejil y borraja.
2. Después, sin secarse, se untaban el pulgar con aceite de oliva, en el que habían macerado raíz de mandrágora, y lo aplicaban en la frente, el pecho, el vientre, en el interior de las muñecas, rodillas y plantas de los pies.
3. Tras esa acción se vestían y salían en busca de su preciado trofeo.
4. Cuando encontraban la mandrágora, trazaban cuatro círculos alrededor de la planta, ayudados de un puñal quemado con carbón de madera de roble o encina. Por último, se arrodillaban ante la mandrágora, acariciaban suavemente el suelo y, a continuación, tiraban de ella con fuerza.

La mandrágora tenía numerosas propiedades, tanto mágicas como medicinales. Se decía de ella que, utilizada como si fuera una varilla de zahorí, podía localizar tesoros. Era capaz de actuar como afrodisiaco y como filtro propiciador de la fecundidad. Al igual que otras plantas brujas, producía estados alucinatorios. Desde el prisma medicinal, la mandrágora fue utilizada como anestésico. También se hervía en leche para aliviar úlceras. Mezclada con otras plantas y alcoholes, servía como purgante y como paliativo de los dolores reumáticos.

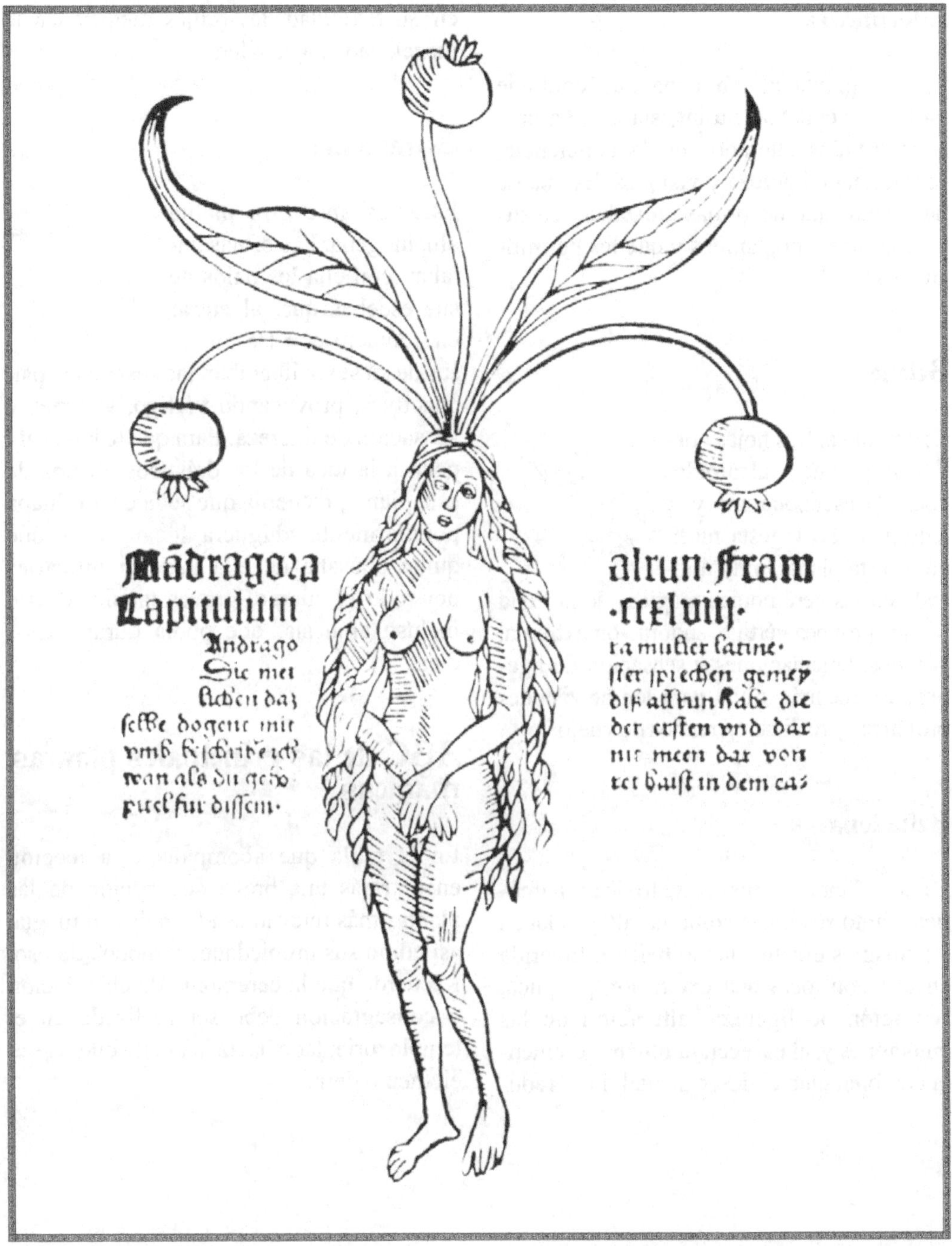
Mādragora
Capitulum
Andrago
Sie met
lichen daz
selbe dogent mit
vmb beschribe ich
wan als du gedo
pitel fur dissem·
alrun·fram
·ccxlviij·
ra mulier latine·
ster sprechen gemey
diß allrun habe die
der ersten vnd dar
nit meen dar von
ret hayst in dem ca

Adormidera

Es una planta alucinógena que contiene morfina y codeína. Su ingesta masiva provoca estados alterados de la conciencia, sensación de ligereza y visiones. Es una de las plantas que las brujas utilizaban en sus compuestos y preparados y que les permitían volar.

Beleño

Es narcótica. Sus hojas contienen potentes alcaloides como la escopolamina y la antropina. La ingesta masiva de esta planta, muy utilizada en las ceremonias mágicas de la Edad Media, provoca vértigo, sudoración extrema, vómitos, alucinaciones y sensación de ligereza. Se recurría a ella para lograr visiones proféticas y realizar ejercicios de vuelo.

Belladona

Es una planta terriblemente tóxica y narcótica. Tanto sus hojas como la raíz producen los mismos efectos que el beleño. Ingerida en infusión, ocasiona excitación psíquica, sensación de ligereza, alteración de las emociones y, al parecer, también incrementa notablemente el deseo sexual. Para reducir su toxicidad, las brujas medievales la mezclaban con dedalera.

Estramonio

Estamos ante otra planta alucinógena. Las brujas untaban con ella los palos de sus escobas que, al entrar en contacto con las mucosas de su sexo, liberaban las sustancias psicoactivas, provocando vértigo, visiones y sensación de ligereza. Para que te hagas un poco a la idea de los drásticos efectos de esta planta, recuerda que se la denominaba popularmente «higuera loca», y es que quien abusaba de ella padecía urticarias por todo el cuerpo, graves taquicardias e incluso amnesia, que podía durar varios días.

ABC de las principales plantas mágicas

En la tabla que acompaña esta lección encontrarás una breve descripción de las plantas más relevantes utilizadas en magia, así como sus propiedades y modos de uso. Recuerda que la ceremonia de elaboración y consagración debe ser realizada en el templo, orientado hacia la puerta que rige el elemento tierra.

Nombre		Nombre	
Ajenjo 	*Propiedades* Refuerza la energía espiritual *Empleo* 5 g de la planta por cada 100 ml de agua, tomada en infusión tras cada ritual	**Ajo** 	*Propiedades* Purifica el ambiente y protege al mago *Empleo* Antes de emprender rituales complejos, frota con ajo las plantas de tus pies
Albahaca 	*Propiedades* Otorga riqueza y atrae la suerte *Empleo* Para tener suerte, se espolvorea la hoja sobre la persona	**Anis** 	*Propiedades* Despierta la intuición y las energías sutiles *Empleo* Se depositará en el lugar donde se guardan las túnicas
Artemisa 	*Propiedades* Protege al mago en sus desplazamientos *Empleo* Se lleva encima guardada en un saquito blanco	**Bardana** 	*Propiedades* Purifica y elimina el mal de ojo *Empleo* Cuece 100 g de la planta en un litro de agua, luego lávate el rostro, manos y pies con la infusión
Dedalera 	*Propiedades* Ayuda al mago en sus rituales erotizantes o sexuales *Empleo* Se espolvorea sobre ÿel fuego cuando se invoca a los elementos. Su inhalación es peligrosa	**Eléboro** 	*Propiedades* Favorece los sueños proféticos y la conexión con otros planos *Empleo* Se guarda la hierba fresca bajo la almohada
Énula 	*Propiedades* Elimina las vibraciones negativas *Empleo* Se deposita en saquitos en los lugares que están siendo perturbados	**Hamamelis** 	*Propiedades* Favorece la atracción sexual *Empleo* Se deposita en un cuenco con agua en las ceremonias de amor
Laurel 	*Propiedades* Se emplea para los rituales de fama, éxito y dinero *Empleo* En forma de corona sobre la cabeza, invocando al elemento aire	**Manzanilla** 	*Propiedades* Prepara el espírituo del mago para el esfuerzo del ritual *Empleo* Se toma en infusión de 5 g por cada 100 ml de agua

Nombre		Nombre	
Menta 	*Propiedades* Calma las pesadillas y los ataques psíquicos *Empleo* Se toma en infusión de 5 g por cada 100 ml de agua	**Orégano** 	*Propiedades* Favorece la conexión con los difuntos y encauza las energías hacia la luz *Empleo* Para agradar a los difuntos, se espolvorea sobre el incensario en rituales funerarios o en las hogueras
Ortiga 	*Propiedades* Purifica y erradica el mal *Empleo* Se hierven 50 g de la pÿlanta por cada litro dÿe agua y el preparado se asperja sobre las paredes y el suelo del recinto afectado	**Romero** 	*Propiedades* Aporta felicidad, satisfacción y energía *Empleo* Se quema en todos los rituales en los que haya fuego
Ruda 	*Propiedades* Clarifica ideas y mitiga errores *Empleo* Se cuelga seca y en ramillete en la estancia de la persona afectada	**Tomillo** 	*Propiedades* Da fortaleza, inspiración y valor *Empleo* Se usa mezclado con ÿel agua de baño antes de los rituales
Valeriana 	*Propiedades* Favorece los sueños reveladores *Empleo* Se coloca un ramito bajo la almohada y a ambos lados de la cabecera del durmiente	**Verbena** 	*Propiedades* Purifica y da fortaleza *Empleo* Se toma en infusión de 5 g de planta por cada 100 ml de agua

El poder y la magia de las flores

La fragancia de las flores, así como sus vistosos colores, son la esencia de su poder mágico.

Pero las flores no sólo se usan para perfumar o decorar. El mago debe aprender a extraer la fuerza mágica y química que hay en el interior de cada una de ellas.

A continuación destacamos las más relevantes.

Nombre	Uso	Aplicación
Amapola	Insomnio y pesadillas	Duerme con sus semillas bajo la almohada
Azahar	Éxito en los proyectos	Lleva siempre encima 7 flores, en el interior de un saquito blanco
Clavel	Propicia la afectividad	Deposita un puñado de pétalos en el agua de tu baño
Crisantemo	Aleja a los enemigos	Entierra en una maceta 5 flores amarillas junto a la fotografía o el nombre de tu enemigo
Gardenia	Refuerza la energía	Tras un ritual completo, báñate con agua en la que habrás inmerso flores de gardenia
Geranio	Ayuda a la reflexión	Antes de proyectar tus ideas, haz gargarismos con una infusión de flores y hojas secas
Jazmín	Favorece los sueños reveladores y proféticos	Quema flores antes de acostarte
Lirio	Rompe los hechizos y atrae la suerte	En los lugares que consideres malditos, deposita pétalos de esta flor
Margarita	Potencia la amistad y la concordia	Debe estar presente en los rituales de amor
Orquídea	Estimula la sexualidad	Se espolvorean flores secas sobre el fuego en el transcurso de los rituales sexuales
Rosa	Atrae el amor y elimina enemigos	Para atracción, sus pétalos se esparcen en torno a la puerta Sur del templo, que es la que enmarca al elemento fuego. Para luchar contra los enemigos, se clavan sus espinas en rodajas de limón que son quemadas en la puerta Sur
Tulipán	Potencia la seguridad y elimina la depresión y la baja autoestima	Lleva un puñado de pétalos en un saquito de tela amarilla o dorada
Violeta	Favorece el equilibrio interior	Envuelve varias flores en un papel de seda negro y sitúalas bajo la cama

Prepara tu jardín mágico

Es conveniente que el mago disponga de un jardín mágico propio. No importa que tengamos una pequeña terraza: las plantas pueden ubicarse en macetas sin por ello perder su esencia mágica. Sin embargo, lo ideal es contar con un pedazo de tierra.

Tu jardín, al igual que el santuario, debe ser un lugar sagrado donde haya el máximo respeto por los elementos vegetales que viven en él. Además de plantas aromáticas, brujas o aquellas que den flor, tu jardín debería contar también con la presencia de las piedras. En este sentido, consulta el sendero destinado a los lugares sagrados y megalitos.

Además de las plantas que sean de tu preferencia, en el jardín de un mago o una bruja obligatoriamente tiene que haber romero, albahaca y ruda.

Si lo deseas, y siguiendo las indicaciones ya efectuadas respecto al altar, no estará de más que en el centro de tu jardín erijas un pequeño altar que te permita trabajar al aire libre con los distintos elementos. Si así lo decides, deberás buscar una zona del jardín que sea adecuada para la construcción de tu pequeño templo. Las columnas o puertas del templo serán plantas, y puedes elegir entre varias de ellas.

- Para la puerta del Este podrás recurrir a malvas, iris, amapolas, albahacas y árboles como nogales y tilos.
- Para la puerta del Sur, áloes, girasoles, cedros, limoneros o palmeras.
- Para la puerta del Oeste, margaritas, anís, verbena, lavanda, abedules y saúcos.
- Para la puerta del Norte, ajenjo, espliego, artemisa y árboles espinosos.

Nota. No estará de más que incorpores a tu jardín una fuente o cascada de agua, que servirá para disipar las energías estancadas.

Sendero 12.
La magia mineral

Esfera 1. La magia de los megalitos

Esfera 2. Minerales mágicos

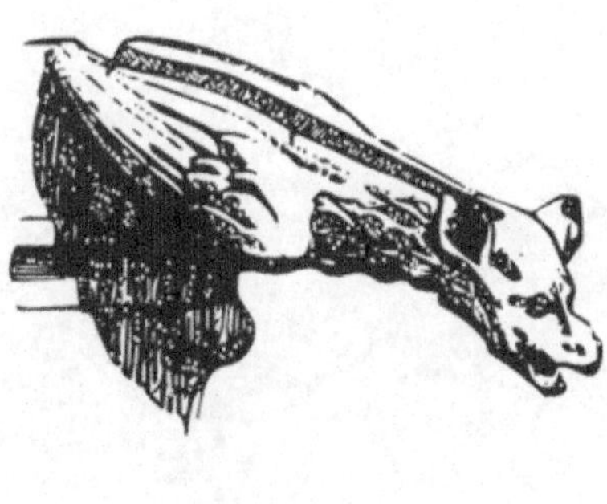

Esfera I.
La magia de los megalitos

Entre los años 7000 y 3000 antes de nuestra era, el ser humano comenzó a darle un valor relevante a las piedras. De esta fecha son las grandes construcciones megalíticas que están repartidas por todo el mundo.

Trabajar, pulir, tallar y levantar megalitos implica que el primitivo humano consideró que las piedras tenían un poder oculto. Aquello fue tanto como decir que, en el ya de por sí mágico mundo natural, existían otros seres, quizá divinos, que pese a su apariencia inanimada escondían algún secreto.

Clásico dolmen céltico erigido al amparo de los robles.

El hombre y la piedra

La relación que el hombre ha tenido con las piedras es, sin duda, intensa. Éstas pasaron de ser primitivas armas a generadoras de fuego. Gracias a las piedras, nuestros antepasados pudieron construir herramientas, útiles de caza y elementos que mejoraron su calidad de vida. Las piedras, en este caso las grandes rocas y aquellas que estaban en el interior de las cuevas, se convertirán también en los primeros lienzos sobre los que plasmar el arte rupestre. Por tanto, viendo todo ello, no debe extrañarnos que llegase un momento en que se manipulasen y transportasen piedras a lugares que luego serían sacralizados.

¿Qué es un megalito?

El término «megalito» está formado por la unión de *mega*, que quiere decir «grande o gigante», y *lito*, que significa «piedra». Por tanto, y dicho de una forma coloquial, un megalito es, ni más ni menos, una piedra grande. Existen tres tipos básicos de megalitos.

Menhir

Es una larga piedra que está clavada o insertada verticalmente en el suelo. Se desconoce su función. Se cree que los menhires pudieron servir para rituales de fecundación de la tierra, para activar las energías telúricas, o bien como representaciones de arcanos dioses. Hay quien piensa que los menhires se colocaron en lugares que tenían una relevancia para los moradores de la zona. Y hay quien asegura que los lugares en los que han sido erigidos tienen una vinculación astrológica.

Dolmen

Es una combinación de tres o más piedras, dos de ellas en vertical y una tercera sobre las anteriores en horizontal y paralela al suelo. La construcción de un dolmen implica la aproximación a la erección de un edificio. Requiere mucho más esfuerzo que un menhir, y su forma, que habitualmente nos recuerda la de una puerta, parece querer indicarnos la entrada a un recinto sagrado.

Crómlech

Es una combinación de piedras, generalmente distribuidas en círculo, como por ejemplo la famosa construcción de Stonehenge en Gran Bretaña. De hecho, cualquier agrupación de piedras en sentido circular recibe el nombre de crómlech. En el caso de Stonehenge, puede apreciarse que algunos de los menhires están unidos entre sí por otras piedras colocadas en sentido horizontal.

Entendemos que los crómlech son grandes santuarios donde a veces aparecen menhires muy trabajados, incluso alguno de ellos con orificios que dan a entender que fueron practicados para dejar pasar la luz del sol o para posicionar correctamente las estrellas del horizonte.

¿Dónde hay megalitos?

Prácticamente en todo el mundo. Se calcula que sólo en Europa existen más de 60.000 construcciones de este tipo. Las islas británicas, Bélgica, España e Italia son las zonas europeas con mayor patrimonio megalítico. Pero también hay en el norte de África, en Oriente Próximo, así como en India y Japón.

Prepara tus megalitos a escala

El mago que desea comulgar con la magia natural, tanto si trabaja en un bosque como si dispone de un jardín encantado, recurre al uso de piedras que, sin ser de gran tamaño como las megalíticas, le pueden servir para funciones similares. En este caso, la construcción a escala es útil para marcar zonas sagradas, delimitar terrenos y practicar una magia ancestral.

Como es lógico, antes de salir a un entorno natural en búsqueda de piedras, habrás pensado y vivenciado en tu templo mental qué tipo de elementos deseas adquirir y construir. Cuando acudas a la naturaleza en su búsqueda, debes hacerlo con paciencia y disfrute. Observa el paraje que te rodea y fíjate en las piedras, su forma, su tono y la impresión que te dan al tacto. Cada vez que selecciones una, debes sentarte junto a ella, cogerla con ambas manos y concentrarte en percibir su vibración. Antes de llevártela del entorno en el que se encuentra, abrázala y, al tiempo, comunícale a la madre naturaleza cuáles son tus intenciones.

Edifica tus monumentos

De nuevo son precisos la ceremonia y el trabajo pausado. Observa todas las piedras que has adquirido, decide para qué usarás cada una de ellas y luego acude a tu terraza, jardín o zona del templo en la que quieres que estén.

Tanto en el caso de los menhires como en el de los crómlech, piensa que deben ir insertados en la tierra, clavados sin más.

Para que se aguanten verticales no puedes utilizar cemento, argamasa o apoyo alguno. En el caso de los dólmenes, las dos piedras verticales deberán sostener, simplemente por contacto, a la que situarás en horizontal. De nuevo, desestimarás el uso de elementos artificiales para la unión.

Para seleccionar tu construcción, es útil tomar nota de las múltiples funciones que puede tener cada una de las construcciones pétreas que realizarás con las piedras que has elegido.

Menhir

Deberás ubicarlo allí donde notes que es necesaria su presencia y en aquellas zonas en las que desees activar la energía, o en un lugar que sea especial para ti. La función del menhir es proteger el entorno y activar la energía mágica del jardín.

Dolmen

Dado que representa una puerta simbólica a otros planos de realidad, el dolmen sólo será útil si trabajas con él. Es decir, cuando lo tengas construido debes proyectar periódicamente tu mirada hacia su interior y depositarle las ofrendas necesarias.

- Situado en el dormitorio, de forma visible desde la cama, te ayudará a activar la energía onírica si antes de dormirte intentas penetrar en él con tu mirada.
- En el recibidor de la casa, neutraliza y canaliza el mal. Es conveniente que guardes bajo él las llaves del domicilio.
- En el salón aporta armonía, serenidad y paz. En su interior deberás situar un objeto personal.
- Colocado en el exterior, ya sea en el jardín o en el balcón, activa las energías vibracionales armónicas.

Crómlech

Los círculos de piedras siempre tienen una finalidad protectora, por tanto, todo lo que pongas en su interior será resguardado. Ahora bien, existe un interesante experimento que puedes realizar, y consiste en edificar un círculo de piedras lo suficientemente grande como para que quepas en su interior. Recurrirás a este crómlech siempre que desees meditar o reflexionar sobre sus cuestiones mágicas, y también cuando precises de una protección energética adicional.

El dolmen funerario

En algunos dólmenes se han encontrado restos animales y humanos, lo que indica que el monumento pudo ser utilizado como sepulcro.

Si lo deseas, puedes darle una aplicación funeraria o de enterramiento a tu dolmen. En este caso, para enterrar simbólicamente aquellas cosas, situaciones o personas que te resultan dañinas y que deseas apartar de tu vida.

El dolmen funerario debe estar orientado al Norte, y las dos piedras verticales que conforman sus paredes deberán colocarse en forma de V. Es decir, estarán unidas por uno de sus extremos o lados, de manera que la puerta imaginaria quede abierta por el Norte y cerrada por el Sur, que es donde se encuentra la energía de la vida.

Todo lo que desees enterrar en tu dolmen deberá estar envuelto con una tela de color negro. Esta tela cubrirá, de manera apretada, las fotografías o los nombres de tus enemigos, así como los papeles en los que habrás escrito aquellas sensaciones, situaciones o cosas que quieres eliminar.

Esfera 2. Minerales mágicos

Ocultos en las entrañas de la tierra, las piedras, tanto preciosas como semipreciosas, nos ofrecen vibraciones que se transforman en mágicas cuando son utilizadas convenientemente.

Como podrás observar en la tabla incluida en esta esfera, cada piedra o mineral tiene unas propiedades concretas, pero para favorecerlas u obtenerlas la piedra debe ser previamente purificada y trabajada con mimo.

Aprende a seleccionar tus gemas

Además de su propiedad innata, cada gema, por su forma y color, creará en ti una serie de sensaciones. Por ejemplo, puede que el ojo de tigre, que no está relacionado con el amor, a ti te inspire pasión o sentimientos afectivos. No importa. Lo verdaderamente relevante es que exista sintonía entre el mago y la piedra que escoja. Es decir, si el ojo de tigre personalmente te inspira pasión, lo utilizarás como amuleto para este menester.

Cuando acudas a un centro especializado en la venta de piedras, déjate llevar por tu intuición, piensa en lo que quieres conseguir, y luego permite que sean tus sentidos y la vibración mágica de la piedra los que se pongan en contacto. En caso de que no consigas sintonizar y necesites de una gema específica, adquiere la piedra referenciada en la tabla.

Purificación y conservación

La piedra debe mimarse. Entiende que, aunque vibre en una frecuencia distinta a la tuya, la piedra es un ser vivo. En cuanto llegue a tu casa, condúcela a tu santuario y allí procede a lavarla simplemente con agua y sal muy diluida. Luego déjala sobre tu altar en la posición que esté en sintonía con el elemento tierra, o bien en la bandeja de ofrendas situada en la puerta correspondiente.

Es conveniente que protejas a tus piedras de la suciedad, el polvo y las manos ajenas. Lo ideal es que las guardes en el interior de una caja especialmente concebida para ellas.

Cómo utilizar las piedras

Lo más acertado es llevarlas encima. Para ello puedes disponer de una bolsita o saco mágico, o también engarzarlas en forma de joyas, de anillo, pulseras o colgantes y collares.

Para que la piedra funcione adecuadamente debes darle vida. Esto lo conseguirás tocándola, acariciándola y mirándola periódicamente mientras piensas lo que deseas obtener de ella.

A continuación encontrarás una relación de diversos minerales o piedras y sus distintas propiedades.

Aguamarina. Enfría las emociones, resuelve dudas, purifica el espíritu.

Amatista. Desarrolla los estados de meditación y potencia la espiritualidad.

Ágata. Desarrolla los poderes psíquicos y favorece los cambios.

Cristal de cuarzo. Favorece la introspección y la concentración.

Cuarzo rosa. Equilibra las emociones y regula los sentidos.

Cuarzo rutilado. Incrementa la creatividad y la imaginación.

Diamante. Endurece la fuerza mágica dando solidez a los conjuros.

Esmeralda. Se utiliza para potenciar el don de la profecía y para tener sueños reveladores.

Granate. Aviva el instinto y el sexo.

Hematites. Protege de la negatividad.

Jade. Da serenidad y belleza interior.

Jaspe marrón. Dispersa la energía del cuerpo en todas direcciones.

Jaspe rojo. Desarrolla el amor y los sentimientos de clan o familia.

Lapislázuli. Potencia la fertilidad, creatividad e imaginación.

Ojo de tigre. Otorga fortaleza y disipa las dudas existenciales.

Ónice. Equilibra el cuerpo físico y astral y protege del mal de ojo

Ópalo. Conecta con los mundos espirituales.

Pirita. Protege contra la incomprensión.

Rubí. Favorece la energía vital, el erotismo y la sexualidad.

Topacio. Fortalece el espíritu del mago ante la adversidad.

Turquesa. Se utiliza para los hechizos y para proteger del mal de ojo.

Zafiro. Favorece la iluminación y los viajes en los estados modificados de conciencia.

Sendero 13.
Magia, energía y salud

Esfera 1. El cuerpo bioplasmático

Esfera 2. Los colores como terapia

Esfera 3. La fuerza de los chakras

Esfera 1. El cuerpo bioplasmático

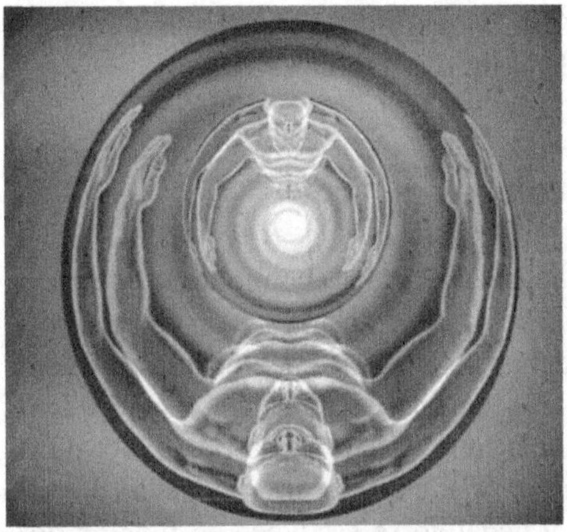

Posees distintos niveles corporales que van más allá de lo físico o tangible. No es una cuestión de capacidad o poder psíquico, ya que todas las personas, sin distinción, y siempre según las tradiciones esotéricas y los estudios parapsicológicos realizados al respecto, son un conjunto de entidades. El ser humano está compuesto de varios cuerpos o formas vibracionales que interactúan con su salud, tanto física como emocional. Una sería la física, donde encontraríamos el cuerpo etérico, lo tangible. Dentro de él hallamos el llamado doble etérico, que sería una copia energética y exacta de nuestro físico. Este doble etérico estaría vinculado con el llamado cuerpo astral, que es el que proyectamos a través de los viajes psíquicos y de desdoblamiento astral. Además de todos estos cuerpos, disponemos de otro que es el bioplasmático y que popularmente recibe el nombre de aura.

La energía que nos rodea

Todos los seres vivos, incluso los inanimados que han entrado en contacto con los primeros, poseen a su alrededor un campo energético al que llamaremos aura. En sí, se trata de una vibración luminosa o emanación de distintas gamas cromáticas, invisible a simple vista pero susceptible de ser captada mediante el trabajo psíquico. El cuerpo áurico, que para los esoteristas es una emanación conjunta del cuerpo etérico, astral y espiritual, alcanza sus distintas tonalidades en función de la evolución del individuo y de sus condicionamientos espirituales, y también puede variar sus tonalidades cuando se produce una interacción con otras personas u objetos animados. Cada vez que hablas con una persona cara a cara, siempre que la tocas y cuando te encuentras cerca de ella interactuando, de la forma que sea, tu aura efectúa una sinergia con la

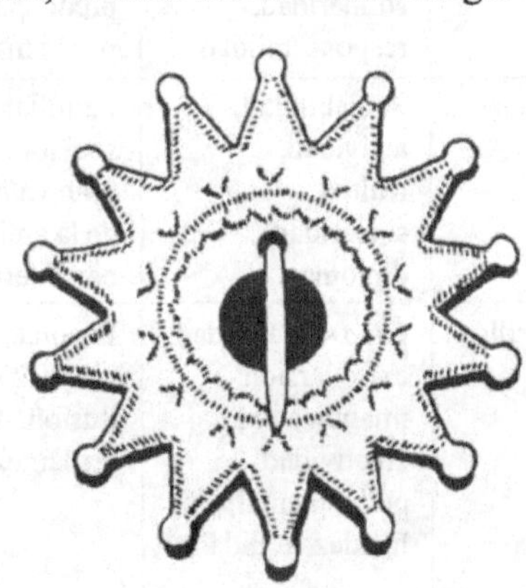

otra. Cuando ambas auras son compatibles o vibran en la misma frecuencia armónica, existe simpatía o atracción hacia el otro individuo. En caso contrario, si la energía áurica es de vibración disonante, puedes sentir incomodidad, hastío, desprecio y demás síntomas o signos negativos respecto a alguien que ni conoces ni te ha hecho nada. Los expertos en energía áurica creen que el hecho de que alguien nos caiga bien o mal nada más conocerlo depende de la captación inconsciente que hacemos de su aura.

Los colores de la energía

Si bien lo normal es que una persona sin capacidades psíquicas no pueda ver el aura de los demás, con un poco de sensibilidad se alcanza a visualizar hasta dos tonos cromáticos.

El paragnosta bien entrenado llega a ver entre 7 y 8 colores, y gracias al uso de las nuevas tecnologías, las modernas cámaras Kirlian nos ofrecen un abanico cromático de hasta 10 u 11 tonos.

Significado de los colores áuricos

Al observar el aura, siempre hay un color que prevalece por encima de los demás. No es una cuestión de intensidad lumínica sino del tamaño del tono. Para una correcta interpretación de lo que vemos, primero debemos analizar el color que más nos impacta y después estudiar los secundarios. Otro aspecto a resaltar es que todos los colores poseen, tal y como se indica en la tabla, una característica positiva y otra negativa. Esta valoración no indica que un color pueda convertir en negativa a una persona, ya que el equilibrio entre positivo y negativo se establece en función de parámetros como comportamiento, filosofía, actitudes, etc.

Color	**En positivo**		**En negativo**	
	Dominante	**Secundario**	**Dominante**	**Secundario**
Rojo	Ambición, optimismo, valentía, solidaridad, responsabilidad	Capacidad de liderato, ilusión, preocupación por lo material	Egoísmo, altivez, prepotencia, inquietud, impulsividad	Tendencia al nerviosismo y la irritación, facilidad para el enfado y la venganza
Naranja	Sociabilidad, actividad, lealtad, sinceridad, diplomacia	Familiaridad, sociabilidad, gran valoración de la amistad, paz interior	Manipulación, superficialidad, narcisismo, irritación	Introversión, aislamiento, temor al entorno
Amarillo	Gran sociabilidad, extroversión, imaginación, creatividad, poder mental, lucidez, agilidad	Ensoñación, proyección, ilusión, brillantez mental	Exceso de crítica, descuido, dispersión, hiperactividad	Agotamiento mental, dispersión, imaginación negativa, sentimiento de derrota

Color	En positivo		En negativo	
	Dominante	**Secundario**	**Dominante**	**Secundario**
Verde	Seducción, determinación, sensibilidad, humanidad y don de sanación	Solidaridad, ayuda desinteresada, sentido de la trascendencia, tenacidad	Presunción, soberbia, egoísmo, idolatría, tozudez	Orgullo, cabezonería, apatía, sentimientos despiadados, celos, envidia
Azul	Comunicación, idealismo, extroversión, franqueza, sinceridad, veracidad, fortaleza de espíritu y mente	Esperanza, vitalidad, proyección mental, elocuencia verbal	Inestabilidad emocional, alteración anímica, tristeza, depresión, estrés, verborrea, mentira	Apatía, proyección de negatividad, tendencia al aislamiento, exasperación
Violeta	Crecimiento espiritual, elevación mental, religiosidad, meditación, solidaridad	Concentración, religiosidad, espiritualidad, intimidad	Egocentrismo, narcisismo, falsa espiritualidad, integrismo, exageración, confusión mental	Sentimiento de superioridad, fundamentalismo, falsa caridad, absolutismo
Índigo	Cariño, comprensión, amor, satisfacción, intuición, equilibrio mental, ternura	Sosiego, serenidad, afabilidad, asesoramiento	Manipulación, engaño, hipocresía, frustración	Imperfección, inseguridad, angustia, utopía, miedo al fracaso
Rosa	Sentimentalismo, sensibilidad, mentalismo, armonía, creación	Suavidad, ductilidad, amor por el detalle, afectuosidad	Incomodidad, posesión, debilidad, futilidad, dependencia, ensimismamiento	Vergüenza, dependencia emocional, falsa ductilidad
Plateado	Idealismo, psiquismo, ensoñación, canalización energética	Sintonización espiritual, poder de revelación, idealismo, proyección	Sufrimiento, pasividad, alteración de la salud, ensimismamiento, suicidio	Miedo, agotamiento mental, exceso de pasividad, condescendencia negativa, atonía
Dorado	Elevación espiritual y mental, alto sentido de la justicia, poder de convicción	Fortaleza, decisión, claridad, objetividad, determinación, brillantez	Autoexigencia, autocastigo, sentimientos destructivos, frustración, aniquilación	Manipulación, venganza, malas intenciones

Color	En positivo		En negativo	
	Dominante	**Secundario**	**Dominante**	**Secundario**
Blanco	Fuerza, alegría, optimismo, tranquilidad, familiaridad, amor	Pasividad, mentalismo, creatividad, reflexión, sencillez	Egoísmo, narcisismo, prepotencia, capricho, infidelidad, tergiversación	Sentimiento de desgracia, victimismo, injusticia, infravaloración del ego
Negro	Protección, secretismo, prudencia, respeto	Hermandad, elocuencia, protección astral	Dolor, inseguridad, ira, intrascendencia, falsedad, ocultación	Maniqueísmo, falsa adulación, negatividad, inmadurez

La cámara Kirlian

Se trata de un sugestivo ingenio creado por dos científicos peritos del laboratorio del hospital Alma Ata, Simón y Valentina Kirlian, que tras años de investigación, convencidos de que el cuerpo humano era pluridimensional, en 1939 desarrollaron una cámara fotográfica capaz de capturar las cargas vibracionales y bioeléctricas.

Su invento era un generador eléctrico de alta frecuencia que emanaba iones y cargas eléctricas, efectuando una electrofotografía del cuerpo bioplasmático, también llamado aura.

Practicum 13. Aprende a ver el aura

Llegará un momento en el que podrás captar el aura con suma facilidad. Mirarás a una persona y observarás el entorno áurico cromático que la rodea. Pero antes, salvo que ya dispongas de esta capacidad, debes comenzar con prácticas como la siguiente:

1. Realiza el experimento en una habitación donde la luz sea tenue. Evita los contraluces y procura que la iluminación no genere sombras cerca de la mesa de trabajo.
2. Sitúa encima de tu mesa de trabajo una hoja grande de color blanco. Lo ideal es que sea del tamaño A3.
3. Tras relajarte, centra tu atención en el centro de la hoja. Permanece así durante unos minutos permitiendo que tus ojos se acostumbren a la visión del papel.
4. Coloca la palma de tu mano en el centro del papel y recórrela con la vista.
5. Centra tu atención en los dedos y en sus yemas, pero sin fijar la vista en ellos ya que crearía un falso efecto de visión.
6. Pasados un par de minutos, es muy probable que comiences a ver una especie de neblina en torno a tus dedos. Estás en el buen camino. No permitas que la neblina blanquecina te despiste. Si efectúas la práctica de manera correcta, podrás percibir algún color.

Sugerencia. Una vez hayas practicado lo suficiente con la visión áurica de tu mano, puedes ir un poco más allá en la experimentación situando sobre el papel una hoja, una pluma, una fruta, etc. En una tercera fase podrás practicar con objetos inanimados, que previamente debes tocar a fin de impregnarlos de tu emanación áurica.

Esfera 2. Los colores como terapia

En 1920, el francés Jules Romains, licenciado en Filosofía y Biología, comenzó a realizar investigaciones sobre el efecto que causaban los colores en el ser humano y la manera en que podían interferir en sus estados de ánimo a lo largo del día. Romains abrió una brecha que fue continuada por otros muchos científicos que buscaron fórmulas de salud, bienestar y mejor calidad de vida en las gamas cromáticas.

Uno de los más grandes estudiosos fue el Dr. Agrapart, neuropsiquiatra, que en 1969 constituyó el primer centro de investigación sobre el color, estableciendo lo que serían las bases de la terapia a través del color, más conocida como cromoterapia. Claro que, en honor a la verdad, debemos resaltar que la cromoterapia, aunque con otro nombre, es mucho más antigua.

Sabemos, por ejemplo, que en un papiro del antiguo Egipto datado en el año 1550 a. C., aparece un listado de distintos remedios curativos basados en el uso del color. Así, para tratar las cataratas se sugiere mezclar plomos rojos, lagartos negros y sal de cobre verde junto con cera de escarabajos.

Otro caso del antiguo uso del color lo encontramos en los textos orientales denominados *Nei Ching*, tratado médico escrito hace más de 2.000 años, en el que se hace referencia a la conveniencia de utilizar piedras y telas de distintos colores para tratar y calmar ciertas dolencias. Por último, no podemos pasar por alto los Vedas, textos sagrados de los hindúes.

En estos tratados de conocimiento, que tienen más de 2.500 años de antigüedad, se asegura que la correcta utilización del color otorga equilibrio y armonía al cuerpo.

Respira en colores

Imagina que el aire que respiras adquiere una tonalidad. Realizar este ejercicio es más que suficiente para que entres en contacto con la vibración del color y puedas notar sus efectos.

1. Busca un lugar que te aporte paz y serenidad. Si quieres, acompaña la experiencia con un poco de música. Es ideal llevar a cabo este ejercicio tumbados en la orilla de la playa, de noche y concentrándonos en el sonido del mar.
2. Túmbate o siéntate, procurando que ninguna prenda de ropa o joya te moleste. Cierra los ojos y limítate a respirar con normalidad. Deja que el aire entre y salga de ti sin reparar en él.
3. Pasados dos o tres minutos, imagina un punto de luz del color que hayas escogido y visualiza que está creciendo en el interior de tu mente.

4. Cuando veas el color con claridad, imagina que cada vez que inhalas el aire, éste tiene la tonalidad que has elegido, penetra en tu ser, lo transforma cromáticamente y luego sale de ti con armonía y con el color que te indicamos a continuación. Realiza el ejercicio durante cinco o diez minutos.

El poder de los colores

Amarillo. Para aumentar la objetividad y la concentración. Inspira amarillo y exhala violeta.

Azul. Proporciona relajación y paz. Combate el insomnio. Inspira azul y exhala anaranjado.

Magenta. Libera de los pensamientos, imágenes y recuerdos obsesivos. Inspira magenta y exhala verde.

Naranja. Para adquirir alegría y buen humor. Inhala naranja y expira azul.

Rojo. Te servirá para obtener vitalidad, energía y aumento de la sexualidad. Inhala rojo y exhala turquesa.

Turquesa. Combate inflamaciones y fiebre; también refuerza el sistema inmunológico. Inhala turquesa y expira rojo.

Verde. Sirve para purificarnos, proporciona equilibrio y combate los tumores. Inspira verde y exhala magenta.

Violeta. Para aumentar la dignidad y los sentimientos de amor propio y de belleza. Inspira violeta y exhala amarillo.

Esfera 3. La fuerza de los chakras

La palabra «chakra» es de origen sánscrito, y podemos traducirla como «vórtice» o «centro de energía». Algunos investigadores prefieren definir los chakras como «pequeños soles» —siete en total— que emanan nuestra energía vital desde el interior de nuestro cuerpo. Situados en sentido vertical desde el ano hasta la coronilla (ver recuadro), están localizados más o menos a la altura de la coronilla, entrecejo, laringe, pecho, ombligo, pubis y genitales. Al funcionar como centros de energía, actúan como una válvula de control que automáticamente se abre o cierra cuando sentimos, asimilamos o expresamos emociones.

Estas manifestaciones energéticas, que todos tenemos desde que llegamos a la vida, se van fortaleciendo o debilitando no sólo con el paso de los años, sino también con nuestro comportamiento. Según Clara Nadal, maestra de yoga e iniciada en reiki, «todo cuanto nos pasa influye en los chakras.

Un enfado, disgusto o desilusión, pero también la mala alimentación o incluso dormir menos de lo que sería adecuado, puede producir una alteración de los chakras».

La cotidianeidad y los chakras

Afortunadamente, nuestra vida no afecta a todos los chakras por igual, ya que cada uno de ellos tiene una función dentro del organismo, y esta misión está directamente relacionada con el lugar que ocupa en el cuerpo. Debemos aprender a controlar el organismo y saber qué chakra está inarmónico, no solo para reequilibrarlo, sino para conocer qué está fallando en el devenir diario. El hecho de que a veces fracasemos en un proyecto, padezcamos desasosiego o no encontremos el rumbo de nuestra vida puede deberse a una alteración de los chakras. Al margen de la salud física y la emocional, debemos cuidar la vibracional. Los chakras pueden condicionar el comportamiento, las decisiones o incluso el tono negativo que empleemos en una conversación. En definitiva, debemos mimar esos pequeños soles internos.

¿Para qué sirven los chakras?

Tanto para los budistas, que creen en la existencia de cuatro chakras, como para los tibetanos, que contemplan seis, y también para el tantrismo, donde hay siete, los «soles energéticos» son etéricos.

Es decir, son algo así como formas energéticas de nuestra conciencia que interactúan con el cuerpo físico mediante los sistemas endocrino y nervioso. De ahí que les afecte todo cuanto nos ocurre. Dado que cada chakra tiene una función y potencia una cualidad, es preciso aprender a utilizarlos tanto para relajarnos como para mejorar distintos aspectos de nuestra vida. Son decisivos para ser más felices, centrar ideas u objetivos e incluso para desarrollar mejores relaciones sociales o afectivas.

Los siete soles de tu interior

1. Chakra sacro

Localización. Entre el sexo y el ano.
Símbolo. Tierra.
Nombre místico. Muladhara.
Color. Carmesí.
En equilibrio. Activa el organismo, nos aporta vitalidad, fuerza y energía, así como pasión y deseo sexual.
En desequilibrio. Lo alteran las enfermedades de transmisión sexual. Causa inapetencia sexual y desmotivación generalizada.
Mantra sagrado. LAM.

2. Chakra púbico

Localización. En la pelvis, unos cuatro dedos por debajo del ombligo.
Símbolo. Agua.
Nombre místico. Suadhisthama.
Color. Naranja.
En equilibrio. Nos hace vivir las experiencias cotidianas de forma gratificante y constructiva, percibiendo riqueza de matices y felicidad.
En desequilibrio. Genera inquietud, agresividad, rencor y hasta deseos de venganza. Produce sensación de desamparo, abandono y soledad.
Mantra sagrado. VAM.

Chakra sacro

muladhara

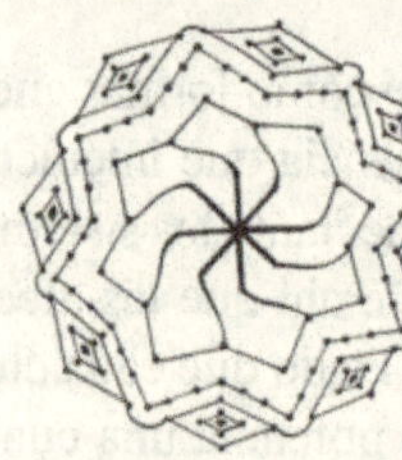

Chakra laríngeo

vishuddha

Chakra público

suadhisthama

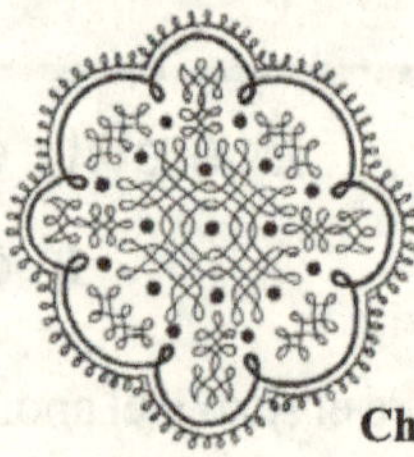

Chakra del tercer ojo

anya

Chakra umbilical

manipura

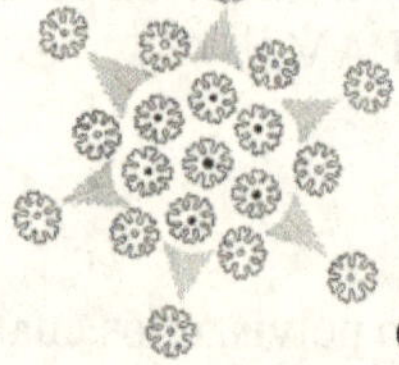

Chakra coronario

sahasrara

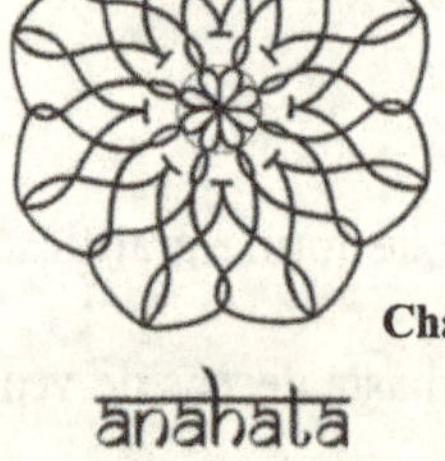

Chakra del corazón

anahata

3. Chakra umbilical

Localización. Alrededor del ombligo.
Símbolo. Fuego.
Nombre místico. Manipura.
Color. Verde.
En equilibrio. Potencia la fuerza de voluntad y la capacidad de sacrificio ante las situaciones de adversidad.
En desequilibrio. Genera inseguridad y miedo. Pueden aparecer fobias y emociones de carácter autodestructivo.
Mantra sagrado. RAM.

4. Chakra del corazón

Localización. En el centro del plexo solar, aproximadamente a la altura del corazón.
Símbolo. Viento.
Nombre místico. Anahata.
Color. Rojo.
En equilibrio. Favorece la armonía entre el cuerpo y la mente, entre lo que pensamos y lo que hacemos. Nos proporciona sentido del humor, optimismo, deseos de afectividad y amistad.
En desequilibrio. Alimenta situaciones de ansiedad, celos, melancolía, sensación de impotencia y, ocasionalmente, propicia un aumento de la introversión.
Mantra sagrado. YAM.

5. Chakra laríngeo

Localización. En la garganta, a la altura de la laringe.
Símbolo. Sonido.
Nombre místico. Vishuddha.
Color. Violeta.
En equilibrio. Estimula la comunicación creativa y los deseos de compartir nuestras emociones con los demás. Genera fluidez en el lenguaje y facilita la cxpresión de ideas.
En desequilibrio. Nos hace temerosos al expresarnos, provoca confusión en la exposición de argumentos y, ocasionalmente, falta de sinceridad. Puede vincularse con la afonía.
Mantra sagrado. HAM.

6. Chakra del tercer ojo

Localización. En el centro de la cabeza, principalmente en la frente.
Símbolo. Luz.
Nombre místico. Añya.
Color. Azul.
En equilibrio. Nos da felicidad y capacidad de aprendizaje. Favorece la aparición de pensamientos positivos e ideas brillantes e innovadoras. Alienta la imaginación.
En desequilibrio. Marca tendencias al negativismo, a la falta de inspiración y a la ofuscación. Puede originar obcecación y tozudez extremas.
Mantra sagrado. OM.

7. Chakra coronario

Localización. En la zona de la coronilla.
Símbolo. Pensamiento.
Nombre místico. Sahasrara.
Color. Oro.
En equilibrio. Fortalece la espiritualidad, la capacidad de meditación, el altruismo y el desarrollo de las aptitudes psíquicas y de orden parapsicológico.
En desequilibrio. Propicia la inestabilidad emocional, la confusión, la crisis de valores y de objetivos. Nos induce a tener sensación de no servir para nada.
Mantra sagrado. AUM-VAM-OM.

Guía práctica para activar y trabajar con los chakras

Para activar los chakras, recita en voz alta, y al menos una vez al día, el mantra que le corresponde a cada chakra. Para cantar el mantra debes sentarte o tumbarte cómodamente, efectuar dos o tres respiraciones muy profundas y después, cerrando los ojos, emitir el sonido muy lentamente notando que vibra en tu interior. Repítelo al menos 10 veces. Para comunicarte con los chakras, siéntate cómodamente. Respira de manera profunda diez veces y luego fija tu mirada en la imagen del chakra (ver recuadro). Mantén la mirada durante un par de minutos respirando muy pausadamente.

Después, reteniendo la imagen en la mente, túmbate e imagina que el símbolo se desplaza por el interior de tu cuerpo hasta llegar a la zona donde está el chakra. Una vez que llegue a su destino, relájate y déjate llevar.

Puede que aparezca una imagen, recuerdo o sensación. Es normal. Intenta averiguar qué significa para ti.

Ducha equilibrante

1. Prepara en el cuarto de baño un ambiente especial con velas, incienso y la música que te haga sentir bien. Abre suavemente el grifo de agua caliente.
2. Siéntate y relájate cerrando los ojos y manteniendo una respiración pausada, dejándote llevar por la música y el sonido del agua.
3. Cuando la relajación sea total, pasa a la ducha. Colócate bajo el chorro de agua y, sin abrir los ojos, imagina que, además de deslizarse por tu piel, penetra en tu cuerpo sin molestarte, haciéndote sentir bien.
4. Procede a recorrer cada uno de los chakras con el teléfono de la ducha, comenzando por el sacro y terminando por el coronario. Debes aplicar el chorro de agua por espacio de un par de minutos sobre cada chakra al tiempo que piensas en potenciar sus cualidades.
5. Cuando hayas llegado al último chakra, vuelve a dejar que el agua caiga directamente sobre tu cabeza y que recorra todo tu cuerpo. Siente que el agua te relaja, te limpia y reequilibra tu energía.
6. Al terminar la ducha, sécate con mucha suavidad para no perder la relajación y acude a tu dormitorio. Túmbate y pon un cuarzo a la altura de cada chakra. Si sólo dispones de uno, colócatelo un par de minutos en cada chakra mientras visualizas su imagen, e imagina que lo liberas de toda posible negatividad.

Sendero 14.
Las entidades sobrenaturales

Esfera 1. Los seres etéricos y espirituales

Esfera 2. Los genios cabalísticos

Esfera I. Los seres etéricos y espirituales

Además de las entidades que moran en los cuatro elementos, la tradición mágica recoge la existencia y el trabajo con entidades angélicas, espíritus celestiales y genios cabalísticos.

Además de ellos, en las artes oscuras y a través de la práctica de la nigromancia, se contempla la existencia de la llamada «corte infernal».

Entidades angélicas

Para la magia no son seres de energía pura y vinculada directamente con el poder cósmico y universal. Tampoco se conciben al modo del cristianismo, esto es como entidades asexuadas y dotadas de alas.

La palabra «Ángel» procede del término *angelus*. Para los griegos, era un espíritu celestial que actuaba como mensajero de la divinidad. Lo curioso es que esta energía que llamamos ángel aparece en muchísimas tradiciones iniciáticas y religiosas. Hay ángeles en Babilonia, en la antigua religión mesopotámica y en Sumeria; aparecen ángeles en el Antiguo Egipto; surgen entidades de carácter angélico en la lejana Persia, incluso ante Zoroastro y, por supuesto, no podemos olvidar la concepción angélica que de estos seres hacen la tradición cristiana y, más tardíamente, la musulmana.

En la Iglesia católica, las entidades angélicas fueron organizadas de forma jerárquica por santo Tomás, quien para desvincularlas de los cultos paganos, decidió que, en adelante, las energías angélicas serían: ángeles, arcángeles, virtudes, potestades, principados, dominaciones, tronos, querubines y serafines. Estableció, además, cuáles eran los poderes de cada uno de ellos y de qué forma los utilizaba Dios para contactar con los humanos.

Los arcángeles y la magia

Estas entidades espirituales tienen un gran poder. Se las invoca en magia, dado que su fuerza es incluso superior a la de los ángeles. Tienen la misión de guiar al ser humano y el don de obrar grandes prodigios.

Siete espíritus celestes

Son entidades que presuntamente viven en los cielos. Similares a los ángeles, se ocupan de velar por el destino de los seres humanos. Se exhortan para obrar actividades mágicas que tengan relación con la metamorfosis de las cosas, la elevación espiritual y la consecución de aspectos más mundanos como bienes, dinero, trabajo e incluso afectividad.

A todos ellos se les invoca el día en que son rectores, escribiendo su nombre en una vela cuyo color esté en correspondencia con la entidad.

Los siete arcángeles

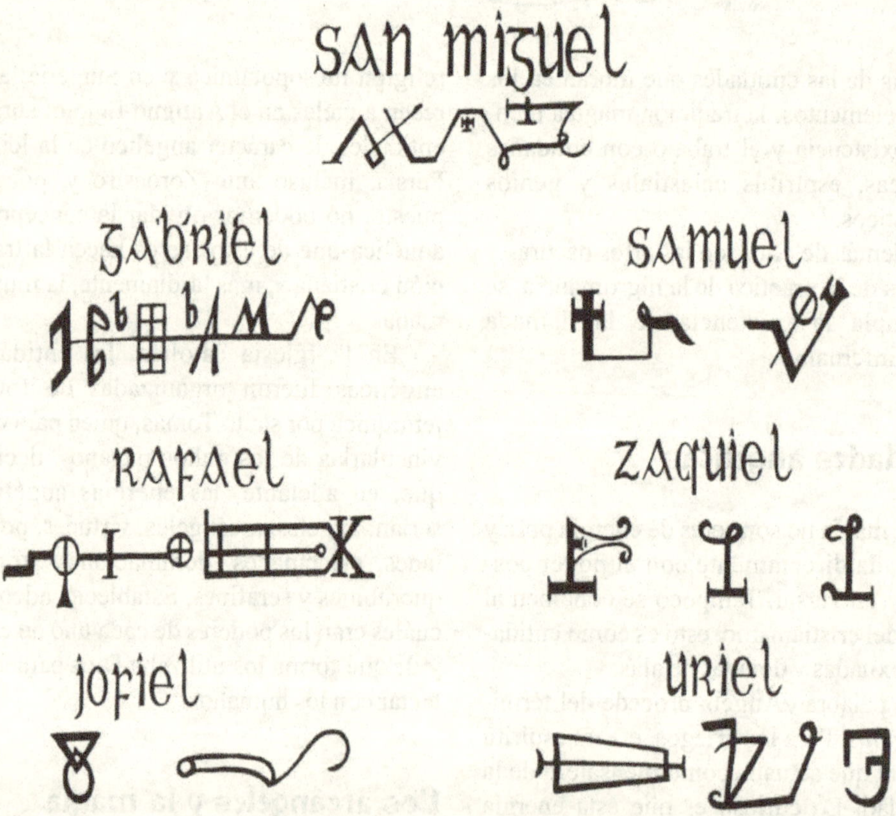

Los siete arcángeles

Nombre	Día	Vela	Utilidad
Miguel	Domingo	Azul y roja	Otorga valor ante la adversidad, protege de la soberbia
Jofiel	Lunes	Plateada y dorada	Resuelve dudas y da elocuencia
Samuel	Martes	Naranja y rosa	Protege de celos y envidias
Gabriel	Miércoles	Blanca y rosa	Ahuyenta la falsedad y la aflicción
Rafael	Jueves	Verde y blanca	Curación y optimismo
Uriel	Viernes	Dorada y amarilla	Canaliza las energías espirituales, atrae la buena suerte
Zaquiel	Sábado	Violeta y rosa	Potencia la misericordia, la compasión y el arrepentimiento

Los siete espíritus celestes

Nombre	Día	Vela	Utilidad
Phul	Lunes	Blanca	Rige la magia lunar, la curación, protege en los viajes y ante la adversidad
Phaleg	Martes	Roja	Gobierna la ira, el rencor, la ira y el dolor
Ophiel	Miércoles	Plateada	Potencia el dinero, da paz y facilita la transmutación
Bethor	Jueves	Naranja	Eleva la dignidad, potencia la creatividad
Hageth	Viernes	Verde	Potencia la belleza, el amor y la seducción
Aratrom	Sábado	Amarilla	Transmuta el carbón en oro y viceversa, da la invisibilidad y protege en la actividad mágica
Och	Domingo	Dorada	Potencia la energía vital, alarga la vida y da sabiduría

Esfera 2. Los genios cabalísticos

Pertenecen a la tradición de la cábala que, teóricamente, surge como disciplina esotérico-mágica y también mística, en torno al siglo XII. Claro que las fuentes filosóficas e iniciáticas de esta disciplina son muy anteriores. Teóricamente, la cábala es una sabiduría de carácter esotérico que el dios Yahvé entregó a Moisés en el monte Sinaí, junto con las tablas de la ley. Se supone que todo ello aconteció en torno al siglo XIII antes de nuestra era.

Los cabalistas consideran que esta disciplina es anterior a cualquier tipo de culto religioso. De hecho, aseguran que es la enseñanza básica entregada por una entidad superior al ser humano. Como revelación emanada de la divinidad, la cábala se basa en principios éticos y morales que tienen como objetivo la evolución espiritual humana y, por tanto, la comunión final con Dios. Los contenidos cabalísticos son de carácter especulativo y filosófico por una parte, y de naturaleza mágica y especulativa por otra. La cábala va más allá de la religión y de los conceptos judeocristianos.

Es una descripción respecto de cómo debemos entender la existencia de lo espiritual, lo físico y lo metafísico.

La parte más popular de la cábala surge a partir del siglo XII en las comunidades judías de la Provenza francesa. Estas comunidades, que estaban en contacto con otras situadas en Oriente, habían perpetuado todas las tradiciones esotéricas de los antiguos hebreos. Sin embargo, a partir de su popularización, la cábala integra conceptos que entroncan con la religión judaica, con la forma de comprender lo metafísico a través de ella, y expone los sistemas necesarios para encontrar la iluminación, no directamente a través de los conceptos cabalísticos, sino mediante la investigación y el estudio de la Torá.

El Árbol de la Vida

Se trata de un elemento arquetípico que agrupa todos los valores simbólicos tanto del estudio de la cábala como de las metodologías precisas para alcanzar la iluminación.

Para los cabalistas, la perfección o iluminación absoluta requiere de la realización de diez pasos conocidos con el nombre

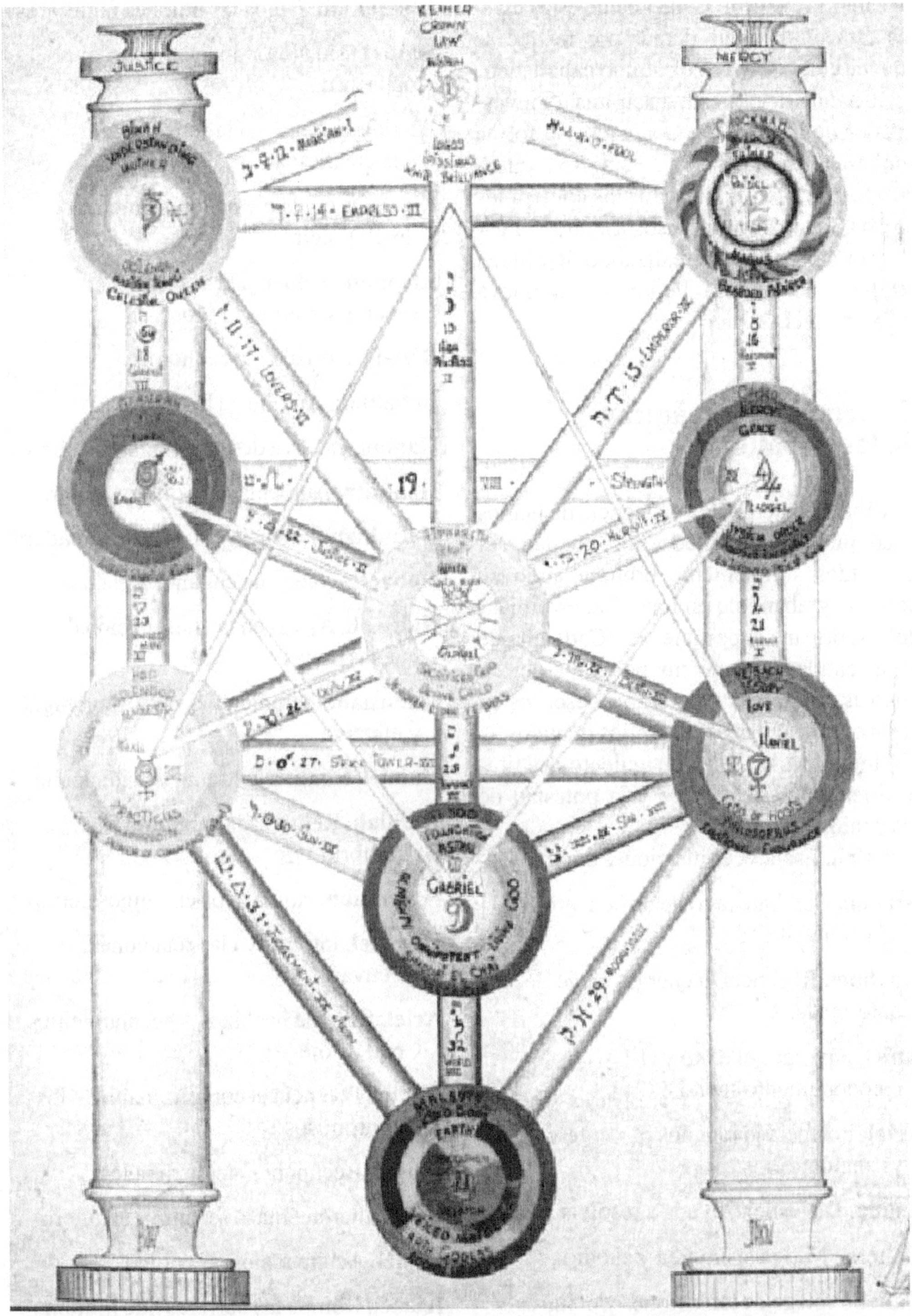
JUSTICE
MERCY
KETHER
CROWN
LAW
MOTHER
FATHER
EMPRESS · III
EMPEROR · IV
LOVERS · VI
STRENGTH
19
VIII
GRACE
LOVE
GABRIEL
GOD OF HOSTS
PRACTICUS
FOUNDATION
ASTRAL
EARTH
JUDGMENT · XX
TOWER · XVI
FOOL

de esferas o Sefirot. Cada una de estas esferas está unida a las demás por lo que se conoce como sendero o camino cabalístico.

Cuando llega a esta disciplina, el investigador de la cábala está situado, de forma simbólica, en la primera esfera. Sólo cuando aprenda y descubra todos los contenidos de ésta, luego de numerosos estudios, rituales y prácticas que irá realizando dentro del sendero, conseguirá llegar a una nueva esfera o nivel.

Las entidades mágicas de los cabalistas

La cábala contempla la existencia de genios o conjuntos energéticos que pueden ser invocados simplemente pronunciando su nombre, grabándolo en una vela, escribiéndolo sobre una superficie, etc. Cada una de estas entidades tiene un poder, y por lo tanto es normal ver sus nombres escritos en el reverso de talismanes y sellos mágicos.

Incluimos en la tabla siguiente, y a título orientativo, el nombre y la potestad de los genios.

Achaiah. Esclarece situaciones complejas

Aladial. Combate la tristeza, la depresión y la culpabilidad

Anahuel. Regenera la energía luego de la enfermedad

Aniel. Favorece el éxito y el reconocimiento social

Ariel. Potencia los sueños placenteros y premonitorios

Asalia. Da justicia, ayuda a resolver pleitos

Cahetel. Mitiga la envidia y el odio

Caliel. Protege de tentaciones y peligros espirituales

Chavakiah. Cuida las uniones familiares

Damabiah. Nos ampara en los viajes peligrosos

Daniel. Incrementa la sensibilidad y la creatividad

Eiael. Da consuelo en los momentos de desgracia

Alemiah. Refuerza la amistad y desenmascara enemigos

Bébale. Defiende la economía

Bebahian. Auxilia en los partos

Haaiah. esuelve desavenencias familiares

Haamith. Aumenta las riquezas materiales

Habuhian. Potencia la fertilidad creadora

Hahael. Protege de engaños y estafas

Hahaiah. Ayuda en la consecución de nuevas metas

Hahasiah. Incrementa la unión conyugal y afectiva

Haiaiel. Elimina la tiranía y la injusticia

Haiuiah. Refuerza la sabiduría y el equilibrio

Hakamiah. Anula a los enemigos ocultos

Harahel. Intensifica las relaciones afectivas

Ariel. Elimina hechizos, encantamientos y mal de ojo

Haziel. Potencia el cumplimiento de los compromisos

Iahhel. Recupera objetos robados

Ieiael. Incrementa la fortuna y el dinero

Ieialel. Aclara malos entendidos

Ieiazel. Rompe las barreras que limitan la libertad

Iehuiah. Desbarata los planes de traición

Ielahiah. Protege a los niños, ancianos y desvalidos

Ierathel. Mejora el terreno profesional

Iezabel. Atenúa peleas y logra reconciliaciones matrimoniales

Imamiah. Da suerte en los juegos de azar

Jabamiah. Protege contra todos los males

Jeliel. Cumple los deseos pedidos con justicia

Lauviah. Aleja la tristeza y el dolor

Lecabel. Incrementa los sentidos psíquicos

Lehaiah. Neutraliza la rabia y la venganza

Lelahel. Protege de los contagios

Leuviah. Erradica rachas de mala suerte

Loviah. Potencia la comunicación

Mahasiah. Otorga cordura y tranquilidad

Manakel. Ahuyenta el sufrimiento físico

Mehiel. Mitiga la adversidad y lo nefasto

Melahel. Protege los sobresaltos en el hogar

Menadel. Revaloriza las relaciones comerciales

Mihael. Evita el deterioro de las relaciones humanas

Mikael. Potencia el reconocimiento y las virtudes

Mitzrael. Ayuda a superar los remordimientos

Mumiah. Favorece la belleza y la juventud

Nanael. Ayuda a tomar decisiones complejas

Nelchael. Contrarresta los rumores

Nemamiah. Estimula el pensamiento creativo y novedoso

Nithael. Otorga sorpresas agradables

Nithalah. Desentraña los misterios y situaciones ocultas

Omael. Combate la ansiedad y da paz

Pahalial. Ayuda a enfrentarse al peligro

Poiel. Concede fama y reconocimiento

Rehael. Calma la tensión en las disputas

Revel. Protege en los juicios adversos

Sealiah. Proyecta energía ante los obstáculos

Seheaih. Ayuda a los marinos protegiéndoles de tormentas

Cítale. Aporta ánimo y esperanza

Umabel. Facilita la llegada de nuevas amistades

Vasaría. Crea alianzas con los poderosos

Vehuiah. Otorga beneficios en las inversiones

Vehuel. Facilita la cooperación entre amistades y familiares

Veualiah. Abre los caminos de la espiritualidad

Sendero 15.
Ceremonias y rituales mágicos

Esfera 1. La programación mágica

Esfera 2. Desarrolla las fases de un ritual

Esfera 3. Hechizos, encantamientos y formulaciones

Esfera I.
La programación mágica

Para llevar a cabo cualquier acto mágico, el mago —tú en este caso— debe seguir un orden.

1. A través de la reflexión y visualización en tu templo mental, te ocuparás de programar la actividad que deseas realizar.
2. Consultarás las tablas o datos que aludan a materiales, días, horas, etc.
3. Anotarás toda esta programación en tu diario secreto.
4. Te proveerás y prepararás todos y cada uno de los objetos e ingredientes que exige tu ritual.

Sólo al cumplir cada uno de los pasos citados estarás en condición de llevarlo a cabo.

Los personajes del ritual

Resulta evidente que si trabajas solo, tú serás todos y cada uno de los participantes que componen tu ritual. De todas formas, como mago, debes conocer cuáles son los distintos operadores que, de una forma genérica, pueden participar en una ceremonia mágica.

Feligrés

Es quien está inscrito en un culto. Puede presenciar la ceremonia pero, si no está iniciado u ordenado, no debe participar en ella. Se limita a acatar las instrucciones de los maestros de ceremonia.

Personajes del ritual

Feligrés

Iniciado

Peticionario

Oficiante

Aspirante

Maestro

Peticionario

Es quien lleva a cabo un ritual en beneficio propio o ajeno. El feligrés puede ser un peticionario, pero, al no estar ordenado, debe delegar en el sacerdote o mago, haciendo que éste, sin dejar de ser lo que es, también se convierta en peticionario. El resultado de la ceremonia y los beneficios que produzca recaerán, por tanto, sobre quien originariamente realiza la petición.

Aspirante

Está siendo formado en los preceptos mágicos o litúrgicos. Puede participar en aquellas acciones del ritual que el maestro iniciado acepte. Se convertirá en ayudante de la función mágica, pero no tiene capacidad transmutativa puesto que no domina el conocimiento de lo oculto.

Iniciado

Es quien sí tiene capacidad para ejecutar un ritual. Conoce la liturgia, las ceremonias mágicas y las invocaciones. Ha estudiado y ha sido formado en una disciplina y, tras pasar su ceremonia de iniciación, se ha convertido en mago.

Oficiante

Es el iniciado o mago que realiza una acción ritual, ya sea mágica o adivinatoria.

Maestro

En magia, es aquella persona que ha alcanzado la perfección y que posee absolutamente todos los grados de iniciación que su doctrina o culto pueden facilitarle. El maestro, cuando el ritual es llevado a cabo por varios magos, es el que determina la función de cada uno de ellos, así como de qué forma deben actuar.

Los pasos de todo ritual

Mientras has pensado en lo que deseabas ejecutar, has actuado como iniciado. Cuando has acudido a adquirir o comprar algún elemento para tu ritual, has actuado como mago. Ahora, cuando efectúes la ceremonia, te convertirás en maestro de ceremonias.

Todo ritual está sujeto a diez principios básicos de acción. Otra cosa es que, en ciertas tradiciones, determinados pasos se alarguen más o menos, adquiriendo mayor o menor relevancia. Pero en general, las diez fases pretenden que la ceremonia siga un proceso lógico.

Índice esencial de los diez pasos de un ritual

I. Estructura de la ceremonia.

II. Preparación y purificación del templo.

III. Armonización con los cuatro elementos.

IV. Invocación de las entidades.

V. Declaración de intenciones.

VI. Meditación, proyección y evocación.

VII. Trabajo mágico.

VIII. Comunión.

IX. Reflexión final.

X. Clausura del ritual.

Esfera 2. Desarrolla las fases de un ritual

I. Estructura de la ceremonia

La organizarás en el mismo momento en que, en tu templo mental, estés meditando sobre la acción que vas a emprender. No estará de más que, en esta fase inicial, anotes en tu diario mágico todos y cada uno de los pasos que debes realizar.

La estructura de un ritual es lo más parecido a un guión teatral, por tanto, debes marcar las entradas y salidas de escena, vestuario a utilizar, objetos que emplearás, posiciones y, por supuesto, deberás tener escrito todo lo que vas a decir, especialmente tus invocaciones. Con el tiempo y la práctica reducirás la extensión del guión dado que tu experiencia te permitirá saber de memoria qué debes hacer.

II. Preparación y purificación del templo

Lo primero que debes hacer es asumir que tú eres un templo. Por tanto, antes de ocuparte de trabajar en tu templo mental y corporal debes preparar tu organismo.

Higiene mental y física

Para ejecutar un ritual, precisarás higiene mental y física. Sólo si tu estado emocional es equilibrado y posees una auténtica concentración, podrás llevar a cabo el acto mágico. Tómate tu tiempo para limpiar tu mente de preocupaciones banales.

En cuanto a tu cuerpo físico, no actúes nunca bajo los efectos de sustancias alucinógenas, psicotrópicas o farmacológicas. Éstas, incluso cuando se ingieren con fines mágicos, están sujetas a un ayuno y preparación previos, puesto que deben penetrar en el cuerpo del mago de forma ceremonial. Tu cuerpo debe estar limpio por dentro y por fuera. Aunque no es preciso el ayuno, sí es aconsejable que los días previos a la ejecución de la ceremonia cuides al máximo tu alimentación. En cuanto a la higiene externa, actuarás como si fueras un cirujano: desde el mismo momento en que entres en tu templo debes estar impoluto.

Limpieza de templos

A. Templo mental. Debes adecuarlo y ordenarlo para que quede tan limpio como el físico, y preparado para la ceremonia. Es aconsejable que hagas un pequeño ensayo en tu templo mental de lo que acontecerá después en la realidad.

B. Templos al aire libre. Por lo que se refiere al templo en el que desarrollarás tu actividad, si éste se encuentra al aire libre o en un ambiente natural, bastará con que lo adecues poco antes de iniciar el ritual.

C. Tu santuario. Si el lugar escogido para llevar a cabo la ceremonia es tu templo físico —que de hecho será el lugar donde trabajarás el 80% del tiempo de tu vida mágica—, debes comenzar a prepararlo al menos 24 horas antes de llevar a cabo el ceremonial. Entrarás en él a partir de la puesta del sol y procederás a realizar una limpieza general de la sala. Actúas como iniciado, no como mago, y por tanto tienes permiso para estar en el recinto, pero realiza tus acciones de forma prosaica. Cuando hayas terminado, saldrás del templo, te pondrás tu túnica, te descalzarás y volverás a entrar en el recinto, como mago. Efectuarás una serie de toques de campana para disipar las energías. Prenderás inciensos en la puerta de Sur, y sobre tu altar dejarás encendida una vela blanca. Luego abandonarás el recinto.

III. Armonización con los cuatro elementos

Llega el momento de llevar a cabo la ceremonia. Lo primero que debes hacer es situarte ante la puerta que preside el ritual. Te inclinarás frente a ella, reflexionarás sobre lo que vas a hacer y, luego, te desplazarás al centro del santuario. Ya en el centro, debes abrir simbólicamente el círculo mágico, y, por tanto, las cuatro puertas sagradas del templo:

1. Desde tu altar, y orientado al Este, extenderás tus brazos y los elevarás hacia lo alto a fin de asumir la fuerza de los vientos. Sentirás la ligereza que te otorga el elemento aire. Cerrarás los ojos e imaginarás que puedes volar libre como un águila. El elemento aire ha sido convocado.
2. Orientado hacia el Sur, rememorarás el ejercicio en el que te convertías en fuego. Visualizarás una llama creciendo en tu interior, y después alzarás las manos colocándolas sobre tu cabeza para perpetuar la fuerza del fuego que ya ha sido convocado.
3. Orientado hacia la puerta del Oeste, bajarás los brazos, y a la altura del sexo unirás las manos como si estuvieras sosteniendo un cáliz en su interior. Estás convocando al elemento agua. Imagina que de tu sexo nace un torrente que fluye libremente hacia el suelo. El agua ha sido convocada.
4. Dirígete al Norte y, rememorando el ejercicio en el que te integrabas con el árbol, imagina que surgen raíces de tus pies. Siente cómo todo tu cuerpo se convierte en tronco de árbol. Después alarga los brazos hacia arriba y separa los dedos de la mano. Visualiza que de tus extremidades superiores crecen ramas. Conviértete en árbol. El elemento tierra ha sido convocado.

IV. Invocación de las entidades

Coge la campanilla o el elemento sonoro que has elegido como representación del aire. Sitúate en la puerta del Este y recorre desde ésta hasta la del Norte, haciendo sonar el instrumento. Estás cerrando el círculo mágico. Vuelve al altar y, orientándote hacia la puerta cuyo elemento gobierna el ritual, invoca mentalmente a las entidades.

V. Declaración de intenciones

Con la máxima sinceridad, debes explicar en voz alta el motivo del ritual, detallando por qué crees ser merecedor de su ejecución. Alude a las bondades, virtudes y defectos del peticionario, seas o no tú. Luego indicarás qué esperas obtener mediante el ritual realizado.

VI. Meditación, proyección y evocación

Cerrarás los ojos, te relajarás con ayuda de la respiración y recapacitarás brevemente sobre tus objetivos mágicos. Después proyectarás las mismas intenciones en el interior de tu templo mental. Por último, y en voz alta, evocarás el objetivo final de tu ceremonia.

VII. Trabajo mágico

Esta es la fase en la que deberás acometer la parte más operativa del ritual. Durante este periodo prenderás las velas y los inciensos, colocarás sobre el altar los elementos sacros, dibujarás y escribirás las palabras sagradas o los símbolos talismánicos, confeccionarás los amuletos, etc.

VIII. Comunión

La comunión es el compromiso íntimo y definitivo que realiza el mago con las potestades sobrenaturales. De la misma manera que al inicio has honrado a los cuatro elementos, ahora comulga con ellos rindiéndoles tributo. Para ello, beberás del cáliz, prenderás fuego, acariciarás la tierra y, por supuesto, expandirás el humo de los inciensos.

IX. Reflexión final

Estás a punto de concluir el ritual. Debes pensar en todos los pasos que has ejecutado y el propósito perseguido. Ya no es tiempo de echarte atrás, ya no puedes rectificar, sólo debes volver a insistir con fuerza en tus objetivos.

X. Clausura del ritual

Se lleva a cabo mediante tres fases, sabiendo que cada una de ellas tiene idéntica relevancia mágica.

Fase uno: agradecimiento

Se tata de comunicar el agradecimiento a las entidades, dioses y fuerzas sobrenaturales que han estado presentes en la ceremonia.

Fase dos: recogida

Consiste en recoger, limpiar y guardar, con el máximo de respeto, todos los elementos que se han utilizado para el ritual.

Fase tres: conclusión

Consiste en abrir el círculo, por tanto, en liberar el espacio y dar por concluido definitivamente el ceremonial. Comenzando por el Este y terminando por el Norte, te inclinarás ante cada una de las puertas. Después, con la campana en la mano y comenzando desde el Norte, abrirás el círculo en dirección al Este. El rito ha concluido. Te quitarás el traje de ceremonia y abandonarás el recinto, procediendo a purificarte de nuevo con una ducha. Dejas de ser mago para volver a convertirte en iniciado.

Esfera 3. Hechizos, encantamientos y formulaciones

Si bien el objetivo de esta obra no es la de mostrar tratamientos mágicos, a fin de que puedas practicar un poco te ofrecemos una serie de recetas curiosas.

Para lograr motivación y ánimo

Antes de acostarte, introduce una gema de ámbar en un vaso de cristal lleno de agua. Tápalo con un paño rojo y déjalo reposar toda la noche.

A la mañana siguiente, antes de levantarte, beberás el agua y mantendrás la resina en el interior de la boca –cuidado con no tragártela– mientras mentalmente te deseas lo mejor: motivación, ánimo, felicidad. A continuación, te extraerás el ámbar de la boca, lo lavarás con agua y sal y lo dejarás guardado en un cajón hasta la noche siguiente.

Para favorecer el amor

Llena un pequeño cesto de mimbre con los pétalos de cinco rosas rojas. Mientras los colocas, piensa en hallar a la persona amada y, si ya la conoces, visualízala en una imagen romántica. Escribe en un papel de color rosa tu nombre, fecha de nacimiento y tu deseo. Colócalo con los pétalos. Deja el cesto en un lugar ventilado, removiendo su contenido con ambas manos cada día. Según se sequen los pétalos, aparecerá el amor.

De izquierda a derecha y de arriba a abajo, dibujo de los 12 signos mágicos astrológicos.

Confecciona tus propios talismanes en armonía con los signos del zodiaco copiando la ilustración correspondiente.

Aries: Para potenciar el liderazgo.
Tauro: Para fomentar el estudio.
Géminis: Para facilitar la comunicación.
Cáncer: Para preparar la introspección.
Leo: Para fortalecer la imagen.
Virgo: Para incrementar las relaciones sociales.
Libra: Para estabilizar la familia.
Escorpio: Para activar la sexualidad.
Sagitario: Para energetizar el trabajo.
Capricornio: Contra los rumores.
Acuario: Para proyectar la imaginación.
Piscis: Para equilibrar la diplomacia.

Para aumentar la pasión

Macera unos granos de cardamomo y un poco de miel pura de abeja en un bol con aguardiente. Déjalo al aire libre, bajo el influjo de la luna creciente durante tres noches. Pasado ese tiempo, retira los granos de cardamomo del bol y prepara un café con absoluta normalidad. La única peculiaridad de este último proceso es que, a la cafetera, le añadirás los granos afrodisíacos de cardamomo.

Dile a tu pareja que se trata de una receta exótica para que no sospeche nada cuando se desate la pasión.

Para evitar los celos

Consigue una cuerda de unos 30 centímetros de largo. Anuda con ella la fotografía de tu pareja. Si no dispones de ninguna, sustitúyela por un folio blanco en el que habrás escrito su nombre y apellidos. Debes hacer 10 nudos. Después, coloca todo ello en un recipiente de barro y deposita arena de río o mar y de bosque. Cubre la arena con granos de café; luego haz que éstos queden bajo una capa de sal gruesa y, finalmente, esparce pétalos de flor sobre la sal hasta que quede oculta.

Sitúa el recipiente bajo tu cama. Por el día deberá permanecer tapado, mientras que por la noche lo dejarás abierto. Tu pareja, salvo que le des motivos reales, no volverá a dudar de ti.

Para mejorar el ambiente laboral

Para que el ambiente laboral sea más agradable, pon en práctica algunos de estos consejos:

- Derrama un par de cucharadas de canela molida en una papelera que esté junto a tu mesa de trabajo o cerca de las zonas de tensiones. Calmará los ánimos.
- Coloca un recipiente con agua azucarada en tu mesa o en los mostradores y zonas de paso. Puedes poner una flor en su interior, pero no olvides que lo más importante es que en el agua haya un poco de azúcar. Generará armonía. Acuérdate de cambiar el agua a diario.
- Distribuye un poco de sal por las esquinas. Activará la energía estancada y purificará el ambiente.

Para tentar a la suerte

Compra una herradura, una vela dorada y purpurina también dorada. Coloca un paño de color blanco sobre una mesa, sitúa la herradura en el centro y, en el hueco que deja en medio, pon tu boleto de apuestas. Luego, piensa en tu deseo mientras lo escribes en la vela, enciéndela y acércala a la herradura. Por último, espolvoréalo todo con la purpurina dorada, símbolo de la llegada del éxito económico a tu vida.

Para evitar pesadillas

En un trozo de papel de pergamino, dibuja una estrella de cinco puntas. En cada punta escribe tu nombre de pila y en el centro de la estrella pon tu fecha de nacimiento. Sobre la estrella coloca unas hojas de albahaca fresca. Envuelve el pergamino y las hojas con una tela de color azul y humedécela con unas gotas de anís. Déjalo secar al sol durante todo un día, y por la noche colócalo bajo la almohada.

Para armonizar la vivienda

Perfuma tu hogar recurriendo a elementos tan naturales como unas hierbas aromáticas. Enciende un trozo de carbón –un pedazo grande para barbacoa será más que suficiente– y, cuando esté al rojo, sitúa sobre él una mezcla de verbena, ruda, y tomillo. Para conseguir reuniones agradables, déjalo humear en tu salón.

Para proteger a los niños

Introduce un poco de vainilla en un saquito de color amarillo. Dentro del saco también incluirás un papel con el nombre y apellidos del niño a proteger, así como tantos granos de clavo como años tenga. Guarda el preparado mágico en el armario que contenga la ropa del niño.

Para favorecer el ahorro

Debes recurrir a un billete de curso legal. Dóblalo sobre sí mismo cuatro veces. Acto seguido, átalo con un hilo de color azul oscuro y luego con otro de color marrón. Cada uno de los hilos debe contener tantos nudos como años tengas. Mientras realizas los nudos piensa que debes ahorrar. El marrón está vinculado con lo material, con el trabajo y el dinero. El azul oscuro, con las ideas. Recurrir a estos colores ayudará a que tu economía se mantenga.

Para mitigar los rumores

Coge una fotografía tuya, envuélvela en una tela de color blanco y entiérrala en una maceta que contenga una planta que no dé flor. Mientras realizas esta operación, piensa que quieres alejar de tu vida los rumores que te agobian. Pasada una lunación completa, toma un pequeño puñado de la tierra, corta una hoja de la planta y guárdalo todo en una bolsita de tela blanca que siempre llevarás contigo.

Para la protección psíquica

Túmbate, cierra los ojos, respira muy lentamente y cruza los brazos sobre el pecho colocando las manos de forma que permanezcan cerradas y alberguen el pulgar en su interior. Mientras mantienes esta postura piensa que nada ni nadie puede hacerte daño.

Para alejar el mal

Por la noche, en luna menguante, piensa en lo adverso y, cerrando los ojos, escupe tres veces en el suelo. Primero a la izquierda, luego delante y finalmente hacia la derecha. Cada vez que escupas, debes pensar que apartas lo desagradable de tu vida.

Para evitar la frustración

Reflexiona sobre aquello que no has logrado y que te resulta molesto. Experiméntalo con intensidad en tu mente. Mientras lo haces, córtate un mechón de cabello. Reflexiona sobre aquello en aquello que es frustrante y que deseas alejar de tu vida y, al tiempo, guarda el mechón en un sobre de color negro y entiérralo al aire libre.

Para múltiples aplicaciones

Puedes recurrir a la preparación de unas nueces encantadas. Piensa en un deseo, abre la nuez, cómete el fruto, escribe el deseo en un papel de color azul y dóblalo sobre sí mismo varias veces para que quepa en la nuez.

Une los dos trozos de la cáscara de nuez con gotas de cera de color azul y luego lleva tu recipiente mágico encima durante una fase lunar completa.

- **Para deseos de amor.** Une las cáscaras con cera roja y guarda la nuez junto a tu ropa interior.

- **Para deseos laborales.** Une la cáscara con cera amarilla y guarda la nuez en tu mesa de trabajo, taquilla o uniforme.

- **Para proteger tu casa.** Une la cáscara con cera negra y deposita la nuez en el recibidor o en el salón.

Sendero 16.
Las artes adivinatorias

Esfera 1. Oráculos y presagios

Esfera 2. La bola de cristal

Esfera 3. Las runas

Esfera 4. La quiromancia

Esfera 5. El tarot

Esfera 6. Numerología: el enigma de las cifras

Esfera 7. La astromagia

Esfera I.
Oráculos y presagios

Lo primero que debemos preguntarnos cuando hablamos de adivinación es qué es un augur. Si bien el término procede de los antiguos adivinos romanos que practicaban la adivinación interpretando el canto, el vuelo y la forma de comer de las aves, en la actualidad este término define por igual a hombres o mujeres que dominan y conocen cualquiera de las artes adivinatorias, tanto si se desarrollan con soporte como sin él.

Existen numerosísimas denominaciones de las distintas especialidades adivinatorias. Las más populares son: astrología, astrólogo; numerología, numerólogo; lectura de espejos, del agua y bola de cristal, cristalomante; interpretación de los símbolos vikingos denominados runas, runólogo; lectura de las cartas del tarot, tarotista; interpretación de los naipes de la baraja francesa o española, cartomante (término también aplicado a quienes leen el tarot); análisis y estudio de las líneas de la mano, quiromante, y quirólogo en su variedad interpretativa de las huellas y montes que presenta la palma de la mano. Por último, se destacan también aquellos que trabajan sin soporte alguno, como profetas, videntes u oniromantes, siendo estos últimos especialistas en la interpretación de los sueños.

Los augures también reciben el nombre coloquial de «adivinos». Como mago puedes llegar a ser augur, aunque la especialidad en artes mágicas es una cosa, y en artes adivinatorias, otra.

Los oráculos y sistemas de predicción que el mago tiene a su alcance son innumerables. De entre todos ellos nos centraremos en el estudio de los más básicos o clásicos: tarot, quiromancia, bola de cristal y runas. En el caso de la astrología, dado que el conocimiento de los signos, los planetas y de sus propiedades vinculadas con la magia es el estudio más relevante del que te debes ocupar, te proponemos la esfera dedicada a la astromagia, donde hallarás todas las claves básicas que vinculan el noble arte de la magia con la disciplina astrológica.

Esfera 2. La bola de cristal

Su origen más remoto se encuentra en las esferas cristalinas o minerales que ya utilizaban los egipcios. En Antinópolis (actual el-Sheik Ibada, Egipto), los sacerdotes y augures empleaban bolas de cobre o de otros metales. También disponían de cristales de roca tallados y pulidos a los que preguntaban en voz alta, esperando que sus dioses se manifestasen a través de ellos. En unas excavaciones localizadas en el valle del Tigris y del Éufrates, el arqueólogo Milai Zanuzy descubrió setenta esferas que pudieron pertenecer a un templo mágico situado en la antigua Ur, actualmente Irak.

Cómo funciona

Sitúate en el templo, que habrás iluminado con una luz tenue. Luego de relajarte y formular una pregunta mentalmente o en voz alta, fija tu mirada en el centro de la bola. Concéntrate y espera percibir una imagen que te sirva de respuesta. El tipo de imagen recibida, el tono cromático, el movimiento de la visión e incluso la sensación percibida servirán como pautas interpretativas y de contestación.

Diccionario interpretativo

Estos son algunos de los símbolos más representativos. Como sucede con otros oráculos, es conveniente que desarrolles tu propio diccionario.

Abeja. La aparición de esta imagen en la bola de cristal siempre se relaciona con el trabajo. Manifiesta, en función de su posición superior o inferior en la bola de cristal, las ayudas o adversidades con que se encontrará el consultante en el desarrollo de su profesión.

Agujero. Simboliza el amor sexual, propiciando encuentros inesperados y fugaces. Avisa de relaciones pasajeras y poco trascendentes, aunque muy intensas pese a su brevedad. Si tiene mal aspecto o discurre hacia abajo, advierte de posibles enfermedades de transmisión sexual.

Ángel. Es un símbolo de reflexión y consejo. Invita al consultante a meditar profundamente antes de llevar a cabo cualquier tipo de acción.

Bandera. Augura buenos momentos para el consultante, y le avisa de la llegada de una época casi dorada, en la que podrá llegar a ser estandarte. Es un símbolo deseado en las consultas de bola de cristal, dado que representa la desaparición de problemas.

Boca. Manifiesta la necesidad de la prudencia de palabra cuando aparece de forma descendente. Advierte al consultante que piense muy bien lo que va a decir antes de emitir un juicio o dar un consejo. En su otra variante, la ascendente, el símbolo advierte de cuchicheos y rumores infundados que pueden afectar al consultante.

Cabeza. Se relaciona con reflexiones y meditaciones. Avisa al consultante de la necesidad de reflexionar a fondo sobre cualquier decisión antes de emprenderla. Al mismo tiempo, la cabeza, si aparece cortada, indica un mal presagio, no de accidente, sino de falta de creatividad e ideas.

Cadenas. Se relacionan con las relaciones sentimentales ya establecidas. De ahí la importancia de la forma en que aparecen las cadenas. si están rotas indican posibilidad de problemas matrimoniales o incluso rupturas, mientras que si sus eslabones permanecen intactos auguran un futuro prometedor y tranquilo.

Campana. Su presencia habla directamente del dinero, augurando de modo general la llegada de nuevos e importantes ingresos económicos para el consultante. Estos ingresos podrían llegar incluso por juegos de azar.

Círculo. Siempre indica la necesidad de realizar unas protecciones. Habrá que hacerlas en breve tiempo si el círculo es como un aro normal, pero serán muy urgentes si es llameante o está rodeado de fuego.

Cruz. Tiene diferentes sistemas de interpretación. Invertida, augura malos momentos; derecha y llameante, peligro cercano; fracturada, traiciones y disgustos; brillante, triunfos personales e incluso monetarios.

Cuernos. Este es un símbolo de protección y de peligro. Como protector, indica triunfo y resolución de viejos problemas si los cuernos son ascendentes. Pero si son descendentes, habla de negatividades y hasta de destrucción, manifestando traiciones y rumores.

Dedos. Habla de esfuerzos físicos, de momentos de gran tensión y trabajo. No indica la aparición de nuevos trabajos o quehaceres, sino la doble ocupación para resolver los ya existentes.

Escalera. Por una parte, si en ella aparece el consultante bajando, indicará una caída en sus logros e intenciones; por contra, si la escena es de subida, deberá interpretarse como un ascenso y logros personales.

Espada. Aconseja al consultante prudencia en su salud, advirtiendo de la necesidad de realizar un chequeo completo de su organismo, dado que avisa de la llegada de épocas no muy buenas.

Estrella. Marca y augura nuevos encuentros sentimentales y amorosos, aunque sin gran trascendencia o durabilidad.

Fuego. Problemas con personas poco allegadas pero conocidas, que pueden crear problemas por acontecimientos ya olvidados u ocurridos en el pasado.

Laberinto. Representa al consultante con sus dudas y miedos, sugiere un juicio imparcial de valores sin la petición de consejos a terceras personas.

Libros. Abiertos, advierten de la llegada de nuevos consejeros; cerrados, indican mal momento para solicitar ayudas.

Luna. Habla de la fertilidad, del nacimiento de nuevos seres y nuevas ideas. Si la luna es llena habrá grandes éxitos, y si es menguante o creciente, éxitos menores gracias a la ayuda de terceras personas.

Máscara. Indica que los enemigos están cerca, preparando, tal vez, una venganza contra el consultante.

Montaña. Manifiesta épocas austeras y recomienda ahorro de inmediato.

Niebla. Representa turbulencias, lentitud en la solución de los problemas, inoperancia y negligencia por parte del consultante al abordar sus metas.

Ojo. Abierto, manifiesta novedades en el terreno laboral y sentimental; cerrado, indica problemas de salud, aunque triviales.

Oreja. Ascendente, indicará que las ideas del consultante serán tenidas muy en cuenta, mientras que si decae, marca problemas motivados por discusiones infundadas.

Pan. Es una llamada al metabolismo y la salud. Su presencia anuncia problemas digestivos y mentales (como depresiones, apatías, etc.).

Pie. Si está desnudo indica que el consultante es poco conocido y tenido en cuenta. En cambio, si el pie está vestido o aparecen dos, incluso desnudos, manifiesta la importancia que la actividad del consultante tiene para el entorno.

Puente. Manifiesta la necesidad de establecer una metamorfosis en el amor, en general un cambio en cuanto a la relación, pero no de persona sino de la forma de llevar dicha relación, pues de lo contrario habría problemas.

Tumba. Si el sarcófago está abierto, indicará ayudas en los proyectos o situaciones, aunque sin grandes cambios. Si está cerrado, manifestará problemas para realizar modificaciones.

Esfera 3. Las runas

Forman parte de un alfabeto mágico, alegórico y adivinatorio. La palabra runa significa «aquel que sabe» y, aunque se supone que sus inventores fueron los vikingos, no está clara la auténtica paternidad de estos símbolos.

Construye y lee tus runas

Necesitas 21 cantos rodados o pequeñas piedras planas que sean de una medida pareja. En la zona de trabajo del templo, marcarás cada una de las piedras copiando los símbolos que incluimos en esta lección. También puedes elaborar tus runas con barro cocido, marcar cada una con su signo correspondiente y cocerlas en un horno específico para cerámica.

Una vez elaboradas tus runas, las guardarás en un saco de tela de color marrón. Para efectuar la consulta, primero agitarás el saquito, luego formularás la pregunta en voz alta y extraerás tres runas, que colocarás sobre la mesa de trabajo formando un triángulo. La runa que está abajo a la izquierda representa lo que tienes en contra.

La que está arriba, en el vértice superior, alude a tu momento presente, y la que está abajo a la derecha, te informa sobre los temas que se avecinan para el futuro.

Si lo deseas, puedes efectuar también una consulta anual. Para ello, extraerás 12 runas que situarás en círculo como si fueran las 12 horas que señala el reloj. Cada runa marcará la tendencia general de un mes del año.

El significado de las runas

Beorc. D. Fertilidad, nacimientos, matrimonio o proyectos. I. Aborto, divorcio, rencillas y fracasos.

Ur. D. Trae fortuna, felicidad y progreso. I. Se relaciona con enfermedades y mala suerte, aconseja quietud.

Feoh. D. Presagia momentos de dulzura creativa y alegría en los resultados. I. Augura algo que habrá que evitar o rechazar.

Porn. D. Posibles viajes, desplazamientos o comunicaciones. I. Desencantos, malas noticias, anulaciones y rupturas.

Os. D. Llegan consejos de una persona sabia. I. Alguien nos dará un mal consejo, la traición está cerca. Sugiere prudencia.

Rad. D. Es posible realizar un viaje feliz y de resultado provechoso. I. Marca los desplazamientos incómodos y no deseados.

Ken. D. Veremos iluminado el camino de nuestra vida y clarificaremos las ideas. I. Caeremos en la confusión y la oscuridad.

Gyfu. D. Amor, sexo y matrimonio. Mucha pasión. I. Tristeza por la pérdida o separación de alguien.

Wyn. D. Comunica felicidad, dicha, gozo y excitación. I. Anuncia placidez, ternura, pero también tristeza.

Haegl. D. Retraso de planes. I. Retraso de planes y, además, contratiempos.

Nyd. D. Precaución ante las fuerzas del destino. I. Reflexión ante el peligro de acciones incorrectas.

Ger. D. Es preciso llevar cuidado en los juicios de valores. I. Aconseja cuidado con nuestras palabras y sugiere discreción.

Eoh. D. Se solucionan aspectos de nuestra vida. I. Surgen problemas que perjudican el presente.

Pear. D. La suerte nos beneficiará con regalos. I. Un secreto revelado nos perjudicará; aconseja silencio.

Eolh. D. Manifiesta una nueva oportunidad en la consecución de los proyectos. I. Indica pérdidas irrecuperables.

Sigel. D. Tendremos asegurado el éxito en todo lo que emprendamos. I. Fracasaremos, pero empezaremos de nuevo y con más ayuda.

Tir. D. Augura relaciones afectivas y amorosas fuertes y duraderas. I. Pueden sufrirse desengaños o traiciones.

Man. D. Nuevos contactos ampliarán perspectivas en la vida. I. Entraremos en un período de autoaislamiento, pero en él desarrollaremos nuevas ideas.

Lagu. D. Revelaciones o intuiciones a través de un sueño. I. Una mujer entra en nuestra vida y nos produce complicaciones.

Ing. D. Noticias, comentarios y comunicaciones interesantes. I. Noticias que nunca llegarán o que se tergiversan.

Epel. D. Un testamento o favor de alguien nos lega beneficios, aunque no sean económicos. I. Una carga aparece en nuestra vida.

Doeg. D. Buen tiempo para realizar rituales mágicos. I. Momento negativo para las prácticas mágicas.

Esfera 4. La quiromancia

La quiromancia es una técnica de estudio y análisis de las manos. Además de su tamaño y coloración, se tienen en cuenta los montes, que son las protuberancias que encontramos en la base de los dedos y las palmas, así como las popularmente denominadas líneas de las manos. Se trata de una técnica muy popular cuya historia es antigua; ya era un oráculo muy popular entre griegos, fenicios y egipcios. Se sabe que personajes como Julio César e incluso Aristóteles fueron usuarios habituales de esta técnica.

Las líneas principales

Línea de la vida

Larga, augura una existencia intensa, dotada de vitalidad y de fuerza. Corta, nos muestra altibajos, problemas existenciales, adversidad e incapacidad para saber salir airosos de los problemas. Si se bifurca, alude a traiciones.

¡Línea de la cabeza

Larga, presenta a alguien especial que puede tener destellos de genialidad, a una persona capaz de establecer una estrategia de acción preparándola hasta con el más mínimo detalle. En caso de que sea corta, denota estrechez de miras, acciones marcadas por el ímpetu y los sentimientos más primarios.

Línea del corazón

Si es larga, alude a un gran corazón, a la bondad, al ánimo por amar y ser amados, por compartir y formar junto a los demás un buen equipo, una buena pareja o una buena familia. Si es corta, prevalecerá el individuo sobre el grupo, y con ello los celos, la desconfianza, los amores tardíos, así como los poco pasionales.

Línea de Saturno

Si es larga, presagia una larga e interesante vida que puede estar llena de premio y reconocimientos. En el caso de ser corta, advierte de adversidades, indicando que para lograr el éxito será preciso contar con el apoyo de los demás. En caso de que se entremezcle con la línea de la vida, puede indicar que la familia está vinculada en exceso con el consultante.

Línea de Apolo

Cuando es larga, marca capacidad de seducción y liderazgo, y denota talento. En el caso de ser corta, refleja una vida con propensión a los altibajos de carácter emocional.

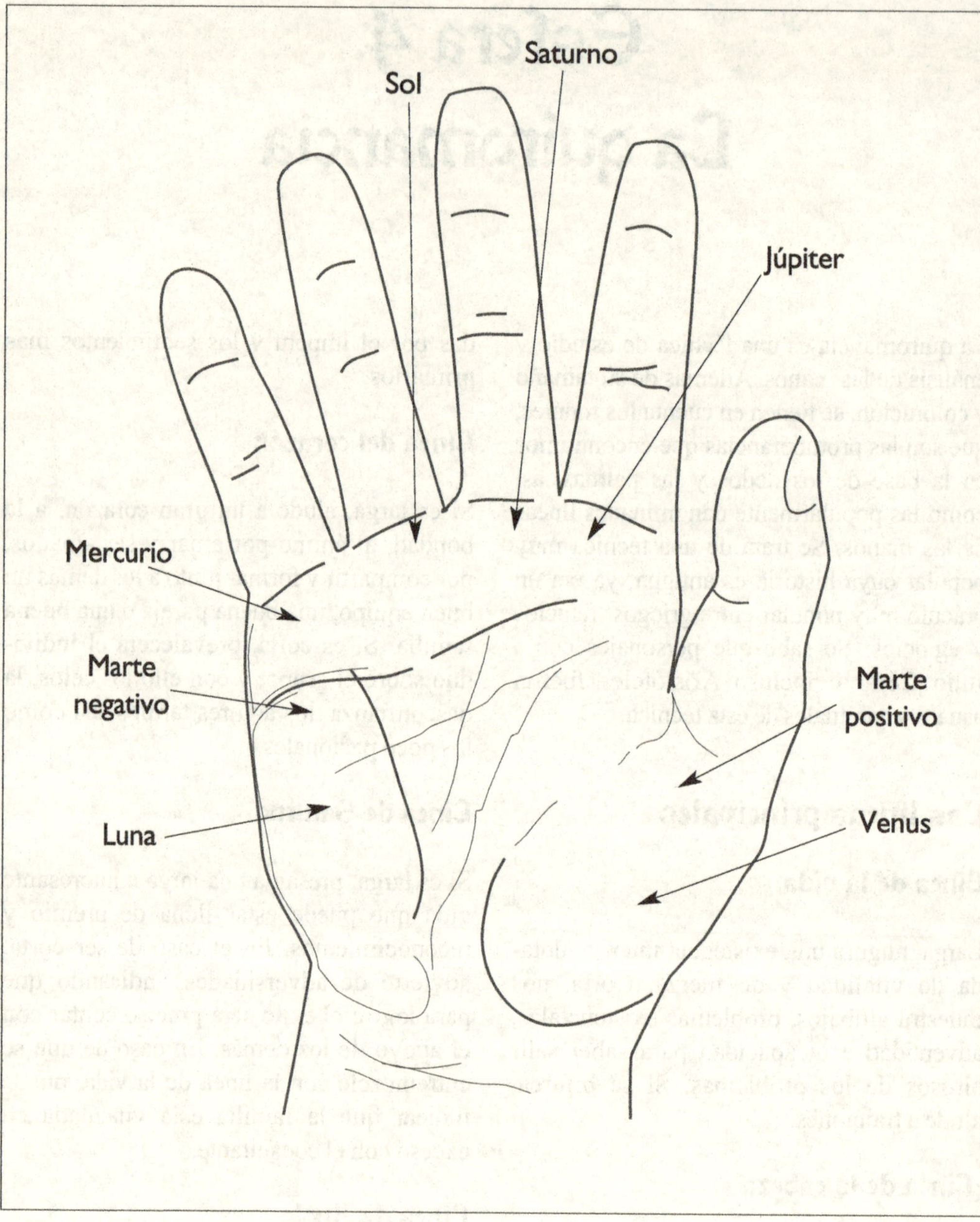
Saturno
Sol
Júpiter
Mercurio
Marte
negativo
Marte
positivo
Luna
Venus

Los montes de la mano

Monte	Lugar	Grande	Normal	Pequeño
Venus ♀	Base pulgar	Vitalidad, entusiasmo, lujuria, celos, tiranía	Emotividad, elegancia, personalidad cariñosa	Carencia afectiva, inhibición sexual, egoísmo
Júpiter ♃	Base índice	Orgullo, narcisismo, egocentrismo, notoriedad	Autoconfianza, sociabilidad, solidaridad, respeto	Prepotencia, falta de ideales, falsa moral
Saturno ♄	Base medio	Estudio, inteligencia, intuición, creatividad	Ensoñación, imaginación, dispersión, autoengaño	Exceso de fantasía, obsesión, inseguridad
Sol ☉	Base anular	Brillantez, optimismo, genialidad, éxito	Refinamiento, sentido estético, minuciosidad	Sumisión, introversión, desconfianza, inseguridad
Mercurio ☿	Base meñique	Rapidez, innovación, sensibilidad, extroversión	Objetividad, amenidad, vivacidad, elocuencia	Engaño, hipocresía, retiro, falsedad
Marte ♂	Debajo del monte de Mercurio y debajo del monte de Júpiter	Valor, espíritu de sacrificio, tenacidad, liderazgo	Tozudez, extremismo, materialismo, subjetividad	Serenidad, adaptabilidad, relatividad
Luna ☽	Cerca de la muñeca y debajo del monte de Marte	Intuición, videncia, fuerza psíquica, paranormalidad	Percepción, sensibilidad, videncia	Intolerancia, tiranía, cretinez

Esfera 5. El tarot

La teoría más aceptada explica que fue el dios egipcio Thot quien, mediante conexiones con entidades superiores, obtuvo un conjunto de conocimientos arquetípicos que luego personalizó en los dibujos o láminas que en la actualidad son las figuras que componen los arcanos mayores. La legendaria historia afirma que Thot creó el primer tarot en láminas de oro y que de él derivaron la mayoría de las imágenes que vemos en los juegos de tarot actuales.

Otras hipótesis destacan que, en realidad, las cartas del tarot son símbolos que conectan con la sabiduría de civilizaciones antiguas ya desaparecidas, como por ejemplo la mítica atlante, cuya existencia queda aún por verificar.

También encontramos teorías que se refieren al tarot como una creación de los cabalistas y alquimistas que «escondieron» su sabiduría más secreta en la simbología de las cartas.

¿Cómo funciona?

Aunque cada carta reúne múltiples significados que se combinan en función de la posición que ocupa en la metodología de tirada y de si la carta aparece del derecho o del revés, la mayoría de los expertos coinciden en que los arcanos son una puerta abierta a la simbología. De esta forma, el cartomante o tarotista, y también quien se somete a la consulta, establece una conexión con el inconsciente colectivo y con imágenes que despiertan su lado más sublime al ver los dibujos y elementos que componen la carta.

¿Para qué sirve?

Las barajas de tarot tienen numerosas aplicaciones. No es cierto que sólo sirvan para conocer el futuro, aunque éste parece ser uno de sus cometidos principales.

Consejeras

Nos pueden servir para tomar contacto con la realidad actual y ofrecernos perspectivas de actuación sobre un problema o duda. Si deseas probar el oráculo, simplemente baraja las cartas. Después emite una pregunta en voz alta. Acto seguido, corta el mazo tantas veces como desees y extrae de él 5 cartas que situarás en hilera de izquierda a derecha.

La primera carta habla de tu pasado. La segunda, de las situaciones que tienes en contra. La tercera se refiere al presente. La cuarta, a lo que tienes a favor. La quinta alude al futuro.

Meditativas

A través de la observación de la carta, podemos impregnarnos de algunos de sus símbolos y meditar sobre ellos. Estas acciones nos conectan con las imágenes arquetípicas del arcano, haciendo florecer ideas y sensaciones. Consulta los valores de cada carta antes de llevarla a tu pantalla mental y reflexionar con ella.

Transformadoras

Consiste en que escojas una carta, seleccionando preferentemente aquella cuyo significado está vinculado con lo que deseas obtener. Acto seguido, procede a fijar tu mirada en ella y, tras integrarla en la mente, imagina que eres el personaje principal.

Mágicas

Mediante sencillos rituales, algunos magos recurren a determinadas láminas de tarot para propiciar que la energía que posee su imagen arquetípica incida sobre la persona. La mayoría de rituales consisten en visualizar una carta, o en disponerla estratégicamente junto a unas velas, y formular una invocación que active la magia del arcano. Te invitamos a que pruebes, te sorprenderá lo efectivo que puede llegar a ser.

Las cartas y su significado

Nombre	Significado	Nombre	Significado
0. El Loco 	*Derecha* Oportunidad, vitalidad, iluminación, valentía *Invertida* Extravagancia, incertidumbre, locura, brusquedad	1. El Mago 	*Derecha* Iniciativa, creatividad, inteligencia, astucia *Invertida* Inadaptación, debilidad, incompetencia, superficialidad
2. La Sacerdotisa 	*Derecha* Interiorización, sabiduría, soledad *Invertida* Tardanza, torpeza, pasividad, obsesión	3. La Emperatriz 	*Derecha* Compañerismo, seducción, expansión, erotismo *Invertida* Irresponsabilidad, confusión, discusión, vanidad

Las cartas y su significado (continuación)

Nombre	Significado	Nombre	Significado
4. El Emperador 	*Derecha* Poder, autoridad, estabilidad, inteligencia, efectividad. *Invertida* Desequilibrio, inmadurez, autoritarismo, injusticia	5. El Sumo Sacerdote 	*Derecha* Fidelidad, norma, principios, confianza dignidad *Invertida* Intriga, engaño, despreocupación, desinterés
6. Los Enamorados 	*Derecha* Amor, arte, alegría, protección, confianza *Invertida* Desorden, indecisión, maledicencia, vaguedad	7. El Carro 	*Derecha* Confianza, autocontrol, racionalidad, objetividad *Invertida* Desequilibrio, inmovilismo, limitación, miedo
8. La Justicia 	*Derecha* Honor, rectitud, juicio equilibrio, ecuanimidad *Invertida* Inmoralidad, frustración, hipocresía, traición	9. El Ermitaño 	*Derecha* Prudencia, paciencia, reflexión, fidelidad, transformación, *Invertida* Soberbia, avaricia, pereza, encantamiento
10. La Rueda de la Fortuna 	*Derecha* Suerte, agradecimiento, transformación, armonía *Invertida* Retrasos, obstáculos, pérdidas, estafas	11. La Fuerza 	*Derecha* Valor, convicción, idealismo, perspectiva, *Invertida* Retrasos, obstáculos, subjetividad, injusticia

Las cartas y su significado (continuación)

Nombre	Significado	Nombre	Significado
12. El Colgado 	*Derecha* Abnegación, clarividencia, psiquismo, espiritualidad *Invertida* Arrogancia, autoengaño, mesianismo	13. La Muerte 	*Derecha* Cambio, evolución, renovación, don *Invertida* Retraimiento, tinieblas, aridez, intransigencia
14. La Templanza 	*Derecha* Moderación, paz, rigor, responsabilidad *Invertida* Desorden, precipitación, tergiversación, desajuste	15. El Diablo 	*Derecha* Magnetismo, seducción, astucia, materialismo *Invertida* Agresividad, ludopatía, egoísmo, venganza
16. La Torre 	*Derecha* Oportunidad, reinicio, innovación, trascendencia *Invertida* Destrucción, cataclismo, aniquilación, pavor	17. La Estrella 	*Derecha* Éxito, dulzura, armonía, inspiración *Invertida* Traición, indolencia, fatalidad, pesadumbre
18. La Luna 	*Derecha* Creatividad, intuición, supervivencia, romaticismo *Invertida* Confusión, rechazo, rumor	19. El Sol 	*Derecha* Energía, triunfo, éxito, liberación *Invertida* Oscurantismo, dolor, subjetividad
20. El Juicio 	*Derecha* Practicidad, bondad, sobriedad, alegría *Invertida* Vehemencia, despotismo, desorden	21. El Mundo 	*Derecha* Compañerismo, progreso, solidaridad, paz *Invertida* Vanidad, sacrificio, fracaso

Esfera 6. Numerología: el enigma de las cifras

Fue el sabio y místico Pitágoras quien inventó la numerología, es decir, el arte de conocer o formular presagios a través de los números. Pitágoras creía que representaban distintos tipos de cualidades en el ser humano, y afirmaba que en el simbolismo numérico se podía hallar el origen del cosmos, ya que todo en él estaba sujeto a ciclos predecibles que podían medirse con los números que van del uno al nueve.

Aprende a calcular

Desde un prisma muy básico, la numerología nos ayuda a entender cómo somos y qué tipo de situaciones puede tocarnos vivir. Para averiguar qué predicen los números, debemos efectuar un sencillo cálculo matemático que nos permitirá saber cuál es la cifra que nos corresponde por fecha de nacimiento. El número resultante es, salvando las distancias, equivalente al signo zodiacal que nos corresponde cuando llegamos al mundo.

El número natal

Para encontrar la fecha natal, debes sumar todos los números del día, mes y año en que naciste y reducirlo a una cifra. Por ejemplo, alguien nacido el 21 de mayo de 1928, debería sumar 2 + 1 (día) + 5 (número del mes) + 1 + 9 + 2 + 8 (año en que nació). La suma total nos da 28. Para reducir a un dígito sumamos 2 + 8, lo que nos da un 10 y volvemos a reducir 1 + 0 = 1. El 1 sería el número natal que correspondería a alguien nacido el 21 de mayo de 1928.

Descubre tu año

Cada año de tu vida, a partir de la fecha de nacimiento, vendrá marcado por una serie de condiciones que estarán asociadas a un número. Dicho de otro modo, cada año nos toca experimentar la vibración de un número. Imagina que cumples años el 21 de mayo, y que deseas saber cómo será tu período 2006-2007. Debes sumar y reducir a un solo dígito 2 + 1 + 5 + 2006 (año que inicias). El número que marcaría dicho período de tiempo sería el 7.

Descubre tu día

Los números también influyen en una fecha concreta. Si quieres saber qué día es hoy según la numerología, debes sumar y reducir todos los números de tu hoy y obtener una cifra, luego sumarle la que te corresponde por fecha de nacimiento, y volver a reducir.

Tabla de correspondencias numerológicas

Te resultará muy útil para conocer qué actitudes y cualidades clave marcan tu personalidad, un día o año determinado. También te servirá para comprender qué debes activar o reducir los días marcados por un número concreto.

Núm.	Clave	Activa	Desactiva
1	Liderazgo, inicio, origen, ejecución, poder	Tu capacidad para mejorar las cosas. Tu espíritu de liderazgo. Potencia encuentros para obtener nuevas ideas, metas y soluciones .	El orgullo, la indiferencia y el exceso de celo para contigo mismo y los demás. Aprende a no ser siempre un ser perfecto.
2	Trascendencia, adaptación, innovación, proyección	Lo no convencional, el amor por lo desconocido, ir más allá de lo establecido. Vive la experiencia de lo nuevo.	El temor a no asumir los riesgos, a no estar a la altura, a ser menos que los demás. Pierde el miedo a los celos y a no tener nada.
3	Inteligencia, imaginación, engaño, espiritualidad	Las ganas de creer en ti, en tus pensamientos, ideas, proyectos de futuro. Vive el poder del nuevo sol que nace cada día.	La vida superficial, la inconcreción, lo absurdo y lo intangible. Procura no ser sólo humo y espejismo. Actúa.
4	Asentamiento, materialismo, fuerza, pragmatismo	La organización de tu vida y de las acciones. Mejora el sentido práctico de las cosas y ordena las ideas sin apegarte a ellas.	La torpeza, la mala imagen, el querer tenerlo siempre todo controlado hasta el último detalle. Permítete soñar.
5	Comunicación, diálogo, conexión, rapidez	La simpatía, el diálogo y la capacidad de comunicación. La participación en la vida y la exteriorización de los sentidos.	Los rumores, las crisis negativistas, el exceso de idealismo y la superficialidad de las ideas vagas y demasiado abstractas.
6	Responsabilidad, bienestar, cultura, familiaridad	La comprensión, el amor, los principios de solidaridad, la participación en la vida familiar y el trabajo en equipo.	Los deseos de liderato, la venganza, el reproche. Desecha las sensaciones de frustración y pon en ellas un poco de esperanza.
7	Espiritualidad, introspección, misticismo, ruptura	Tu espiritualidad, el conocimiento del mundo interior, el análisis de tus emociones, la capacidad intuitiva y la objetividad.	El ensimismamiento, el aislamiento innecesario, la introspección que a nada conduce, el alejamiento de los valores tradicionales.
8	Dinero, trabjo, tenacidad, dinamismo	Tu capacidad para ver las cosas buenas allí donde realmente están y no donde crees que las encontrarás. Potencia tu esfuerzo.	Un exceso de celo por lo material, por el dinero, por las inversiones, por poseer cosas que quizá no sirven para nada.
9	Ética, generosidad, concentración, reflexión	La felicidad que puedes encontrar en todas las cosas, los sueños y la capacidad de vivir la alegría con los pequeños detalles.	La intolerancia, que puede generar agresividad, odio o rencor hacia los demás, provocando en tu vida un aislamiento innecesario

Esfera 7. La astromagia

Los astros, como entidades, cumplen un papel fundamental en la magia. Nuestros antepasados relacionaban sus dioses con los planetas, estrellas y fenómenos celestes. Por tanto, no debe extrañarnos que cuando hablamos de ciertos procesos mágicos, éstos queden asociados a una hora o día que está estrechamente relacionada con la astrología.

Un día, un planeta

Cada uno de los días de la semana cuenta con la influencia planetaria. Es cierto que el Sol y la Luna, lejos de ser planetas, son, respectivamente, una estrella y un satélite. Sin embargo, los antiguos les dieron la categoría de planetas, por eso cuando hablamos de los siete planetas los incluimos como tales. Éstas son sus propiedades y, por tanto, los rituales, prácticas y preparados que están destinados a ellos.

Los planetas modernos

Si todos los planetas generan una influencia sobre el ser humano, lógico es preguntarse

Planeta	Día	Atributos y poderes
Sol	Domingo	Otorga poder y fuerza. Favorece la amistad. Ayuda en todo lo material y económico
Luna	Lunes	Nos conecta con los espíritus. Da amor y romanticismo. Protege contra los robos. Facilita la intuición y la videncia
Marte	Martes	Gobierna las disputas, luchas, discusiones, el espíritu de los muertos, lo cartesiano y material
Mercurio	Miércoles	Rige la comunicación, la elocuencia, las artes y las ciencias
Júpiter	Jueves	Protege la riqueza, la amistad, el clan, la solidaridad. Domina la salud, especialmente la física
Venus	Viernes	Se ocupa de proteger la belleza, la sexualidad, el erotismo, el amor, las parejas y las desavenencias
Saturno	Sábado	Domina las artes de la muerte, la destrucción. Controla la sabiduría, los bienes terrenales y los inmuebles

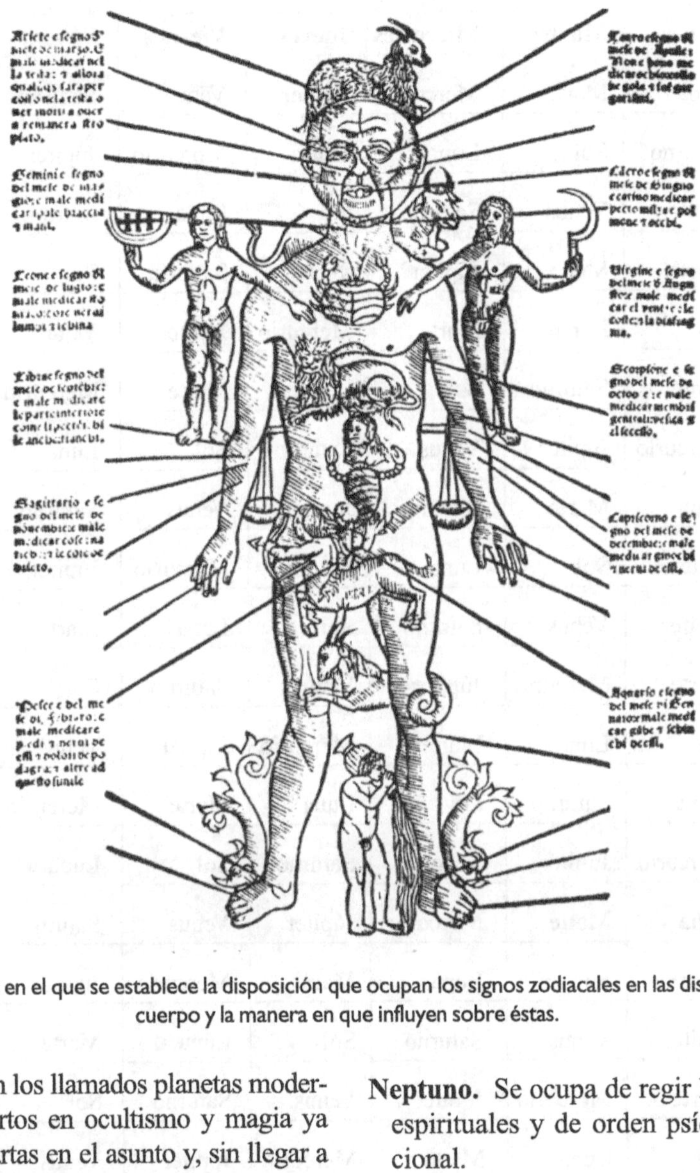

Grabado antiguo en el que se establece la disposición que ocupan los signos zodiacales en las distintas partes del cuerpo y la manera en que influyen sobre éstas.

qué sucede con los llamados planetas modernos. Los expertos en ocultismo y magia ya han tomado cartas en el asunto y, sin llegar a conclusiones definitivas, por el momento ya han determinado en qué aspectos estos cuerpos celestes interactúan con nosotros:

Urano. Gobierna los imprevistos, los grandes altercados y confrontaciones, así como las ideas más creativas y novedosas.

Neptuno. Se ocupa de regir las cuestiones espirituales y de orden psíquico o emocional.

Plutón. Rige la muerte, los mundos subterráneos y todo aquello que está oculto o a la espera de ser revelado.

Hora	Lunes	Martes	Miércoles	Jueves	Viernes	Sábado	Domingo
I	Luna	Marte	Mercurio	Júpiter	Venus	Saturno	Sol
II	Saturno	Sol	Luna	Marte	Mercurio	Júpiter	Venus
III	Júpiter	Venus	Saturno	Sol	Luna	Marte	Mercurio
IV	Marte	Mercurio	Júpiter	Venus	Saturno	Sol	Luna
V	Sol	Luna	Marte	Mercurio	Júpiter	Venus	Saturno
VI	Venus	Saturno	Sol	Luna	Marte	Mercurio	Júpiter
VII	Mercurio	Júpiter	Venus	Saturno	Sol	Luna	Marte
VIII	Luna	Marte	Mercurio	Júpiter	Venus	Saturno	Sol
IX	Saturno	Sol	Luna	Marte	Mercurio	Júpiter	Venus
X	Júpiter	Venus	Saturno	Sol	Luna	Marte	Mercurio
XI	Marte	Mercurio	Júpiter	Venus	Saturno	Sol	Luna
XII	Sol	Luna	Marte	Mercurio	Júpiter	Venus	Saturno
XIII	Venus	Saturno	Sol	Luna	Marte	Mercurio	Júpiter
XIV	Mercurio	Júpiter	Venus	Saturno	Sol	Luna	Marte
XV	Luna	Marte	Mercurio	Júpiter	Venus	Saturno	Sol
XVI	Saturno	Sol	Luna	Marte	Mercurio	Júpiter	Venus
XVII	Júpiter	Venus	Saturno	Sol	Luna	Marte	Mercurio
XVIII	Marte	Mercurio	Júpiter	Venus	Saturno	Sol	Luna
XIX	Sol	Luna	Marte	Mercurio	Júpiter	Venus	Saturno
XX	Venus	Saturno	Sol	Luna	Marte	Mercurio	Júpiter
XXI	Mercurio	Júpiter	Venus	Saturno	Sol	Luna	Marte
XXII	Luna	Marte	Mercurio	Júpiter	Venus	Saturno	Sol
XXIII	Saturno	Sol	Luna	Marte	Mercurio	Júpiter	Venus
XXIV	Júpiter	Venus	Saturno	Sol	Luna	Marte	Mercurio

Tabla de correspondencias y dominios de los signos astrológicos con los planetas, elementos, colores, piedras preciosas y metales

Signo	Período	Elemento	Planeta	Color dominante	Piedra preciosa	Metal
Aries	21 marzo 19 abril	Fuego	Marte	Rojo	Diamante	Hierro
Tauro	20 abril 20 mayo	Tierra	Venus	Rosa	Esmeralda	Cobre
Géminis	21 mayo 21 junio	Aire	Mercurio	Amarillo	Ágata	Mercurio
Cáncer	22 junio 22 julio	Agua	Luna	Gris, celeste	Perla	Plata
Leo	23 julio 22 agosto	Fuego	Sol	Rojo, naranja	Rubí	Oro
Virgo	23 agosto 21 septiembre	Tierra	Mercurio	Azul, marrón, verde oscuro	Sardónica	Mercurio, níquel
Libra	22 septiembre 22 octubre	Aire	Venus	Azul, verde claro	Zafiro, jade	Cobre, bronce
Escorpio	23 octubre 21 noviembre	Agua	Plutón	Rojo y marrón oscuros	Ópalo	Acero, hierro
Sagitario	22 noviembre 21 diciembre	Fuego	Júpiter	Azul oscuro, púrpura	Topacio	Estaño
Capricornio	22 diciembre 19 enero	Tierra	Saturno	Gris oscuro, negro	Amatista	Plomo
Acuario	20 enero 19 febrero	Aire	Urano	Turquesa	Agua marina	Aluminio
Piscis	20 febrero 20 marzo	Agua	Neptuno	Verde mar	Piedra de luna	Platino, estaño

Epílogo

Has recorrido los senderos. Has leído parte de los secretos. Has descubierto muchos caminos. Has accedido a otros planos de realidad. No cometas el error de pensar, al finalizar el estudio de esta obra, que ya conoces la magia.

La magia no es un camino ni una vía. Sencillamente, porque no nos conduce a ningún lugar, sino que se limita a acompañarnos cuando decidimos dar el primer paso. La meta, siempre es nuestra. En este caso, tuya.

La magia no es un sistema infalible ni perfecto que nos proporcione el poder, la trascendencia, la iluminación o la elevación espiritual. Básicamente, porque todas esas condiciones son valoraciones humanas establecidas para entender la existencia.

La magia es, si tú quieres, una forma de estar en el mundo, con el mundo, pero también sin el mundo. Descubrir su auténtica esencia, sólo depende de ti. Recuerda que el auténtico mago no es quien afirma serlo, tampoco quien siente que lo es, mucho menos quien es reconocido como tal. El auténtico mago, simplemente, es.

Pedro Palao Pons
Olga Roig

Bibliografía

Agrippa, Enrique Cornelio. *Filosofía Oculta.* Alianza Editorial. 1992. Madrid.

Andréae, Jean-Valéntin. *Las bodas químicas de Christian Rosenkreutz.* Editorial 7 1/2. 1980. Barcelona.

Anónimo. *El libro de los muertos.* Editora Nacional. 1984. Madrid.

Berger, P.L. y Luckmann, T.: *The Social Construction of Reality,* Ed. Anchor, New York, 1967.

Bernard, Jean-Louis. *Historia secreta de Egipto.* Plaza & Janés. 1984. Barcelona.

Biedermann, Hans.*Diccionario de Símbolos.* Paidos. 1993. Barcelona.

Bloom, Harold. *Presagios del milenio.* Editorial Anagrama. 1997. Barcelona.

Bourseiller, Christophe. *Los falsos Mesías.* Ediciones Martínez Roca. 1994. Barcelona.

Brenon, Anne. *La verdadera historia de los cátaros.* Ediciones Martínez Roca. 1997. Barcelona.

Bruce Hasbrouck. Muriel. *Descubra su destino.* Ediciones Martínez Roca. 1978. Barcelona.

Brun, Jean. *Como juzgar a los demás de un vistazo.* Ediciones Robinbook. 1997. Barcelona.

Caballero, J. *Simbólica, alegoría y sígnica.* Editorial ATE. 1981. Barcelona.

Castaneda, Carlos. *Las enseñanzas de Don Juan.* Fondo Cultural Económico. 1968. México.

Chopra, Deepak. *Curación cuántica.* Plaza & Janés Editores. 1991. Barcelona.

Cirlot, Juan-Eduardo. *Diccionario de símbolos.* Editorial Labor. 1981 Barcelona.

Cirlot, Victoria. *Hildegarde von Vingen.* Siruela Ediciones. 1997. Barcelona.

Durville, Simon. *El espejo de ti mismo.* Ediciones Martínez Roca. 1981. Barcelona.

Eliade, Mircea. *Alquimia asiática.* Paidós. 1992. Barcelona.

Eisler, Riane. *El cáliz y la espada.* Editorial Cuatro Vientos. 1987. Chile.

Farr, Florence. *Magia Egipcia.* Luis Cárcamo Editor. 1980. Madrid.

Fernández José. *Notas sobre rutas, piedras y otros misterios del camino.* Ediciones Tartesos. 1969. Cáceres.

Frigola, Carlos. *Los ángeles caídos.* Editorial Kairós. 1989. Barcelona.

Fulcanelli. *El misterio de las catedrales.* Plaza & Janés Editores. 1967. Barcelona.

Gallotti, Alicia. *El horóscopo de los números.* Ediciones Martínez Roca. 1984. Barcelona.

Goleman, Daniel. *La salud emocional.* Editorial Kairós. 1997. Barcelona.

Goleman, Daniel. *La inteligencia emocional.* Editorial Kairós. 1996. Barcelona.

González, Guillermo. *Mito y Realidad de las pirámides.* Ediciones Llug. 1982. México.

Grof, Stanlislav. *Psicologia Transpersonal.* Editorial Kairós. 1988. Barcelona.

Guénon, René. *Símbolos fundamentales de la ciencia sagrada.* Editorial Universitaria de Buenos Aires. Editorial Gallimard. 1962. París-Buenos Aires.

Guénon, René. *Aperçu sur l'initiation.* Editoriales Traditionnelle. 1981. París.

Guirao, Pedro. *El enigma de la esfinge y las pirámides de Gizeh.* ATE. 1991. Barcelona.

Guthmann, Brigitte. *Se connaître par la morfho-psychologie.* Marabout. 1995. Alleur.

Haeri, Fadhlalla. *El sufismo.* Editorial Edaf. 1992. Madrid.

Héry, F.J. y Enel,T. *La biblia de piedra.* Robinbook. 1991. Barcelona.

Jung, Carl G. *El hombre y sus símbolos.* Luis de Caralt Editor. 1976. Barcelona.

Krishan, Gopi. *Kundalini, el yoga de la energía.* Editorial Kairós. 1987. Barcelona.

Kieng, Wang. *El horóscopo chino de los 12 animales.* Editorial Bruguera. 1980. Barcelona.

Kuhn, Thomas. *Segundos pensamientos sobre paradigmas.* Editorial Tecnos. 1978. Madrid.

Llaugue, Félix. *Tarot Básico.* Ediciones Martínez Roca. 1995. Barcelona.

Maimonides. *Guía de perplejos.* Editora Nacional. 1983. Madrid.

Martinè, Louis. *Le grande Livre du Tarot*. Editions Fontaigne. 1986. París.

Mohn, Mitxel. *Cómo combatir el mal de ojo,* Ediciones Karma.7. 1998. Barcelona.

Montet, Pierre. *La vida cotidiana en el Egipto de los faraones.* Argos Vergara. 1983. Barcelona.

Moss, Richard. *El yo que es nosotros.* Editorial Era Naciente. 1981. Buenos Aires.

Moody, Raymond. *Vida después de la vida.* Edaf Ediciones. 1977. Madrid.

Nhat Hanh, Thich. *Hacia la paz interior.* Plaza & Janés Editores. 1992. Barcelona.

Nuñez, Diego; y Peset, José. *De la alquimia al panteismo.* Editora Nacional. 1983. Madrid.

Osiris, Equipo de Expertos. *El maravilloso poder de las pirámides.* Editorial de Vecci. 1991. Barcelona.

Pauwels, Louis. *El retorno de los brujos.* Editorial Plaza & Janés. 1961. Barcelona.

Piobb, Nouveau. *El enigma de la Rosa-Cruz.* Asesoría Técnica de Editores. 1977. Barcelona.

Raystone Joy, P. *La bola de cristal o el arte de contemplar.* Arbor Editorial. 1987. Barcelona.

Rampazzo, Luisa F. *Dime los colores que prefieres...y te diré cómo eres.* Editorial de Vecci. 1986. Barcelona.

Ryzl, Milan. *Percepción extrasensorial.* Paneuropea de Ediciones. 1975. Barcelona.

Rowan, John. *Lo transpersonal.* Editorial Los Libros de la Liebre de Marzo. 1996. Barcelona.

Salas, Emilio. *El arte de echar las cartas*. Ediciones Martínez Roca. 1986. Barcelona.

San Juan, J. Antonio. *El destino escrito en sus manos.* Grupo Libro 88. 1991. Madrid.

Shah, Idries. *Los Sufies.* Luis de Caralt Editor. 1967. Barcelona.

Shul, B. y Pettit, E. *El poder psíquico de las pirámides.* Javier Vergara Editor. 1976. Buenos Aires.

Sokolovich, Igor. *Die Zingare.* Ed. Saik. 1983. Budapest.

Stanislas de Guaita. *En el umbral del misterio.* Edicomunicación. 1992. Barcelona.

Stocker, Freddy. *Adivine su futuro.* Ediciones Martínez Roca. 1982. Barcelona.

Tart, Charles. *Psicología Transpersonal.* Ediciones Paidós. 1994. Barcelona.

Tuan, Laura. *El gran libro de las ciencias ocultas.* Editorial de Vecchi. 1987. Barcelona.

Varios autores. *Historia de la magia en 1000 imágenes.* L.de Caralt Editores.1963. Barcelona.

Waldstein, Arnold. *Luces de la alquimia.* Espasa-Calpe. 1977. Madrid.

Yates, Frances A. *Giordano Bruno y la tradición hermética.* Editorial Ariel. 1983. Barcelona.

Índice